Maren Lübcke, Johannes Schrumpf, Katharina Schurz,
Funda Seyfeli-Özhizalan, Tobias Thelen, Klaus Wannemacher
& Felix Weber (Hrsg.)

Mit Digitalen Studienassistenzsystemen durchs Studium

Maren Lübcke, Johannes Schrumpf, Katharina Schurz,
Funda Seyfeli-Özhizalan, Tobias Thelen, Klaus Wannemacher
& Felix Weber (Hrsg.)

Mit Digitalen Studienassistenzsystemen durchs Studium

**Zeitschrift für Hochschulentwicklung
Jg. 19 / Nr. 4 (November 2024)**

Impressum

Zeitschrift für Hochschulentwicklung

herausgegeben vom Verein Forum Neue Medien in der Lehre Austria

Jg. 19 / Nr. 4 (November 2024)
Maren Lübcke, Johannes Schrumpf, Katharina Schurz, Funda Seyfeli-Özhizalan, Tobias Thelen, Klaus Wannemacher & Felix Weber (Hrsg.). Mit Digitalen Studienassistenzsystemen durchs Studium

ISBN: 978-3-7693-8940-1
DOI https://doi.org/10.21240/zfhe/19-4
ISSN 2219-6994

Verlag: BoD · Books on Demand GmbH, In de Tarpen 42, 22848 Norderstedt, bod@bod.de
Druck: Libri Plureos GmbH, Friedensallee 273, 22763 Hamburg

Vorwort

Als wissenschaftliches Publikationsorgan des Vereins Forum Neue Medien in der Lehre Austria kommt der Zeitschrift für Hochschulentwicklung besondere Bedeutung zu. Zum einen, weil sie aktuelle Themen der Hochschulentwicklung in den Bereichen Studien und Lehre aufgreift und somit als deutschsprachige, vor allem aber auch österreichische Plattform zum Austausch für Wissenschafter:innen, Praktiker:innen, Hochschulentwickler:innen und Hochschuldidaktiker:innen dient. Zum anderen, weil die ZFHE als Open-Access-Zeitschrift konzipiert und daher für alle Interessierten als elektronische Publikation frei und kostenlos verfügbar ist.

Ca. 3.000 Besucher:innen schauen sich im Monat die Inhalte der Zeitschrift an. Das zeigt die hohe Beliebtheit und Qualität der Zeitschrift sowie auch die große Reichweite im deutschsprachigen Raum. Gleichzeitig hat sich die Zeitschrift mittlerweile einen fixen Platz unter den gern gelesenen deutschsprachigen Wissenschaftspublikationen gesichert.

Dieser Erfolg ist einerseits dem international besetzten Editorial Board sowie den wechselnden Herausgeber:innen zu verdanken, die mit viel Engagement dafür sorgen, dass jährlich mindestens vier Ausgaben erscheinen. Andererseits gewährleistet das österreichische Bundesministerium für Wissenschaft, Forschung und Wirtschaft durch seine kontinuierliche Förderung das langfristige Bestehen der Zeitschrift. Im Wissen, dass es die Zeitschrift ohne diese finanzielle Unterstützung nicht gäbe, möchten wir uns dafür besonders herzlich bedanken.

Zur Ausgabe

Die digitale Transformation bietet erhebliche Potenziale, Studierende künftig besser zu fördern. Digitalen Studienassistenzsystemen (DSA) kommt dabei eine wesentliche Rolle zu: Sie unterstützen Studierende individuell bei der Studienorganisation, Lernprozessbegleitung sowie der Verfolgung persönlicher Bildungsziele. Dieses Themenheft der *Zeitschrift für Hochschulentwicklung* beleuchtet den aktuellen Stand der Forschung sowie praktische Anwendungen von DSA. Fünf Beiträge stellen innovative Ansätze vor, von KI-gestütztem Feedback über Chatbots bis hin zu Unterstützungsfunktionen von Lernplattformen und Dashboards. Ziel ist es, die Potenziale dieser Technologien zu analysieren und neue Impulse für die Forschung und Entwicklung zu geben.

Seit der Ausgabe 9/3 ist die ZFHE auch in gedruckter Form erhältlich und beispielsweise über Amazon beziehbar. Als Verein Forum Neue Medien in der Lehre Austria freuen wir uns, das Thema „Hochschulentwicklung" durch diese gelungene Ergänzung zur elektronischen Publikation noch breiter in der wissenschaftlichen Community verankern zu können.

In diesem Sinn wünsche ich Ihnen viel Freude bei der Lektüre der vorliegenden Ausgabe!

Tanja Jadin
Vizepräsidentin des Vereins Forum Neue Medien in der Lehre Austria

Inhalt

Freie Beiträge

Maren Lübcke[1], Johannes Schrumpf[2], Katharina Schurz[3],
Funda Seyfeli-Özhizalan[4], Tobias Thelen[5], Klaus Wannemacher[6]
& Felix Weber[7]

Editorial: Mit Digitalen Studienassistenzsystemen durchs Studium

Im Zuge der digitalen Transformation und des verstärkten Einsatzes generativer KI-Tools an den Hochschulen gewinnen Digitale Studienassistenzsysteme (DSA) in der Hochschulbildung immer weitere Verbreitung (Wannemacher & Bodmann, 2021, S. 18). Diese Systeme unterstützen die Bemühungen um ein digitales Lehren und Lernen, indem sie den Studierenden helfen, individuell passende Bildungsangebote zu finden, die auch über das klassische curriculare Studienangebot hinausgehen können. Studierende sollen durch DSA bei der flexiblen Studiengestaltung und der Verfolgung individueller Bildungsziele unterstützt werden. Mithilfe von DSA können

---

1 HIS-Institut für Hochschulentwicklung e.V.; luebcke@his-he.de; ORCID 0000-0002-9146-4518

2 Universität Osnabrück; jschrumpf@uni-osnabrueck.de; ORCID 0000-0002-0068-273X

3 Universität Osnabrück; katharina.schurz@uni-osnabrueck.de; ORCID 0000-0003-3804-1134

4 HIS-Institut für Hochschulentwicklung e.V.; seyfeli@his-he.de; ORCID 0000-0003-3341-5715

5 Universität Osnabrück; tobias.thelen@uni-osnabrueck.de; ORCID 0000-0002-3337-6093

6 Corresponding author; HIS-Institut für Hochschulentwicklung e.V.; wannemacher@his-he.de; ORCID 0000-0003-4810-3693

7 IU Internationale Hochschule; felix.weber@iu.org; ORCID 0000-0002-7012-3378

https://doi.org/10.21240/zfhe/19-4/01

Bildungsangebote aus heterogenen Datenquellen durch KI-Technologien erschlossen, auf die Bedürfnisse der Studierenden gezielt zugeschnitten und individuell bereitgestellt werden.

Der Forschungsstand zu DSA, die sich regelbasierter KI-Methoden und Ansätzen des maschinellen Lernens bedienen (können), ist bislang überschaubar. Zahlreiche internationale und deutschsprachige Forschungsbeiträge dokumentieren vor allem Erfahrungen, die mit der Entwicklung oder Implementierung solcher Systeme – mitunter als „Study Assistance System", als „Automated Student Advisor", als „Intelligent Decision Support System" oder schlichtweg als „Mobile Personal Assistant" bezeichnet – an einzelnen Hochschulen gesammelt wurden (z. B. Deschênes, 2020; Karrenbauer et al., 2021; Lübcke et al., 2023; Schurz et al., 2023; Tarus et al., 2018). Gelegentlich werden spezifische Aspekte wie der Einfluss von DSA auf die Leistung von Studierendengruppen näher analysiert. Bestrebungen zu einer Zusammenfassung und Synthese entsprechender Forschungsergebnisse lassen sich eher zu „Smart Personal Assistants" und Recommender-Systemen im Allgemeinen erkennen, doch nicht zu Assistenzsystemen mit einem speziellen Fokus auf den Hochschulbereich und insbesondere zu DSA.

An diese – bislang noch eher fragmentierten – Diskurse zu DSA schließt dieses Themenheft an, das sowohl die theoretischen als auch die praktischen Perspektiven der Nutzung digitaler Assistenzsysteme beleuchtet. Es werden insgesamt fünf Beiträge zu unterschiedlichen Assistenzsystemen vorgestellt. Während ein Beitrag stärker auf die datenbasierte Unterstützung der Studienorganisation durch ein an einer Universität entwickeltes DSA abhebt, ist die Mehrzahl der Beiträge eher auf die Unterstützung von Lernprozessen sowie die Lernprozessbegleitung ausgerichtet. Zum Einsatz gelangen dabei so unterschiedliche Systeme wie eine Lernplattform, ein Chatbot wie auch ein Learning Analytics-Tool. Weitere Beiträge zielen auf die Evaluierung von Lernprozessen und auf Potenziale von KI-Komponenten in DSA für eine Förderung des Selbststudiums ab.

Der Beitrag *„Baula – die digitale Studienplanungsassistentin an der Universität Bamberg"* von *Tobias Hirmer*, *Michaela Ochs* und *Andreas Heinrich* thematisiert

Prozesse der digitalen Transformation während der Pandemie an der Universität Bamberg, ausgehend von einem erheblichen Nachholbedarf im Bereich der Studienorganisation. Diese Innovationslücke soll mithilfe eines Studienassistenzsystems gefüllt werden. Hierzu wird an der Universität Bamberg ein DSA entwickelt und evaluiert, welches auf Basis heterogener Datenquellen eine zentrale, flexible und umfassende Möglichkeit zur individuellen Studienplanung bieten soll.

Während der erste Beitrag die Thematik DSA in der Studienorganisation adressiert, werden im Beitrag *„Self-le@rning an der Universität Hildesheim: Entwicklung einer Selbstlernplattform"* von *Meeri-Liisa Beste, Sascha el-Sharkawy, Natalie Enders, Klaus Schmid, Bianca Wolff* und *Ute Zaepernich-Rothe* auf einer Mikro-Ebene individuelle Lernprozesse von Studierenden behandelt. Im entsprechenden Projekt wird eine Lernplattform entwickelt, die sich an dem studentischen Bedarf nach einem flexiblen, individuell unterstützten Selbststudium orientiert. Durch die Plattform sollen maßgeschneiderte und selbstgesteuerte Lernprozesse unterstützt werden.

Studentische Lernprozesse stehen ebenfalls im Mittelpunkt des Beitrags *„Lobus Frontalis und ChatGPT – Chatbots als Lernassistenz für Studierende des gehobenen medizinisch-technischen Dienstes"* von *Bettina Großauer*. Die Autorin behandelt die Rolle von Chatbots im Sinne eines DSA für Studierende des gehobenen medizinisch-technischen Dienstes an Fachhochschulen in Österreich. Im Rahmen einer Studie werden die aktuelle Nutzung und die künftigen technischen Anforderungen im Bereich der Implementierung von KI-Tools zur Unterstützung von Lernprozessen in den Blick genommen.

Im Beitrag *„Feedback mit Learning Analytics – Interdisziplinäres Design eines Dashboards für Studierende"* von *Lars van Rijn, Heike Karolyi, Michael Hanses* und *Claudia de Witt* wird die Evaluierung von Lernprozessen in den Fokus gerückt. Es geht um die Unterstützung bei der Lernprozessbegleitung in Form von Angeboten eines formativen Feedbacks. Dabei heben die Autor:innen hervor, dass sich Feedback mit einem hohen Informationsgehalt positiv auf die Lernleistungen und -ergebnisse auswirken kann. Aus diesem Grund wird ein Assistenzsystem entwickelt, welches formatives Feedback durch Learning Analytics im Fernstudium bereitstellt. Bei diesem Ansatz wird den Studierenden ein Dashboard angeboten, das ihnen bei der Reflexion der eigenen Lern- und Prüfungsvorbereitung helfen soll.

Lernprozesse sind maßgeblich geprägt durch das Rollenverhältnis zwischen Lehrenden und Studierenden. Im Beitrag *„Lernen im Beziehungsdreieck von Lehrkraft, Studierenden und KI: Explorative Studien"* von *Stefanie Go* wird dieses Verhältnis im Rahmen des KI-gestützten Selbststudiums eingehend untersucht. Go nimmt sich der Frage an, welche Rolle Lehrenden in diesem Lernprozess zukommen kann und sollte. Am Fallbeispiel des intelligenten Hochschul-Assistenz-Systems „HAnS" zeigt sie auf, wie sich KI-Tools aus Perspektive der Lehrenden auf die Rollenverteilung im Selbststudium auswirken können. Ergänzend werden in zwei explorativen Studien die Potenziale solcher Systeme für selbstreguliertes Lernen und die Förderung studentischer Partizipation analysiert.

Die fünf thematischen Beiträge dokumentieren, dass DSA an manchen Hochschulen bei der Unterstützung der Studienorganisation oder im Bereich der Lernunterstützung bereits eine wichtige Funktion zukommt. Die große Vielfalt der eingesetzten Systeme deutet darauf hin, dass das angestrebte Einsatzgebiet zur Wahl sehr unterschiedlicher Tools mit sehr unterschiedlichem Funktionsspektrum führt. Auch belegen die Beiträge, dass DSA gleichermaßen bei Studienangeboten des klassischen Präsenzstudiums wie auch des Fernstudiums zu einer flexiblen Studiengestaltung, der Unterstützung individueller Lernprozesse und der Verfolgung individueller Bildungsziele beitragen können. In diesem Sinne soll diese Ausgabe der Zeitschrift für Hochschulentwicklung – vor dem Hintergrund eines auch international noch nicht allzu intensiv entwickelten Forschungsstands – Impulse für eine weitere vertiefte Auseinandersetzung mit diesem zukunftsträchtigen Entwicklungsfeld und Anregungen zu einer weiteren Ausdifferenzierung der Forschung zu DSA geben.

Ergänzt werden diese themenspezifischen Beiträge mit fünf Einreichungen aus dem Bereich der „Freien Beiträge", die aktuelle Diskussionen aus dem Bereich der Hochschulentwicklung und -forschung zum Inhalt haben.

Als Herausgeber:innen möchten wir allen Autor:innen für ihre inspirierenden Beiträge, den Reviewer:innen für ihre konstruktiven Rückmeldungen und Einschätzungen und insbesondere Elisabeth Stadler für ihre umsichtige Unterstützung im Hintergrund danken. Wir wünschen den Leser:innen eine erhellende und zum Nachdenken anregende Lektüre.

Literatur

Deschênes, M. (2020). Recommender systems to support learners' Agency in a Learning Context: A systematic review. *International Journal of Educational Technology in Higher Education, 17*, 50. https://doi.org/10.1186/s41239-020-00219-w

Karrenbauer, Ch., König, C. M., & Breitner, M. H. (2021). Individual digital study assistant for higher education institutions: Status quo analysis and further research agenda. In *International conference on Wirtschaftsinformatik* (S. 108–124). Springer. https://doi.org/10.1007/978-3- 030- 86800- 0_8

Lübcke, M., Schrumpf, J., Seyfeli-Özhizalan, F., & Wannemacher, K. (2023). Künstliche Intelligenz zur Studienindividualisierung. Der Ansatz von SIDDATA. In T. Schmohl, A. Watanabe & K. Schelling (Hrsg.), *Künstliche Intelligenz in der Hochschulbildung. Chancen und Grenzen des KI-gestützten Lernens und Lehrens* (Hochschulbildung: Lehre und Forschung, Bd. 4; S. 213–226). transcript. https://doi.org/10.25656/01:27839

Schurz, K., Schrumpf, J., Weber, F., Lübcke, M., Seyfeli-Özhizalan, F., & Wannemacher, K. (2023). A User Focused Approach to Developing a Digital Study Assistant through a Mixed Methods Design. In D. Ifenthaler, D. G. Sampson & P. Isaías (Hrsg.), *Open and Inclusive Educational Practice in the Digital World* (Cognition and Exploratory Learning in the Digital Age, S. 83–99). Springer. https://doi.org/10.1007/978-3-031-18512-0_6

Tarus, J. K., Niu, Z., & Mustafa, G. (2018). Knowledge-based recommendation: A review of ontology-based recommender systems for e-learning. *Artificial Intelligence Review, 50*(1), 21–48. https://doi.org/10.1007/s10462-017- 9539-5

Wannemacher, K., & Bodmann, L. (2021). *Künstliche Intelligenz an den Hochschulen – Potenziale und Herausforderungen in Forschung, Studium und Lehre sowie Curriculumentwicklung.* Berlin: Hochschulforum Digitalisierung (Arbeitspapier Nr. 59).

Tobias Hirmer[1], Michaela Ochs[2] & Andreas Henrich[3]

Baula – die digitale Studienplanungsassistentin an der Universität Bamberg

Zusammenfassung

Während die Pandemie die digitale Transformation in der Lehre beschleunigt hat, besteht bei der Studienorganisation noch Nachholbedarf. Diese Innovationslücke sollen digitale Studienassistenten (DSA) füllen. Der vorliegende Beitrag stellt die aktuelle und weitere geplante Entwicklung eines DSA an der Universität Bamberg vor, welcher Studierenden auf Basis heterogener Datenquellen eine zentrale, flexible und umfassende Möglichkeit zur individuellen, eigenständigen Studienplanung bieten soll. Eine erste Evaluation ($n = 26$) zeigt das positive Feedback Studierender und verdeutlicht das Potenzial eines solchen Systems, dessen Entwicklung vor dem Hintergrund organisatorischer Hürden des Hochschulkontexts betrachtet wird.

Schlüsselwörter

Studienplanung, Digitalisierung der Hochschule, Studienassistent, Webanwendung

---

1   Otto-Friedrich-Universität Bamberg; tobias.hirmer@uni-bamberg.de; https://www.uni-bamberg.de/minf/team/hirmer/; ORCID 0000-0002-5281-0342

2   Otto-Friedrich-Universität Bamberg; michaela.ochs@uni-bamberg.de; https://www.uni-bamberg.de/minf/team/michaela-ochs/; ORCID 0000-0002-3850-8585

3   Otto-Friedrich-Universität Bamberg; andreas.henrich@uni-bamberg.de; https://www.uni-bamberg.de/minf/team/henrich/; ORCID 0000-0002-5074-3254

https://doi.org/10.21240/zfhe/19-4/02

Baula – Digital study planning assistant at the University of Bamberg

Abstract

While the pandemic has accelerated the digital transformation in academic teaching, there is still room for improvement in organisational processes such as study planning. Digital Study Assistants (DSA) aim to address this innovation gap. This paper presents the current and future developments of the DSA at the University of Bamberg, which provides students with a centralised, flexible, comprehensive tool for individual, autonomous study planning using heterogeneous data sources. The initial evaluation results ($n = 26$) show positive student feedback and illustrate the potential of such a system in the context of organisational challenges at a university.

Keywords

study planning, web application, digitalisation of the university, study assistant

1 Motivation

Während der technologische Fortschritt in den vergangenen 20 Jahren zu disruptiven Veränderungen in vielen Bereichen geführt hat, hinkt diese Entwicklung an Hochschulen noch hinterher. Diese Entwicklung hat u. a. zu einer höheren Erwartungshaltung an digitale Angebote aufseiten der Studierenden geführt (Hechler & Pasternack, 2017). Im Bereich der Lehre war die zurückliegende Corona-Pandemie ein wesentlicher Treiber der Digitalisierung, jedoch besteht im Bereich der Studienorganisation diese Innovationslücke nach wie vor. Modulhandbücher und Studienordnungen werden Studierenden meist im wenig interaktiven PDF-Format bereitgestellt und Informationen für Planungsentscheidungen sind über verschiedene Quellen und Systeme verstreut. Grund hierfür ist auch die historisch gewachsene und heterogene Systemvielfalt an Universitäten (siehe z. B. Henrich et al., 2007). Ein weiterer Grund könnte die oft vorherrschende Perspektive der Veröffentlichung rechtlicher Dokumente (Satzungen, Modulhandbücher …) sein, bei der Nutzende zu wenig bedacht werden.

Zur Adressierung dieser Innovationslücke im Bereich der Studienorganisation haben in den vergangenen Jahren digitale Studienassistenten (DSA) in der Forschung an Interesse gewonnen (Karrenbauer et al., 2021). Die verschiedenen Initiativen in diesem Bereich eint, dass Studierende ins Zentrum rücken und die Unterstützung dieser Zielgruppe ein zentraler Bestandteil ist.

Der vorliegende Beitrag zeigt beispielhaft am derzeit in Entwicklung befindlichen DSA der Universität Bamberg, wie ein solcher Assistent im Bereich der Studienplanung umgesetzt werden kann, welche positiven Auswirkungen zu beobachten sind und welche Herausforderungen bei der Entwicklung auftreten. Hierzu werden verwandte Projekte vorgestellt und der vorliegende DSA eingeordnet. Anschließend wird die Anwendung Baula[4] auf Konzept- sowie Umsetzungsebene vorgestellt.

---

4 Baula ist ein Akronym und steht für „**B**amberger **A**ssistentin zur **U**nterstützung der **L**ehrveranstaltungskoordination und -**A**uswahl". Das Akronym greift dabei auf, dass in der fränkischen Mundart „B" und „P" meist als „B" ausgesprochen werden.

Nach einem kurzen Einblick in die Evaluation der bisherigen Implementierung werden aktuelle Weiterentwicklungen erläutert und das Potenzial des Forschungsfeldes vor dem Hintergrund organisatorischer Hürden an Hochschulen aufgezeigt.

2 Stand der Forschung & Technik

DSA können in allen Phasen des Studiums auf unterschiedliche Art und Weise Unterstützung bieten – eine Übersicht bieten Karrenbauer et al. (2021). Ein wesentlicher Treiber des Forschungsfeldes ist das Verbundprojekt *SIDDATA* (Weber et al., 2022), welches Studierende bei deren Lernprozess unterstützt, u. a. durch die Integration von Empfehlungssystemen zu offenen Lernmaterialien und frei zugänglichen Lehrveranstaltungen. Zudem bietet SIDDATA Unterstützung bei der Studien- und Lernorganisation, z. B. durch Informationen zu Auslandsaufenthalten und der Möglichkeit, eigene Studienziele zu definieren (Weber et al., 2022).

Einen konkreteren Fokus auf die Studienverlaufsplanung setzt das Projekt *Smart Success* (Lutz & Mayer, 2019). Hier wird eine individuelle Planung mit verschiedenen Maßnahmen zum Monitoring kombiniert, wie bspw. einer Leistungsübersicht und einem Frühwarnsystem, welches bei starken Abweichungen vom geplanten Verlauf Beratungsgespräche empfiehlt. Smart Success bietet weitere hilfreiche Funktionen wie z. B. einen Mensaplan sowie Informationen zu Beratungsangeboten und Lehrveranstaltungen. Die Studienverlaufsplanung ist auch ein Fokus von *AIStudyBuddy* (Judel et al., 2023). Studierenden bietet das Tool die Möglichkeit, einen Studienverlaufsplan zu erstellen. Dieser kann KI-basiert auch automatisch generiert werden. Studierende können diesen Plan dann nach eigenen Bedürfnissen unter Einhaltung vorhandener Regularien des Studiengangs anpassen. Ergänzt wird dieses System durch *BuddyAnalytics*, ein Werkzeug für Studiengangsdesignende, welches die Curriculumsentwicklung durch aufbereitete Analysen von Studienverlaufsdaten unterstützen soll.

Im vorliegenden Beitrag wird der Bereich der Studienplanung – also die Auswahl- und Sequenzentscheidungen von Modulen und Lehrveranstaltungen (Ochs et al.,

2023) – betrachtet. Der vorliegende Ansatz ähnelt also in dieser Perspektive den Projekten *Smart Success* und *AIStudyBuddy*, integriert jedoch noch stärker die Ebene der Lehrveranstaltungen. Durch die enge Verknüpfung zur Studienstruktur ist dieser Bereich von einer hohen Komplexität geprägt, da die Regularien eines Studiengangs sowie dessen Modul- und Lehrveranstaltungsangebot von einer großen Flexibilität gekennzeichnet sind. Zentraler Bestandteil der vorliegenden Anwendung ist dabei die Verknüpfung der verschiedenen universitären Systeme, ähnlich dem Ansatz von *SIDDATA*, um bestehende Informationen zu zentralisieren und Studierenden eine möglichst vollständige Informationsbasis für die Planungsentscheidungen zu bieten. Dabei soll neben einer kurzfristigen Planung des aktuellen Semesters die langfristige Planung über Semestergrenzen hinweg gefördert werden.

3 Die Studienplanungsassistentin an der Universität Bamberg

Im Folgenden wird die Bamberger Studienplanungsassistentin *Baula* vorgestellt. Dabei werden zunächst das allgemeine Konzept und die konkrete Zielsetzung erläutert. Anschließend werden die Hauptkomponenten der Anwendung vorgestellt und die Ergebnisse einer ersten Nutzendenstudie zusammengefasst.

3.1 Konzept und Ziel der Entwicklung

Baula wird im Rahmen der beiden Projekte *VoLL-KI*[5] und *DiKuLe*[6] beforscht und entwickelt. Derzeit ist die Anwendung für Studierende der Uni Bamberg zugänglich.

---

5 „Von Lernenden lernen" – https://www.uni-bamberg.de/wiai/forschung/forschungsein-richtungen-verbundprojekte/voll-kiba/ (zuletzt aufgerufen am 22.05.2024)

6 „Digitale Kulturen in der Lehre entwickeln" – https://www.uni-bamberg.de/dikule/ (zuletzt aufgerufen am 22.05.2024)

Da sich die Anwendung noch in einer Testphase befindet, ist die Nutzendenzahl gering. Ein breiter Release ist für Oktober 2024 vorgesehen.

Aufgrund der Datenverfügbarkeit kann Baula derzeit primär von Studierenden in Studiengängen der Sozial- und Wirtschaftswissenschaften sowie der Informatik vollumfänglich genutzt werden. Die Entwicklung von Baula basiert auf dem Wunsch, vielschichtige, zuvor erhobene Herausforderungen seitens der Studierenden (Hirmer et al., 2023) zu adressieren. Dies umfasst u. a. das Hindernis der verzögerten Informationsbereitstellung von planungsrelevanten Materialien sowie die Komplexität, die u. a. durch eine hohe Vielfalt an relevanten Quellen und Systemen oder deren fehlender Verknüpfung bedingt wird. Insgesamt ist es das Ziel, Studierenden hiermit *ein* zentrales Tool zur Studien- und Semesterplanung bereitzustellen, das mithilfe von Maßnahmen der Individualisierung (siehe Abschnitt 4.1) ein informiertes, flexibles und auf die persönlichen Bedürfnisse und Ziele ausgerichtetes Studium unterstützen soll.

Eine zentrale Rolle spielen hier vier Kernbereiche: ein individualisierbares *Dashboard*, ein interaktives *Modulhandbuch* sowie Bereiche für die *kurz-* und *langfristige Planung*. Diese werden funktionell in verschiedener Form modular erweitert, wie zum Beispiel um einen Bereich zur Kompetenzvisualisierung für Lehramtsstudierende (Hirmer et al., 2021). Eine Übertragbarkeit der Kernfunktionalität auf alle an der Universität Bamberg angebotenen Studiengänge ist systemseitig möglich und je nach Datenverfügbarkeit (siehe Abschnitt 4.3) vorgesehen.

Neben den Studierenden gibt es verschiedene Anwendungsfälle, die für sekundäre Zielgruppen (Abb. 1 – Kasten rechts oben) von Interesse sein könnten. Insgesamt lautet das Ziel, eine zentrale Anlaufstelle für Studierende zu schaffen und so auch der von Studierenden kritisierten Systemvielfalt an der Universität Bamberg (Hirmer et al., 2023) zu begegnen. Daraus resultiert die Notwendigkeit, die vielfältigen Datenquellen im DSA anzubinden. Eine Auswahl von möglichen Quellen ist in Abb. 1 unten dargestellt und wird in Abschnitt 4.3 genauer erläutert.

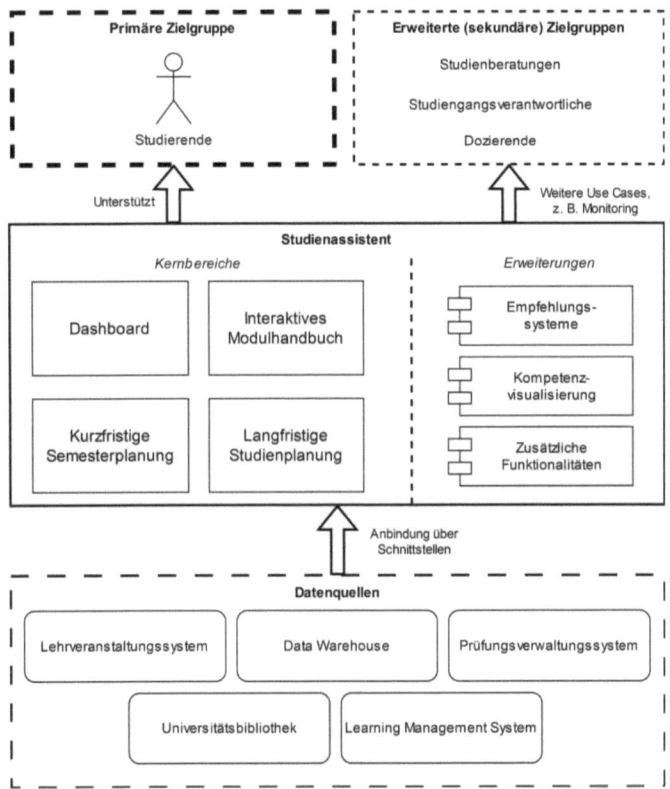

Abb. 1: Der Bamberger DSA mit Zielgruppen, Datenquellen und modularen Erweiterungsmöglichkeiten (eigene Darstellung).

3.2 Umsetzung

Um den DSA möglichst nahtlos in die existierende Systemlandschaft zu integrieren, findet der Login über den zentralen Single Sign-On Dienst (Shibboleth) der Universität statt. Nach erfolgreicher Anmeldung befinden sich Nutzende im Dashboard –

dem zentralen Anlaufpunkt der Anwendung – und können von dort über das Haupt-
menü zu den weiteren Komponenten gelangen.

3.2.1 Dashboard

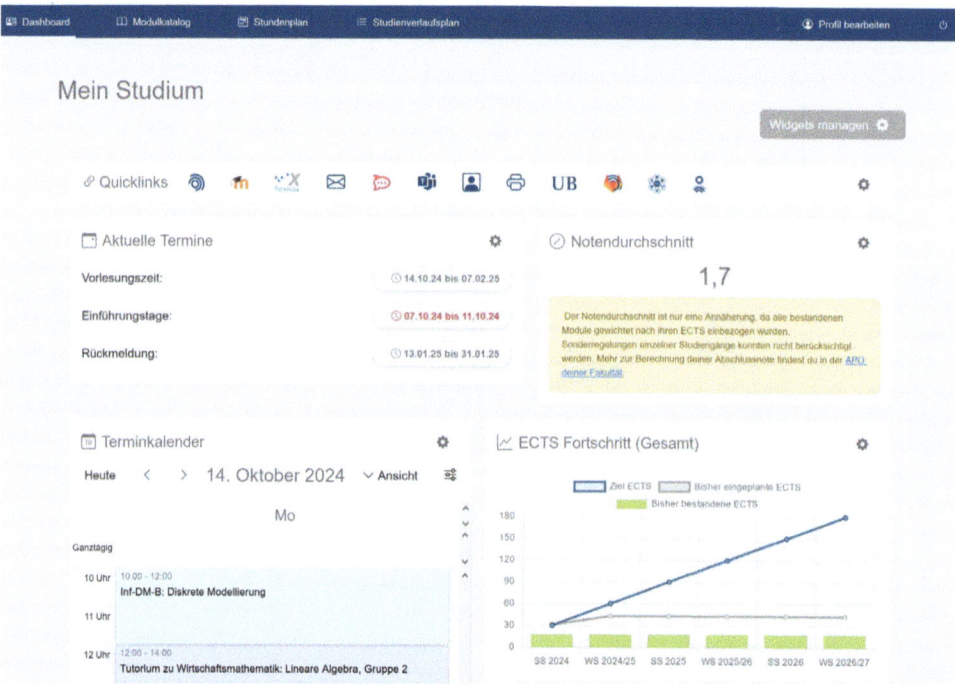

Abb. 2: Das Dashboard als Einstiegsseite des DSA sowie die Navigation im Kopf-
bereich (eigene Darstellung).

Im individualisierbaren *Dashboard* (Abb. 2) sollen für Studierende in Form von
Widgets wichtige Informationen und relevante Auswertungen übersichtlich visuali-
siert werden. Derzeit umfasst dies die bisherige Durchschnittsnote, verschiedene
Diagramme z. B. zum Studienfortschritt, eine Linksammlung zu wichtigen universitären Diensten sowie eine Übersicht über wichtige Termine und ein Stundenplan-

Widget mit Veranstaltungen des aktuellen Tages. Die Anzeige der Widgets kann individuell gesteuert werden, wodurch Studierende nur Elemente anzeigen lassen können, welche für sie persönlich relevant sind.

3.2.2 Studienverlaufsplanung

Die *Studienverlaufsplanung* (Abb. 3) umfasst eine semesterweise Auflistung der zukünftig eingeplanten Module. Zudem werden den Studierenden in dieser Ansicht oben ein Fortschrittsbalken und unten der bisherige Studienverlauf dargestellt. Der Balken gibt Studierenden einen schnellen Überblick, wie viele ECTS sie schon erreicht, wie viele sie eingeplant haben und wie viele sie in ihrem Studiengang insgesamt benötigen. Module können über einen Dialog oder den Modulkatalog (Abschnitt 3.2.3) zum Plan hinzugefügt werden. Zudem gibt es die Möglichkeit, Platzhalter anzulegen. Diese können z. B. für ein geplantes Auslandssemester oder Module aus einem Studium Generale genutzt werden und den Verlaufsplan individuell erweitern. Eine weitere Möglichkeit, Module einzuplanen, bildet die Empfehlungskomponente (Abb. 3 – links). Hier werden Module nach verschiedenen Empfehlungstypen gruppiert aufgelistet, die in Abschnitt 4.2 genauer beschrieben werden. Aus allen Gruppen können Module via Drag and Drop in den Verlaufsplan gezogen und als Favoriten markiert oder von zukünftigen Empfehlungen ausgeschlossen werden. Die Studienverlaufsplanung soll Studierenden grundsätzlich als ein Tool zur Unterstützung der semesterübergreifenden, vorausschauenden Planung des Studiums zur Verfügung stehen. Hierzu werden beispielsweise auch empfohlene Vorkenntnisse für Module angezeigt und gegebenenfalls in Form von Hinweisen beim Einplanen des Moduls dargestellt, damit Studierende diese bei der Planung berücksichtigen können.

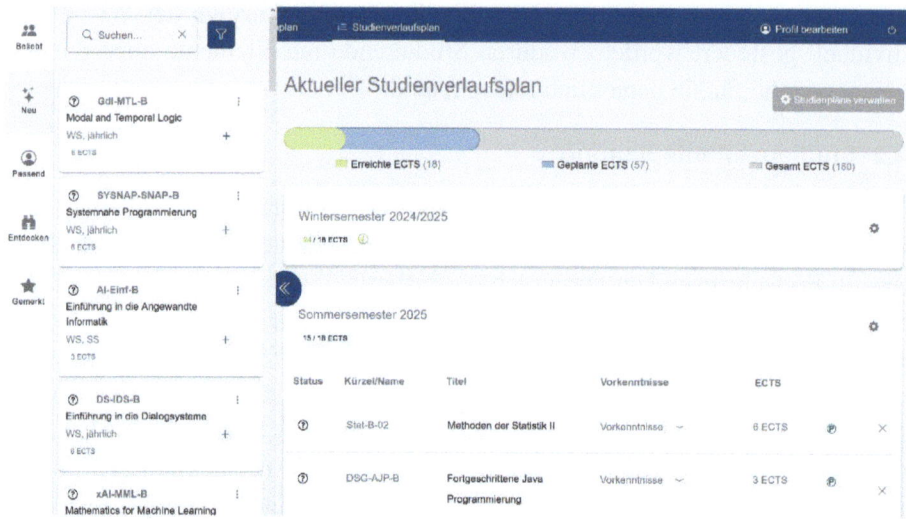

Abb. 3: Die Komponente zur Studienverlaufsplanung mit aufgeklapptem Seitenmenü (eigene Darstellung).

3.2.3 Interaktiver Modulkatalog

Der *interaktive Modulkatalog* (Abb. 4a) ist die funktionell erweiterte Form des üblicherweise im PDF-Format bereitgestellten Modulhandbuchs. Dieses wird ergänzt durch die Möglichkeit, nach Begriffen zu suchen, Module nach bestimmten Kategorien zu gruppieren sowie Filter (wie z. B. das Angebotssemester) anzuwenden. Zudem wird die Darstellung mit dem Studienverlauf der bzw. des Studierenden verknüpft und angezeigt, ob ein Modul bereits bestanden ist. Durch einen Klick auf ein Modul öffnen sich die Detailinformationen in einem Dialog (Abb. 4b). Dort werden bekannte Informationen aus dem Modulhandbuch angezeigt. Ergänzend werden auf Basis von Kohortendaten das durchschnittliche sowie erfolgreichste Bestehensfachsemester zur Orientierung dargestellt. Zudem können Studierende von hier aus nach zum Modul passenden Lehrveranstaltungen[7] suchen (Abschnitt 3.2.4) sowie das Modul in den Studienverlaufsplan einordnen (Abschnitt 3.2.2). Die bereitgestellten Funktionen bieten den Studierenden die Möglichkeit, zielgerichtet Module zu suchen, sich über diese Module zu informieren sowie die Module bzw. deren zugeordnete Lehrveranstaltungen in den Stundenplan einzupflegen oder sie zum langfristigen Plan hinzuzufügen.

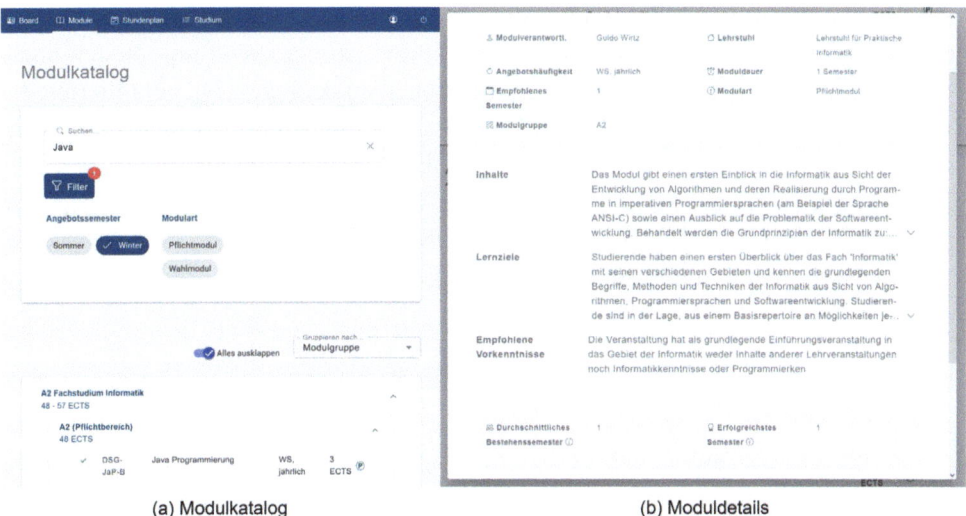

(a) Modulkatalog   (b) Moduldetails

Abb.4: Der interaktive Modulkatalog und der Dialog mit den Detailinformationen zu einem Modul (eigene Darstellung).

3.2.4 Stundenplan

Im Bereich *Stundenplan* (Abb. 5) werden ausgewählte Lehrveranstaltungen eines Semesters in Kalenderform dargestellt. Die Termine werden dabei nur angezeigt,

---

7   Bei den in Baula berücksichtigten Studiengängen werden Modulen eine oder mehrere konkrete Lehrveranstaltungen zugeordnet, z. B. eine Vorlesung und Übungstermine in kleineren Gruppen, von denen eine auszuwählen ist.

wenn diese wirklich stattfinden, Sondertermine sowie vorlesungsfreie Zeiten werden entsprechend berücksichtigt. Im oberen Bereich des Stundenplans (Abb. 5 rechts) kann die Ansicht gewechselt werden (Tag-, Wochen-, Monatssicht oder Termin-liste), ein Stundenplan importiert und exportiert sowie über den Button „+ Hinzufü-gen" ein Seitenmenü geöffnet werden (Abb. 5 links), in welchem Lehrveranstaltun-gen gesucht und eingeplant werden können. Die Lehrveranstaltungssuche erweitert die bereits bekannte Modulsuche (Abb. 4a) um diverse Filtermöglichkeiten, wie z. B. Fakultät, Typ sowie Wochentag und Zeit der Lehrveranstaltung. Zu den Such-ergebnissen werden die wichtigsten Informationen direkt angezeigt, detailliertere In-formationen erscheinen, nachdem die Lehrveranstaltung aufgeklappt wird. Der Stun-denplan bietet den Studierenden die Möglichkeit, das aktuelle Semester zu planen. In Kombination mit der Möglichkeit, nach zu Modulen passenden Lehrveranstaltun-gen zu suchen (Abschnitt 3.2.3), bietet der DSA den Studierenden hier eine zielge-richtete Such- und Planungsmöglichkeit.

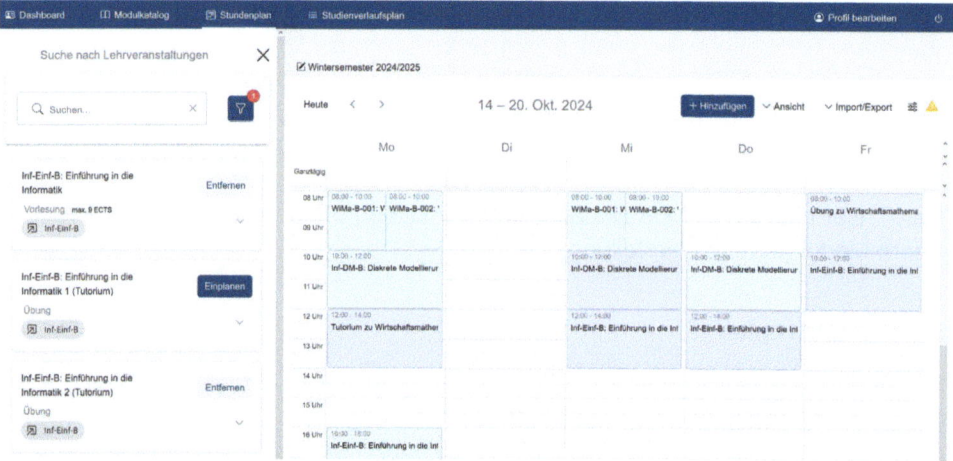

Abb. 5: Der Stundenplan in Baula mit integrierter Lehrveranstaltungssuche (eigene Darstellung).

3.3 Evaluation

Im Rahmen einer umfangreichen ersten Evaluation wurde Baula im vergangenen Jahr in einer Nutzendenstudie[8] mit Studierenden untersucht ($n = 26$). Ziel war es, die zu diesem Zeitpunkt vorliegende Implementierung der grundlegenden Komponenten des Systems (vgl. Abschnitt 3.2.2 – 3.2.4, ohne 3.2.1) im Hinblick auf Verbesserungsmöglichkeiten auszuwerten, um dem Informations- und Organisationsbedarf Studierender bestmöglich in der Gestaltung der Anwendung entgegenzukommen. Insgesamt nahmen die Teilnehmenden Baula mit einem *System Usability Score* (SUS) von 83.2 und *Net Promoter Score* (NPS) von 53 % als positiv wahr. Darüber hinaus bewegen sich fünf der sechs Dimensionen des *User Experience Questionnaires* (UEQ) in einem sehr guten Bereich zwischen 1.91 und 1.54 – nur die Originalität liegt mit 0.41 zurück. Eine ausführliche Betrachtung und Diskussion dieser quantitativen sowie umfangreicher qualitativer Ergebnisse findet in Bartel et al. (2024) statt.

Die Evaluation führte nicht nur zur Identifikation notwendiger Maßnahmen zur Verbesserung der User Experience und Usability sowie der Ableitung von Gestaltungsrichtlinien, sondern auch zur Formulierung vielfältiger Weiterentwicklungswünsche seitens der Studierenden. Hier sind zum Beispiel persönliche Modulempfehlungen auf Basis bisher absolvierter Module, die Unterstützung bei zeitlichen Kollisionen im Stundenplan, das Teilen des langfristigen Studienplans mit anderen Studierenden oder ein Chat-Bot für individuelle Fragen zu nennen. Häufig wurde neben Personalisierungsaspekten eine Zentralisierung der studienrelevanten Informationen und Systeme genannt. Im nächsten Abschnitt werden entsprechende zukünftige Weiterentwicklungen mit einem Fokus auf Individualisierung der Planung und Zentralisierung aus Systemsicht erläutert.

---

8 Details zu Studiendesign und -aufbau sowie ausführlichen Ergebnissen finden sich in Bartel et al. (2024).

4 Zukünftige Weiterentwicklungen

Im Rahmen der zuvor geschilderten Evaluation wurden Befunde und Wünsche der Studierenden identifiziert, aus welchen Maßnahmen zur Weiterentwicklung des Assistenten abgeleitet wurden. Demzufolge werden im Folgenden zunächst geplante Entwicklungen im Hinblick auf die Unterstützung der Individualisierung beschrieben, woraufhin entscheidungsunterstützende Maßnahmen erläutert werden, die teils im Kontext früherer Erhebungen (Hirmer et al., 2022; Hirmer et al., 2023) und teils vor dem Hintergrund des aktuellen Forschungskontexts entwickelt wurden. Abschließend wird eine weiterführende mögliche Zentralisierung im Sinne der stärkeren Verankerung des Assistenten in die Hochschulsysteminfrastruktur skizziert.

4.1 Individualisierung

Ein wichtiger Aspekt der stärkeren Personalisierung der Anwendung bezieht sich auf die Verfeinerung der aktuellen Umsetzung der Stundenplanung (Abschnitt 3.2.4). Neben dem Hinweis auf zeitlich kollidierende Lehrveranstaltungen und die entsprechende einfache Umplanung, soll eine weitere Individualisierung z. B. durch das Hinterlegen von eigenen Terminen im Stundenplan implementiert werden.

Zudem soll der Vermeidung von Fehlern bei der individuellen Planung in der zukünftigen Entwicklung noch mehr Aufmerksamkeit gewidmet werden. Einerseits betrifft dies die Unterstützung im Hinblick auf eine Studienfortschrittskontrolle bzw. eine Grundlagen- und Orientierungsprüfung.[9] Hier sollen Studierenden durch die Überprüfung entsprechender Bedingungen Hinweise angezeigt und auf Beratungsangebote der Universität verwiesen werden. Andererseits sollen Planungsmaxima (z. B. maximale einbringbare ECTS-Punkte pro Modulgruppe) und Planungsminima (z. B. alle nötigen Lehrveranstaltungen pro Modul) stärkere Berücksichtigung fin-

---

9 Z. B. das Erreichen einer bestimmten Zahl von ECTS-Punkten in vorgegebenen Modulgruppen oder das Bestehen bestimmter Prüfungen bis zu einem konkreten Fachsemester.

den. Dies wurde bereits erprobt, ist jedoch aufgrund mangelnder Datenqualität (Abschnitt 4.3) bisher begrenzt integriert und nur mit hohem Aufwand umsetzbar. So können Belegungsvorgaben für Modulgruppen kaum maschinell aus den Modulhandbüchern extrahiert werden und die Zuordnung von Lehrveranstaltungen zu Modulen liegt nicht für alle Angebote gleichermaßen vor. Ziel ist es, mithilfe entsprechender Hinweise bei dauerhafter Unterschreitung eines Planungsminimums oder bei Überschreitung eines Planungsmaximums Fehler zu vermeiden, ohne den individuellen Belegungswunsch zu unterbinden (z. B. Hinweis auf alternative Anrechnungsmöglichkeiten und entsprechende Anlaufstellen).

Um die individuelle und eigenständige Studienplanung zu fördern, ist es unerlässlich, vielfältige, möglichst relevante Informationen zum passenden Zeitpunkt des Planungsprozesses bereitzustellen, die zum persönlichen, zielgeleiteten Erschließen der möglichen studierbaren Module ermutigen. Eine Herausforderung hierbei ist, die Planung mit entscheidungsunterstützenden Maßnahmen zu unterstützen, ohne die Individualität der Belegung einzuschränken oder Studierende dabei zu überfordern.

4.2 Entscheidungsunterstützende Maßnahmen

Der Grundgedanke, Entscheidungen Studierender zu unterstützen, ist bereits in den Grundzügen des vorgestellten Assistenten (Abschnitt 3) vorhanden. Beispielsweise sind relevante Informationen zu Studienangeboten übersichtlich und zugänglich gestaltet (z. B. Moduldetails in Abb. 4b) und Möglichkeiten zur eigenständigen Strukturierung des vorhandenen Lehrveranstaltungs- bzw. Modulangebots (wie z. B. Filter) stehen im Fokus der Anwendung. Ein wichtiger Faktor, der die Belegungsentscheidungen von Studierenden beeinflussen kann, ist die Modulwahl anderer Studierender. Somit wurden Studienverläufe im Hinblick auf mögliche leitende Hinweise bei Auswahl- und Sequenzentscheidungen exploriert und als Orientierungshilfe für Studierende zu verschiedenen entscheidenden Zeitpunkten der Studienplanung integriert. Einerseits werden entsprechende Hilfen bei der Information über ein Modul (Abb. 4b unten) bereitgestellt. Andererseits finden Studierende auch direkt im langfristigen Planungsprozess Unterstützung. Beispiele hierfür sind das aufklappbare

Seitenmenü (Abb. 3 links) oder die Anzeige weiterer Folgebelegungen von Studierenden (Bittner, 2015) desselben Studiengangs beim Einplanen eines Moduls.

Um möglichst vielseitige Bedarfe zu adressieren, werden im linken Seitenmenü (Abb. 3 links) verschiedene Unterkategorien von Modulangeboten bereitgestellt. Neben den bereits implementierten Auswahlmöglichkeiten – häufig gewählte Module anderer Studierender („Beliebt") oder Module, die in ihrer Version das erste Mal angeboten werden („Neu") – sollen die Kategorien „Passend" und „Entdecken" erforscht und befüllt werden. Die Kategorie „Entdecken" soll Vorschläge nach der Idee der Serendipität bereitstellen. Im Kontrast zu „Beliebt" sollen hier vielfältige Module vorgeschlagen werden, die für Studierende relevant sein können, jedoch bisher in ihrem Studienverlauf wenig Beachtung finden. Dies können etwa Module anderer Lehrstühle sein oder Module, die verwandte Interessenthemen abdecken. Die Kategorie „Passend" bezieht sich dagegen auf Module, die auf Basis des individuellen Profils des Studierenden – im Sinne eines Nutzendenmodells (Germanakos & Belk, 2016) – empfohlen werden. Hier sollen Module vorgeschlagen werden, die (1) zu angegebenen Interessen, Schwerpunkten oder Präferenzen passen oder (2) den individuellen Wissensstand erweitern. Im Fall 1 sollen die Angaben explizit über das Profil des Nutzenden gemacht werden können, wogegen Fall 2 auf eine automatische, implizite Ableitung durch die inhaltliche Analyse absolvierter Module bzw. Lehrveranstaltungen abzielt.

Das so generierte Wissen über die Nutzenden, wie Wissensstand, Zielvorstellungen, Jobwünsche usw. kann in vielfältiger Form als Suchanfrage im Kontext verschiedener Suchszenarien (Hirmer et al., 2024) genutzt werden. Eine auf die Zielvorstellungen bzw. den Wissenstand fokussierte Suche kann dazu beitragen, die große Menge der belegbaren Module überschaubarer zu machen, eine für individuelle Bedarfe relevantere Ergebnismenge zu liefern und somit die Entscheidung im Planungsprozess zu erleichtern. Wichtig hierbei ist, dass die Nutzung dieser Daten individueller Studierender nur mit deren Einwilligung erhoben bzw. verwendet werden und der Umgang des Systems mit Nutzendendetails möglichst transparent stattfindet. Das Dashboard sowie das Nutzendenprofil in der Anwendung sollen es ermöglichen, die vorliegenden Daten einzusehen und zu revidieren.

4.3 Anbindung von Datenquellen

Wie bereits erwähnt ist im Rahmen der Evaluation ein starker Wunsch nach Zentralisierung von studienplanungsrelevanten Quellen und Systemen deutlich geworden. Wichtige Datenquellen sollen stärker angebunden werden, um derzeitige Redundanzen sowie Aufwände durch die Nutzenden (z. B. Systemwechsel) zu vermeiden und die Personalisierung des Systems stärker fördern zu können. Abb. 6 gibt einen Überblick über Quellen, die in diesem Kontext für die Weiterentwicklung des DSA relevant sind.

Zunächst soll eine stärkere technische Integration der Studienverläufe, die derzeit als Kohorten offline über das Data Warehouse der Universität bereitgestellt werden, über eine entsprechende Schnittstelle erfolgen. Dies soll die Erweiterbarkeit und Aktualität der bereitgestellten Datenbasis verbessern. Ebenso sollen über die stärkere Anbindung des Prüfungsverwaltungssystems die grundlegende Studienstruktur sowie individuelle Prüfungs- und Studienverlaufsdaten automatisch bereitgestellt werden – Daten, deren Relevanz unmittelbar ist, die jedoch in der derzeitigen Umsetzung nur über Umwege integriert werden können. Ein weiterer Umweg entsteht durch eine fehlende Anbindungsmöglichkeit zur Prüfungsverwaltung, wodurch Studierende sich nicht direkt über Baula zu Lehrveranstaltungen oder Prüfungen anmelden können, sondern separat dorthin navigieren müssen. Dagegen ist das Lehrveranstaltungsverwaltungssystem derzeit mit einer Schnittstelle angebunden. Studierendenspezifische Lerndaten sind für die weitere Personalisierung des Systems vielversprechend und sollen über das Lernmanagementsystem bereitgestellt werden. Zuletzt sollen Literaturangaben zu Modulen oder Lehrveranstaltungen direkt durch eine Schnittstelle über die Universitätsbibliothek aufrufbar sein.

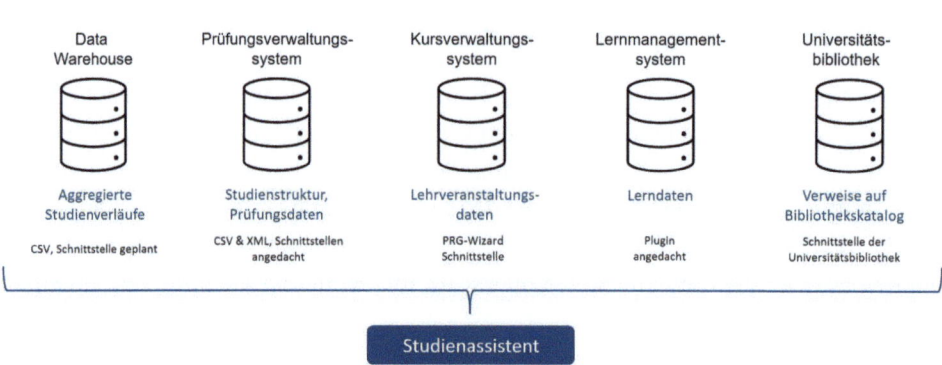

Abb. 6: Aktuelle Datenquellen für die Studienplanung (eigene Darstellung).

Nicht nur aus Nutzendenperspektive bringt die vermehrte Anbindung von Datenquellen einen Mehrwert, sondern auch im Sinne der Wartungs- und Nachhaltigkeitsstrategie. Durch die Arbeiten zur Zentralisierung der Bereitstellung der studienplanungsrelevanten Informationen in einem System wie Baula werden Mängel in der hochschulinternen Datenqualität aufgezeigt. Ferner wird die Notwendigkeit zu Optimierung relevanter Prozesse (z. B. Erstellung und Pflege von Modulhandbüchern) für die maschinelle Verarbeitung deutlich. Mit der zunehmenden Verknüpfung der Datenquellen kann die Konsistenz der hochschulinternen Datenbasis gefördert werden, die als Basis für verschiedenste studienorganisations- und verwaltungsnahe Prozesse dient.

5   Limitationen und Ausblick

Der vorliegende Beitrag hat den DSA der Universität Bamberg vorgestellt und weitere Entwicklungsschritte aufgezeigt. Bisher wurde der entwickelte Assistent primär auf seine Funktionalitäten hin untersucht. Offen bleibt zum einen die Nutzbarkeit für weitere Zielgruppen (z. B. Studienberatungen) wie auch die konkrete Evaluation des Einflusses auf die Studienplanung von Studierenden. Dabei ist es insbesondere interessant – und ebenso herausfordernd – zu untersuchen, ob ein DSA zu einer vereinfachten Studienplanung und zu heterogeneren bzw. individuelleren Studienverläufen beitragen kann. Hier ist es relevant, weitere Faktoren wie soziale Einflüsse auf die Entscheidungen Studierender (z. B. durch Interaktion mit Mitstudierenden) nicht zu vernachlässigen.

Zu berücksichtigen ist, dass der vorgestellte Assistent vor dem Hintergrund der spezifischen Systemlandschaft an der Universität Bamberg entstanden ist. Die Übertragbarkeit insbesondere im Hochschulkontext ist damit eine zentrale Limitation dieses Beitrags. Zunächst wird diese durch die Integration der Studienstrukturen gehemmt, da hier sowohl hochschulintern als auch hochschulübergreifend Daten in unterschiedlicher Qualität und Struktur vorliegen. Ferner ist an der Universität Bamberg derzeit für die relevanten Planungsprozesse kein allumfassendes Campusmanagementsystem vorhanden, was die Herausforderung der Datenintegration vergrößert. Vielfältige Datenquellen wie Lernmanagementsysteme oder der Bibliothekskatalog sowie weitere potenzielle externe Ressourcen bedürfen einer Integration, um weitere Potenziale von DSAs zu entfalten. Von zentraler Bedeutung ist dabei die Betrachtung der Informationen aus der Perspektive der Studierenden und ihrer Planungsprozesse.

Natürlich wäre es wünschenswert, die Überlegungen und auch Implementierungen zu DSA so zu gestalten, dass diese für eine Vielzahl von Hochschulen anwendbar sind. Dies ist aber gerade im Bereich der Studienverlaufsplanung herausfordernd. Vor dem Hintergrund der stark variierenden organisatorischen wie technischen Rahmenbedingungen an den Hochschulen bestehen hier große Hindernisse. Organisatorisch muss zunächst die Frage der Datenqualität thematisiert werden, technisch die

Frage der Datenzugänglichkeit über die Bereitstellung maschinenlesbarer Formate. Hier liegt es an den Hochschulen, eine stärkere Standardisierung voranzutreiben (Kleinschmidt, 2015), damit die Entwicklung und Übertragbarkeit von Assistenzsystemen im Bereich der Studienplanung gestärkt wird und den gestiegenen Erwartungen von Studierenden in diesem Feld angemessen begegnet werden kann.

Danksagung

Diese Forschung wurde im Rahmen der Projekte „Digitale Kulturen in der Lehre entwickeln (DiKuLe)" und „Von Lernenden lernen (VoLL-KI)" durchgeführt und von der Stiftung Innovation in der Hochschullehre sowie der Förderinitiative „Künstlichen Intelligenz in der Hochschulbildung" (BMBF) finanziert.

Literaturverzeichnis

Bartel, L., Ochs, M., Hirmer, T., & Henrich, A. (2024). Design principles for a study planning assistant in higher education. In *Proceedings of the 2024 Conference on Human Information Interaction and Retrieval* (S. 243–253). Sheffield, United Kingdom. Association for Computing Machinery. https://doi.org/10.1145/3627508.3638327

Bittner, P. (2015). Modulempfehlungen über Vorgänger- und Nachfolgemodule. *INFORMATIK*, 2015, 725–733.

Germanakos, P., & Belk, M. (2016). User Modeling. In *Human-Centred Web Adaptation and Personalization*. Human–Computer Interaction Series. Springer, Cham. https://doi.org/10.1007/978-3-319-28050-9_3

Hechler, D., & Pasternack, P. (2017). Das Elektronische Hochschulökosystem. *die hochschule,* (1), 7–18. https://doi.org/10.25656/01:16632

Henrich, A., Sieber, S., & Wolf, S. U. (2007). Integration eines hochschulweiten LMS in die Systemlandschaft einer Hochschule – ein pragmatischer Ansatz. In *Flexibel integrierbares e-Learning – Nahe Zukunft oder Utopie*. Proceedings of the Workshop on E-Learning 2007, HTWK Leipzig, 09.–10. Juli 2007 (S. 57–76).

Hirmer, T., Etschmann, J., & Henrich, A. (2022). Requirements and Prototypical Implementation of a Study Planning Assistant in CS Programs. In *2022 International Symposium on Educational Technology* (ISET) (S. 281–285). IEEE. https://doi.org/10.1109/I-SET55194.2022.00066

Hirmer, T., Heyne, N., & Henrich, A. (2021). Die kompetenzorientierte Studienplanung: Entwicklung eines Tools zur Unterstützung von (Lehramts-)Studierenden. In DELFI 2021 (S. 121–126). Gesellschaft für Informatik e.V., Bonn.

Hirmer, T., Ochs, M., & Henrich, A. (2023). Studierende und die Studienplanung: Untersuchung von Herausforderungen und Entwicklungsperspektiven eines digitalen Studienplanungsassistenten [Posterbeitrag]. In *21. Fachtagung Bildungstechnologien* (DELFI) (S. 291–292). Gesellschaft für Informatik e.V., Bonn. https://doi.org/10.18420/delfi2023-60

Hirmer, T., Ochs, M., & Henrich, A. (2024). Vertical Search Scenarios within a Digital Study Planning Assistant. In M. Leyer & Wichmann, J. (Hrsg.), *Proceedings of the LWDA 2023 Workshops*: BIA, DB, IR, KDML and WM, Marburg, Germany. https://ceur-ws.org/Vol-3630/LWDA2023-paper22.pdf

Judel, S., Batz, K., Röpke, R., Bär, D., Henao, J. L., & Rumert, L. (2023). KI-gestützte Studienverlaufsplanung und -analyse mit AIStudyBuddy. In *Workshops der 21. Fachtagung Bildungstechnologien* (DELFI) (S. 193–196). Gesellschaft für Informatik e.V., Bonn. https://doi.org/10.18420/wsdelfi2023-55

Karrenbauer, C., König, C. M., & Breitner, M. H. (2021). Individual digital study assistant for higher education institutions: Status quo analysis and further research agenda. In F. Ahlemann, R. Schütte & S. Stieglitz (Hrsg.), Innovation through information systems (S. 108–124). Springer International Publishing. https://doi.org/10.1007/978-3-030-86800-0_8

Kleinschmidt, A. (2015). Strategisches zu Campusmanagementsoftware. *INFORMATIK, 2015*, 701–712.

Lutz, L., & Mayer, F. (2019). Smart Success – ein digitaler Assistent als Beitrag zu einer Kultur des flexiblen Studierens. *Zeitschrift für Hochschulentwicklung, 14*(3), 178–190. https://doi.org/10.3217/zfhe-14-03/11

Ochs, M., Hirmer, T., & Henrich, A. (2023). Concept and possible impacts of a study planning assistant in higher education. In *2023 International Symposium on Educational Technology* (ISET) (S. 161–165). IEEE. https://doi.org/10.1109/ISET58841.2023.00039

Weber, F., Schrumpf, J., Dettmer, N., & Thelen, T. (2022). A Web-Based Recommendation System for Higher Education: SIDDATA: History, Architecture and Future of a Digital Data-Driven Study Assistant. *International Journal of Emerging Technologies in Learning (iJET), 17*(22), 246–254. https://doi.org/10.3991/ijet.v17i22.31887

Meeri-Liisa Beste[1], Sascha El-Sharkawy[2], Natalie Enders[3], Klaus Schmid[4], Bianca Wolff[5] & Ute Zaepernick-Rothe[6]

Self-le@rning an der Universität Hildesheim: Entwicklung einer Selbstlernplattform

Zusammenfassung

Die Universität Hildesheim reagiert auf Herausforderungen der Hochschullehre, wie eine heterogene Studierendenschaft und den Bedarf an flexiblem, individuell unterstütztem Selbststudium. Dafür entwickelt das Teilprojekt SELF-le@rning im Projekt Digital C@MPUS-le@rning eine Plattform für maßgeschneiderte Lernprozesse. Kernelemente sind die Verwendung von Nanomodulen und eine kompetenzbasierte Modellierung zur Erstellung individueller Lernpfade. Ergänzt werden diese durch

1   Corresponding author; Universität Hildesheim; beste@uni-hildesheim.de;
    https://www.uni-hildesheim.de/fb4/institute/imai/abteilungen/didaktik-der-mathematik-
    2/mitglieder/meeri-liisa-beste/; ORCID 0009-0002-4170-113X
2   Universität Hildesheim; elscha@sse.uni-hildesheim.de; https://sse.uni-hildes-
    heim.de/mitglieder/dr-sascha-el-sharkawy/; ORCID 0000-0003-2371-7293
3   Universität Hildesheim; endersna@uni-hildesheim.de; https://www.uni-hildes-
    heim.de/fb1/institute/psychologie/mitglieder/wissenschaftliches-personal/natalie-en-
    ders/; ORCID 0000-0003-0396-3964
4   Universität Hildesheim; schmid@sse.uni-hildesheim.de; https://sse.uni-hildes-
    heim.de/mitglieder/prof-dr-rer-nat-klaus-schmid/; ORCID 0000-0002-4147-3942
5   Universität Hildesheim; wolffb@uni-hildesheim.de; https://www.uni-hildes-
    heim.de/fb4/institute/imai/abteilungen/didaktik-der-mathematik-2/mitglieder/bianca-
    wolff/; ORCID 0009-0006-6410-3676
6   Universität Hildesheim; zaepernickrothe@uni-hildesheim.de; https://www.uni-hildes-
    heim.de/fb1/institute/psychologie/mitglieder/wissenschaftliches-personal/ute-zaeper-
    nick-rothe/; ORCID 0009-0004-4149-8105

https://doi.org/10.21240/zfhe/19-4/03

Learning Analytics und ein Lerntagebuch zur optimalen Förderung des selbstgesteuerten Lernens. In diesem Beitrag wird ein Einblick in den aktuellen Entwicklungsstand der Selbstlernplattform gegeben.

Schlüsselwörter

Selbstlernplattform, kompetenzbasierte Modellierung, selbstreguliertes Lernen, digitales Lerntagebuch, State Space Search

Self-le@rning at the University of Hildesheim: Development of a self-learning platform

Abstract

To meet the challenges of contemporary university teaching, including heterogeneous students and the demand for flexible and individualised self-study support, the University of Hildesheim launched the SELF-le@rning sub-project of the Digital C@MPUS-le@rning initiative, which is developing a platform designed for personalised learning. The cornerstone of this platform is the implementation of nanomodules and skills-based modeling to create individualised learning paths. These are further enhanced by *learning analytics* and a learning diary to optimally support self-directed learning. This paper provides an overview of the current development status of the self-learning platform.

Keywords

self-learning environment, competence-based modelling, self-regulated learning, digital learning diary, state space search

1 Projektidee

Die Universität Hildesheim ist mit über 8.000[7] Studierenden eine kleinere Hochschule, die wie viele andere Universitäten vor der Herausforderung steht, einer zunehmend heterogenen Studierendenschaft gerecht zu werden (vgl. Hanft, 2015; Reifenberg, 2021). Unterschiedliche Vorwissensstände resultieren insbesondere aus dem Wechsel von Bachelorabsolvent:innen anderer Hochschulen nach Hildesheim für das Masterstudium, internationalen Studiengängen und dem breiten Wahlangebot in einigen Studienfächern. Zusätzlich fordern die Studierenden eine Flexibilisierung des Selbststudiums, um individuellen Lernbedürfnissen und beruflichen Anforderungen gerecht werden zu können (vgl. Armborst-Weihs et al., 2018, S. 11). Dieser Effekt verstärkte sich während der Corona-Pandemie und setzte sich danach weiter fort.

Die Universität begegnet diesen Herausforderungen mit dem Projekt Digital C@MPUS-le@rning, das von der Stiftung Innovation in der Hochschullehre gefördert wird und den Aufbau eines digitalen Lehr- und Lerncampus zum Ziel hat. Im Teilprojekt *SELF-le@rning*, das im Folgenden beschrieben wird, wird in einem Fächerverbund aus Informatik, Mathematikdidaktik und Psychologie das Selbststudium durch die Entwicklung einer innovativen Selbstlernplattform unterstützt. Im Zentrum stehen bedarfsgerechtes Lehren durch individualisiertes Lernmaterial, das durch Lernstandrückmeldungen, Stärken-Schwächen-Analysen und Empfehlungen zu geeigneten Bearbeitungsstrategien ermöglicht wird.

Dazu wurde ein neuartiges, veranstaltungs- und fachunabhängiges Lehrkonzept entwickelt, in dem individualisierte Lernkurse über kleine, kompakte Lerneinheiten zu fachspezifischen Themen, sog. Nanomodule, realisiert werden. Im Folgenden geben wir einen Einblick in den aktuellen Entwicklungsstand der Selbstlernplattform. Ihre Besonderheit besteht in der Verbindung der Nanomodule mit einer kompetenzbasierten Modellierung, die in Kapitel 2 beschrieben wird. Ein integriertes Konzept zur

---

7   https://www.uni-hildesheim.de/profil/daten-fakten/

Förderung des selbstregulierten Lernens (SRL) rundet das Angebot ab und wird in Kapitel 3 dargestellt. Aus Platzgründen muss auf eine detaillierte Diskussion der zugrundeliegenden wissenschaftlichen Aspekte verzichtet werden.

2 Kompetenzbasierte Modellierung

Die Modularisierung von BA/MA-Studiengängen hat die angestrebten Kompetenzen der Studierenden stärker in den Fokus des Hochschulunterrichts gerückt. In naturwissenschaftlichen und speziell in mathematischen Bereichen ist ein kompetenzbasierter Aufbau von Lehreinheiten weit verbreitet (vgl. Jeschke et al., 2004) und die kompetenzbasierte Bildung wird als weltweite Innovation und Zukunft des Lernens angesehen (vgl. Voorhees, 2001; Mulder, 2017).

Im Rahmen der kompetenzbasierten Kursdefinition des Projekts für die Selbstlernplattform werden Kompetenzen als *Fähigkeiten und Dispositionen zur Bewältigung kontextspezifischer Anforderungen* betrachtet (vgl. Schaper et al., 2012). Hierzu werden vor der Erstellung von Lernmaterialien zunächst die zu vermittelnden Lernziele definiert, was mit einer am *Constructive Alignment* ausgerichteten Lehrplanung korrespondiert (vgl. Ulrich, Seifried & Schaper, 2021). Anschließend werden passgenaue, kurze Lerneinheiten erstellt, die idealerweise genau ein Lernziel repräsentieren. Durch die Annotation von benötigten und intendierten Kompetenzen können Kurse individuell auf die Bedürfnisse der Lernenden zugeschnitten werden. Beispielsweise können bei der Erzeugung eines individuellen Lernpfades bereits bekannte Einheiten ausgelassen und fehlende Voraussetzungen in den Kurs integriert werden. Denkbar wäre auch, dass Lernende persönliche Lernziele auswählen, zu denen der Planungsalgorithmus ausgehend von dem individuellen Kenntnisstand einen maßgeschneiderten Lernpfad generiert.

Im Folgenden wird der Ansatz der kompetenzbasierten Modellierung zur Erzeugung individualisierter Lernpfade genauer vorgestellt. Dazu wird in Abschnitt 2.1 zunächst das didaktische Konzept der Nanomodule vorgestellt und anschließend in Kapitel 2.2 die Erstellung von Kompetenzgraphen erläutert. Abschließend wird in Abschnitt 2.3 das Vorgehen bei der Generierung von individuellen Lernpfaden dargelegt.

2.1 Nanomodule

Der Lernprozess innerhalb der Plattform ist strukturell anhand von Nanomodulen konzipiert. Das zugrundeliegende Lehrkonzept ist an die Idee des *Microlearnings* angelehnt, bei dem kleine Lerneinheiten von bis zu 15 Minuten Bearbeitungszeit angeboten werden (vgl. Buchem & Hamelmann, 2010; Taylor & Hung, 2022). Auch die Bearbeitung der Nanomodule inkl. der Beantwortung der Fragen beansprucht nicht mehr als 10–15 Minuten (vgl. Beste et al., 2023), wodurch selbst kurze Zeitfenster effektiv zum Lernen genutzt werden können.

Nanomodule sind atomar aufgebaut, um sowohl ihre Wiederverwendung in einem anderen Kontext zu ermöglichen, als auch das Auslassen zu vereinfachen, falls ein Nanomodul nicht zum Erreichen des persönlichen Lernziels erforderlich ist. Jedes Nanomodul behandelt eine konkrete Fragestellung zu einem spezifischen Thema und setzt sich aus einer optionalen initialen Aktivierungsfrage, dem Lerninhalt und einer Lernzielkontrolle zusammen.

Die *Aktivierungsfrage* dient dem Vorwissensabruf, mit welchem Anknüpfungspunkte zu bereits vorhandenen Wissensstrukturen gefunden werden sollen (vgl. Gruber & Stamouli, 2015). Dazu wird die Frage so formuliert, dass sie auf einen zentralen Aspekt des Nanomoduls abzielt, der stark mit den intendierten Lernzielen und Kompetenzen korrespondiert (beispielsweise „Was verstehen wir in der Psychologie unter dem Begriff ‚Lernen'?" in einem Nanomodul zur Definition des Begriffs „Lernen"). Die Präsentation der Aktivierungsfrage korrespondiert mit dem sogenannten Testungseffekt (vgl. Roelle et al., 2023) bzw. dem Prequestioning-Effekt (vgl. St. Hilaire et al., 2023) und unterstützt die Selektion, Organisation, Elaboration und Integration der nachfolgenden Informationen im Gedächtnis (vgl. Zaepernick-Rothe et al., in Begutachtung). Technisch ist dies als offenes Antwortfeld umgesetzt, auf welches die Lernenden kein Feedback erhalten.

Der sich anschließende *Lerninhalt* kann mit unterschiedlichen Medien, z. B. Videos, PDF-Dateien, Artikeln oder externen Webseiten, realisiert werden. Um einen atomaren Aufbau der Nanomodule zu gewährleisten, sollte dieser innerhalb des Nanomoduls umfassend erläutert und nicht auf ein vorheriges Nanomodul oder mehrere Nanomodule aufgegliedert werden. Ebenso sollen innerhalb eines Nanomoduls Verweise zu anderen Nanomodulen innerhalb des Lernpfades vermieden werden, da diese je nach Individualisierung des persönlichen Lernpfads ausgelassen werden können.

Nach der Inhaltsvermittlung erfolgt eine *Lernzielkontrolle*, um sicherzustellen, dass das vermittelte Wissen korrekt erlernt wurde und die Studierenden unmittelbare Lernstandrückmeldungen bekommen. Sie orientiert sich an den ersten drei Ebenen *Erinnern, Verstehen* und *Anwenden* der kognitiven Prozessdimension nach der Lernzieltaxonomie von Anderson und Krathwohl (2001). Zur Umsetzung können beispielsweise Multiple-Choice-Fragen, Lückentexte, Zuordnungsaufgaben, Freitextaufgaben und Programmieraufgaben implementiert werden (vgl. Abbildung 1). Ferner können Lösungshinweise vorgegeben werden, um die Lernenden zu aktivieren. Eine automatisierte Auswertung durch das System ermöglicht ein unmittelbares Feedback an die Lernenden. Zukünftig ist denkbar, dass ein Algorithmus dieses Feedback für eine Korrektur des individuellen Lernpfades nutzt.

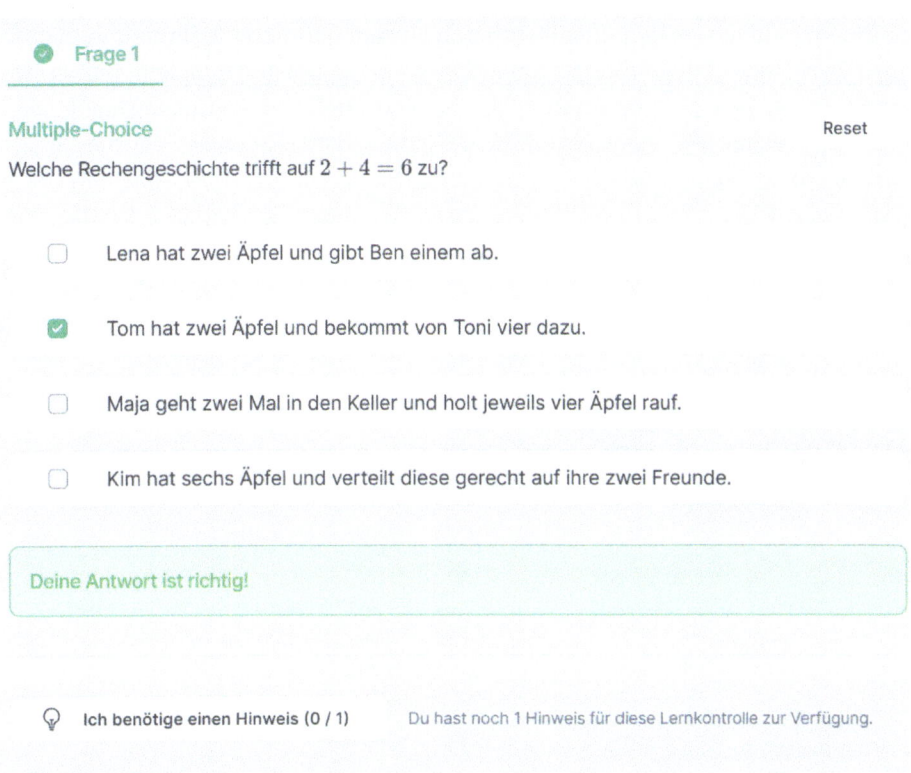

Abbildung 1: Beispiel einer Multiple-Choice-Frage zum Operationsverständnis in der Grundschule aus Sicht der Mathematikdidaktik.

2.2 Kompetenzgraphen

Jedes Nanomodul zielt auf einen Kompetenzzuwachs durch die Erreichung der mit ihm verbundenen Lernziele ab. Für die Individualisierbarkeit des Lernens ist die Annotation von Nanomodulen mit Kompetenzen daher essenziell. Die Annotation der Nanomodule mit Kompetenzen erfolgt auf zwei Ebenen: Einerseits werden die mit dem Nanomodul verbundenen *Lernziele* formuliert, andererseits werden für das Verständnis benötigte *Vorkenntnisse* als Voraussetzungen beschrieben.

Für die Erstellung von individualisierbaren Kursen definieren Lehrende zunächst ihr Curriculum, bzw. Ausschnitte davon in Form von Kompetenzgraphen, indem sie unabhängig von den Lehrmaterialien die zu vermittelnden Kompetenzen festlegen. Dies erfordert ein sehr kleinschrittiges Vorgehen, da Kompetenzen feingranular definiert werden, etwa in der je situativen Bewältigung von Anforderungen pro Nanomodul (vgl. Klieme & Hartig, 2007). Diese Kompetenzen können in einem Top-Down-Ansatz beliebig weiter zerlegt werden.

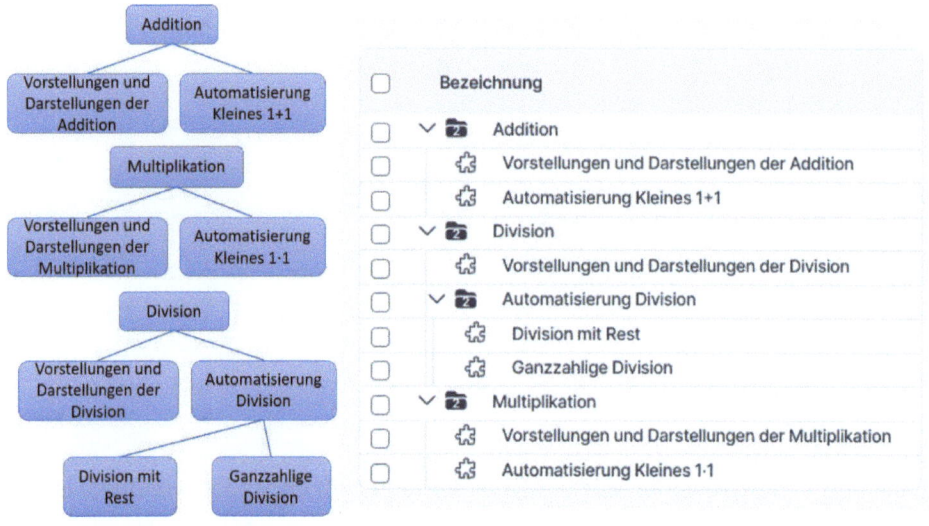

Abbildung 2: Konzeptionelle Darstellung eines Kompetenzgraphen (links) und der Realisierung in der Selbstlernplattform (rechts).

Abbildung 2 zeigt exemplarisch den vereinfacht dargestellten Ausschnitt eines mathematikdidaktischen Kompetenzgraphen für den mathematischen Grundschulunterricht. Links ist die konzeptionelle Darstellung zu sehen und rechts die entsprechende Umsetzung in der aktuellen Version der Selbstlernplattform. Es wird ersichtlich, dass die Erstellung eines generischen und allumfassenden Kompetenzgraphen nahezu unmöglich ist. Zwei Faktoren wirken sich maßgeblich auf die Zerlegung der Kompetenzen aus: Einerseits beeinflusst der Kontext der Veranstaltung den Umfang der Kompetenzgraphen. So könnte beispielsweise im Grundschulunterricht die Arithmetik auf den reellen Zahlen irrelevant sein, weshalb dies hier ausgelassen wurde. Andererseits bietet die Zerlegung von Kompetenzen in Teilkompetenzen alternative Vorgehensweisen.

Zur Vermeidung dieser Problematik können Lehrende beliebige selbstdefinierte Kompetenzgraphen für ihre eigenen Zwecke anlegen und miteinander teilen, um beim Austausch über ihr Curriculum gegenseitig auf bereits definierte Kompetenzgraphen zurückgreifen zu können. Eine solche präzise Definition, von Kompetenzen und Kompetenztransparenz, trägt zur Übertragbarkeit und Verbesserung der Vergleichbarkeit von Qualifikationen bei (OECD, 2005).

Abbildung 3 zeigt sowohl die konzeptionelle Herangehensweise der Annotation eines Nanomoduls mit Kompetenzen als auch den aktuellen Stand der Umsetzung. Optional können weitere Kompetenzen zur Definition einer didaktisch sinnvollen Reihenfolge von Nanomodulen angegeben werden. Ebenso sollen sich Vorkenntnisse als Voraussetzungen für den Beginn des Lernpfads definieren lassen, sodass bei mangelnden Voraussetzungen entweder Vorschläge zum Besuch einer vorherigen Veranstaltung gemacht oder fehlende Nanomodule in den Lernpfad integriert werden können (s. Kap. 2.3).

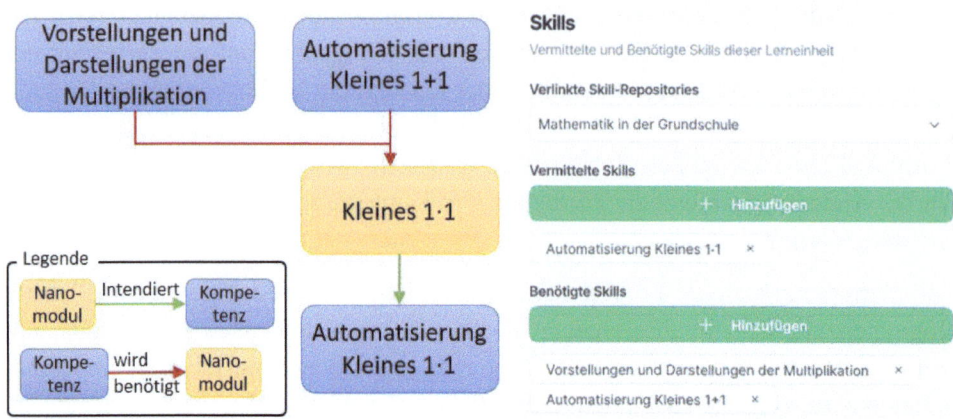

Abbildung 3: Links: Konzeptionelle Annotation eines Nanomoduls (gelb) mit Kompetenzen (blau). Rechts: Umsetzung in der Selbstlernplattform.

2.3 Individualisierte Lernpfade

Über die obligatorische Angabe der Kompetenzen, die zum Verständnis der Lerninhalte benötigt werden (vgl. Kap. 2.2), erfolgt die Erstellung von individualisierbaren Lernpfaden. Dazu wertet ein Planungsalgorithmus aus dem Bereich des State-Space-Planning die annotierten Kompetenzen ausgehend von dem bereits vorhandenen Kenntnisstand für ein Lernziel aus, um auf der Basis des individuellen Wissensstands der/des Lernenden automatisiert einen persönlichen, bedarfsgerechten Lernpfad zur Erreichung des jeweiligen gewünschten Lernziels zu erzeugen.

Zur Generierung dieses individuellen Lernweges wird der Fast Downward Planungsalgorithmus (vgl. Helmert, 2006) verwendet. Er berücksichtigt den Kenntnisstand der Lernenden und berechnet einen optimalen Lernpfad, um das definierte Lernziel zu erreichen. Abbildung 4 zeigt ein Beispiel zur Generierung eines individuellen Lernpfades ohne Berücksichtigung etwaiger Vorkenntnisse. Um den Lernpfad zu erzeugen, werden für jedes Nanomodul (gelb dargestellt) die zum Verständnis benötigten und intendierten Kompetenzen (blau dargestellt) durch den Algorithmus ausgewertet. Bei Vorwissen werden die entsprechenden Nanomodule ausgelassen. Die Lernenden sehen nur die Liste der zu lernenden Nanomodule, aber nicht die Kompetenzen als Teil des Lernpfades.

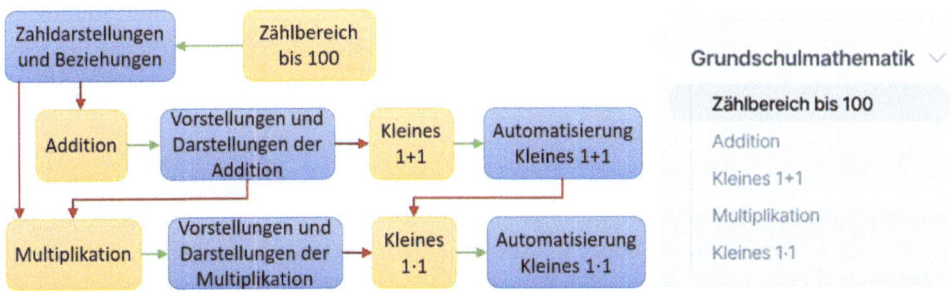

Abbildung 4: Beispiel einer Lernpfad-Generierung (links) und der resultierenden Anzeige für die Lernenden (rechts).

Zur Lernpfadanpassung werden die erworbenen Kompetenzen anderer Lernpfade berücksichtigt. Nach Bearbeitung eines Nanomoduls oder mehrerer Nanomodule stellt der Planungsalgorithmus sicher, dass die benötigten Kompetenzen von den Lernenden bei der Generierung des weiteren Lernpfads als Voraussetzungen berücksichtigt werden. Dadurch können individuelle und bedarfsgerechte Kurse automatisiert erzeugt werden.

Sollten entlang des persönlichen Lernpfads Kompetenzen zum Verständnis fehlen, so wird der Planungsalgorithmus nach Alternativen suchen und den Lernpfad um passende Nanomodule ergänzen. Hingegen bewirken die Annotationen zur didaktischen Reihenfolge nur eine Vertauschung der bereits vorhandenen Nanomodule. Dadurch sollen Nanomodule, die zum besseren Verständnis vorher erarbeitet werden sollten, auch weiter vorne innerhalb des Lernpfads auftauchen. Werden diese aber aufgrund des persönlichen Lernziels oder durch weitere Abhängigkeiten nicht gefordert, können sie ausgelassen werden.

Insbesondere für – von mehreren Lehrenden – gemeinsam genutzte Kompetenzen ist eine optionale Verwendung von Selektoren, also Parametern für die Einschränkung zu berücksichtigender Nanomodule für den Planungsalgorithmus, zur Einschränkung der Nanomodule angedacht, um so den Lehrenden trotz Individualisierbarkeit mehr Kontrolle über die ausgespielten Lerninhalte zu ermöglichen und unbeabsichtigte Nebeneffekte durch die Erstellung von Alternativmaterial zu vermeiden.

Weiterhin wird die optionale Verwendung einer Kostenfunktion unterstützt, wodurch eine zusätzliche Adaption gemäß den persönlichen Präferenzen ermöglicht wird. Unter der Voraussetzung von vorhandenem Alternativmaterial kann der Lernpfad hinsichtlich eines minimalen Gesamtumfangs, einer gewünschten Sprache, einer bevorzugten Lehrperson oder weiterer Parameter optimiert werden.

Um Vorkenntnisse einbeziehen zu können, welche außerhalb der Lernplattform erworben wurden, ist zukünftig ein optionales Self-Assessment angedacht, in dem die Lernenden eine Selbstauskunft hinsichtlich der Kompetenzen des unangepassten Lernpfads geben. Anschließend können die in den Nanomodulen hinterlegten Lernzielkontrollen der Validierung dienen. Die durch dieses Verfahren ermittelten Kompetenzen können dann als Grundlage für die Optimierung des Lernpfads genutzt werden.

Aufgrund des gewählten Ansatzes wäre auch eine selbstständige Lernpfaddefinition durch die Lernenden denkbar. Dies benötigt eine Suchfunktion nach gewünschten Kompetenzen, die für die Generierung eines eigenen Lernpfads verwendet werden können.

3   Förderung des selbstregulierten Lernens

Das eigenständige, *selbstregulierte Lernen* (SRL) von Studierenden ist ein zentraler Schlüssel für den Erfolg im Studium und ein bedeutsames hochschulisches Ausbildungsziel, mit dem Studierende jedoch häufig zu kämpfen haben. Daher ist die gezielte didaktische Förderung von SRL-Kompetenzen im Studium unerlässlich (vgl. Gerholz, 2012).

In psychologischen SRL-Modellen werden für jeden Lernanlass, wie z. B. die Bearbeitung eines Nanomoduls, drei Phasen unterschieden, die wechselseitig aufeinander bezogen sind (vgl. Schmitz & Schmidt, 2007): In der *präaktionalen Phase* formulieren Lernende ihre (persönlichen) Lernziele und integrieren das Lernvorhaben idealerweise in einen umfassenden Lernplan. In der *aktionalen Phase* erfolgt die Beschäftigung mit den Lerninhalten – in einem Nanomodul sind dies die Aktivierungsfrage, der Lerninhalt und die Quizfragen (vgl. Kap. 2.1) – unter Anwendung geeigneter Lernstrategien (z. B. *retrieval practice*, Anhalten eines Erklärvideos zum Nachdenken, Elaborationsstrategien beim Fragenbeantworten). In der *postaktionalen Phase* steht die Reflexion des Vorgehens und des Lernerfolgs im Zentrum, diese endet idealerweise in Vorsätzen für das Weiterarbeiten mit der Lernplattform.

Ein in die Selbstlernplattform integrierter Förderansatz (vgl. Donker et al., 2014) wird im Projekt zum einen durch die Bereitstellung von Nanomodulen, die fachliche Kenntnisse zu SRL und entsprechenden Strategien vermitteln, und zum anderen durch ein integriertes Lerntagebuch umgesetzt.

3.1   Lerninhalte zum selbstregulierten Lernen

Im Rahmen des Projekts werden ca. 30 Nanomodule produziert, die den theoretischen Hintergrund zu SRL sowie Lernstrategien und -techniken für die präaktionale, aktionale und postaktionale Phase des Lernens zum Gegenstand haben. Diese beinhalten auch spezielle Nanomodule zum Arbeiten mit der Lernplattform und dem integrierten Lerntagebuch (vgl. Kap. 3.2). Alle SRL-Inhalte sind nicht nur in die Lernplattform integriert, sondern stehen auch auf dem niedersächsischen OER-Portal twillo unter einer CC-BY-Lizenz als H5P-Dateien zum kostenlosen Download bereit: https://www.twillo.de/edu-sharing/components/collections?id=f56f65b0-a430-43ac-bb5b-b5929c30ff6f.

Bei der Erstellung der SRL-Nanomodule wurden ebenfalls Querverweise und Abhängigkeiten identifiziert, wie sie für die fachlichen Inhalte der Mathematik beschrieben wurden (vgl. Abschnitt 2.2). Beispielsweise ist es sinnvoll, sich zuerst über das Konzept des SRL zu informieren, bevor man sich mit den weiter oben beschriebenen Phasen des selbstregulierten Lernens befasst. Welche SRL-Kompetenzen Lehrende in den Nanomodulen als hierarchisch und/oder abhängig wahrnehmen, wird derzeit evaluiert.

3.2 Lerntagebuch

Um Studierende zur Anwendung effektiver Lernstrategien und zur Reflexion ihres Lernverhaltens zu bringen, reicht die Bereitstellung von Informationen über SRL und geeignete Bearbeitungsstrategien in Form von Nanomodulen nicht aus. Zusätzlich müssen die Lernenden über die Wissensvermittlung hinaus von der Wirksamkeit der SRL-Strategien überzeugt werden, sich selbst dazu verpflichten, diese anzuwenden, und die Anwendung konkret planen (vgl. KBCP-framework; McDaniel & Einstein, 2020). Diese Prozesse anzuregen und zu begleiten, ist eine Aufgabe der Lehrenden. Als didaktisches Instrument zur Unterstützung der Planung und Dokumentation von Lernhandlungen und SRL-Strategien wird ein in die Selbstlernplattform integriertes Lerntagebuch entwickelt, das es ermöglicht, lernanlassbezogene Veränderungen des strategischen Lernverhaltens offenzulegen und nachzuvollziehen (vgl. Degenhardt & Karagiannakis, 2002).

Im Online-Lerntagebuch können die Lernenden unter anderem ihre persönlich gesetzten Ziele festlegen und diese in ihrer Bearbeitungsreihenfolge ordnen, um einen Lernplan zu erstellen. Während des Arbeitens mit der Lernplattform können die bearbeiteten Nanomodule (z. B. „Was ist SRL?") und konkrete Lernaktivitäten und Lernstrategien aus der aktionalen Phase des SRL (z. B. „Video anhalten und nachdenken") dokumentiert werden. Auch die Selbstbewertung des eigenen Lernprozesses (investierte Anstrengung und Zufriedenheit mit dem Erreichten), die mit der Reflexion in der postaktionalen Phase des SRL korrespondiert, ist möglich.

Mit aktivem Einverständnis der Studierenden (sog. *Opt-in*) erfasst das System Daten wie Datum und Lernzeit automatisch, was die Handhabung des Lerntagebuchs vereinfacht und den Zeitaufwand für manuelle Eintragungen reduziert. Darüber hinaus können bei aktiver Einwilligung der Lernenden mithilfe von *Learning Analytics* Daten aus dem Lerntagebuch in Verbindung mit Lerninhalten zum selbstregulierten Lernen ausgewertet werden, um individuelle Lernpfade vorzuschlagen (vgl. Kap. 2.3) und Empfehlungen zur Verbesserung des Lernverhaltens zu generieren. Diese Analyse hilft, Lernhürden frühzeitig zu erkennen und den Einsatz adäquater Lernstrategien zu fördern. Die gesamte Plattform inklusive des darin integrierten Lerntagebuchs wird Open Source entwickelt und kann beliebig eingesetzt und weiterentwickelt werden.

Zukünftig sollen sowohl die Empfehlungen zum selbstregulierten Lernen als auch die Auswertungen des Lerntagebuchs KI-gestützt erfolgen. Dafür sind große Datenmengen erforderlich, das heißt, eine möglichst hohe Anzahl Studierender muss die Selbstlernplattform nutzen.

4 Fazit und Ausblick

Die an der Universität Hildesheim im Teilprojekt SELF-le@rning von Informatik, Mathematik und Psychologie entwickelte Lernplattform adressiert Studierende mit heterogenen fachlichen Vorkenntnissen und begünstigt die Flexibilisierung selbstorganisierter Lernprozesse bei gleichzeitiger Beförderung von SRL-Kompetenzen. Diese Ziele werden unter anderem durch eine nanomodulbasierte Aufbereitung der Lerninhalte, eine kompetenzbasierte Modellierung und ein integriertes Lerntagebuch erreicht.

Die Lernplattform befindet sich derzeit noch in der Entwicklung, wird jedoch bereits eingesetzt und kontinuierlich evaluiert, wobei Bezüge zu aktuellen Forschungen hergestellt werden. Beispielsweise wurden im Rahmen einer ersten Evaluation der Lerninhalte erfolgreich Lernzielkontrollen, die in verschiedenen Veranstaltungen eingebracht wurden, betrachtet (vgl. Girnat et al., im Druck). Zur Evaluation der Plattform selbst werden in Zusammenarbeit mit Studierenden Wünsche bei der Benutzung der Plattform untersucht. Eine Erhebung der Akzeptanz der Plattform seitens der Lernenden erfolgt in Kürze. Für einige der Evaluationsmaßnahmen, darunter die Analyse der Nutzung von Lernstrategien der Lernenden, sind noch zukünftige Implementierungen in die Plattform vorgesehen.

In der weiteren Entwicklung werden besonders die Aspekte der *Learning Analytics*, des Lerntagebuchs, der kompetenzbasierten Modellierung und die Integration eines intelligenten Tutoring-Systems weiter ausgearbeitet. Für das intelligente Tutoring ist der Einsatz von Large Language Modells (LLMs) angedacht. *Learning Analytics* sollen zum einen Studierenden Einblick in ihr eigenes Lernen geben und zum anderen mithilfe des Lerntagebuchs für eine individuelle Stärken-Schwächen-Analyse genutzt werden sowie für Empfehlungen zu geeigneten Bearbeitungsstrategien dienen. Dabei wird auf Datensouveränität geachtet, sodass die *Learning Analytics* und das Lerntagebuch als optionale Features angeboten werden: Studierende erhalten die Möglichkeit, das dabei erzeugte Profil zu löschen und Lehrende haben in diese individuellen Daten keinen Einblick.

Das Zusammenspiel der drei Fachbereiche Informatik, Mathematikdidaktik und Psychologie bietet in Kombination von Datenverarbeitung (KI) und verschiedenen lernpsychologischen Konzepten eine innovative Möglichkeit, ein digitales Studienassistenzsystem zu entwickeln, um aktuellen Herausforderungen in der Hochschule entgegenzutreten. Durch die bessere Verknüpfung von Bildungs- und Berufsangeboten und die Nutzung von Synergien zwischen formaler Bildung und Erfahrungslernen bietet der stringente Aufbau der Lernplattform auf Grundlage kompetenzbasierter Modellierung viel Transferpotenzial (vgl. Winterton et al., 2006, S. 59ff.). Der Aufbau solcher Transferpartnerschaften wird angestrebt. Um den Austausch von Bildungsressourcen zu erleichtern, wird die Plattform unter einer Open-Source-Lizenz entwickelt, und die im Projekt erstellten Nanomodule werden als OER-Material bereitgestellt.

Literaturverzeichnis

Anderson, L. W., & Krathwohl, D. R. (2001). *A taxonomy for learning, teaching, and assessing*: A revision of Bloom's taxonomy of educational objectives: complete edition. Longman.

Armborst-Weihs, K., Böckelmann, C., & Halbeis, W. (2018). Selbstbestimmt lernen – Selbstlernarrangements gestalten. Innovationen für Studiengänge und Lehrveranstaltungen mit kostbarer Präsenzzeit. Waxmann. https://doi.org/10.25656/01:15660

Beste, M.-L., Wolff, B., & Veith, J. (2023). Entwicklung einer Selbstlern-Plattform im Projekt „Digital C@mpus-le@rning" der Universität Hildesheim. *GDM-Mitteilungen 114*, 5–7.

Buchem, I., & Hamelmann, H. (2010), Microlearning: a strategy for ongoing professional development. *eLearning Papers, 21*(7), 1–15.

Degenhardt, M., & Karagiannakis, E. (2002). Lerntagebuch, Arbeitsjournal und Portfolio: Drei Säulen eines persönlichen Lernprozess-Begleiters. In B. Berendt, H. Voss & J. Wildt (Hrsg.), *Neues Handbuch Hochschullehre* (C 2.13, S. 1–42). Raabe.

Donker, A. S., de Boer, H., Kostons, D., van Ewijk, C. D., & van der Werf, M. P. C. (2014). Effectiveness of learning strategy instruction on academic performance: A meta-analysis. *EducationalResearch Review, 11*, 1–26. https://doi.org/10.1016/j.edurev.2013.11.002

Gerholz, K.-H. (2012). Selbstreguliertes Lernen in der Hochschule fördern: Lernkulturen gestalten. *Zeitschrift für Hochschulentwicklung, 7*(3), 60–73. https://doi.org/10.3217/zfhe-7-03/07

Girnat, B., Wolff, B., Beste, M.-L., & Veith, J. (im Druck). Vorstellung und Evaluation einer Selbstlernplattform zur Didaktik der Algebra im Rahmen des Projektes „Digital C@mpus-le@rning" der Universität Hildesheim. In *Beiträge zum Mathematikunterricht 2024*. 57. Jahrestagung der Gesellschaft für Didaktik der Mathematik vom 04.03.2024 bis 08.03.2024 in Essen. 1. Aufl. WTM-Verlag.

Gruber, H., & Stamouli, E. (2015). Intelligenz und Vorwissen. In E. Wild & J. Möller (Hrsg.), *Pädagogische Psychologie* (S. 25–44). 2. Aufl. Springer. https://doi.org/10.1007/978-3-642-41291-2

Hanft, A. (2015). Heterogene Studierende – homogene Studienstrukturen. In A. Hanft, O. Zawacki-Richter & W. Gierke (Hrsg.), *Herausforderung Heterogenität beim Übergang in die Hochschule*. Waxmann.

Helmert, M. (2006). The fast downward planning system. *Journal of Artificial Intelligence Research, 26*, 191–246. https://doi.org/10.1613/jair.1705

Jeschke, S., Kohlhase, M., & Seiler, R. (2004). eLearning, eTeaching- und eResearch-Technologien. Chancen und Potentiale für die Mathematik. *Mitteilungen der Deutschen Mathematiker-Vereinigung, 12*(2), 116–124. https://doi.org/10.1515/dmvm-2004-0040

Klieme, E., & Hartig, J. (2007). Kompetenzkonzepte in den Sozialwissenschaften und im erziehungswissenschaftlichen Diskurs. *Zeitschrift für Erziehungswissenschaft, 10*(Sonderheft 8), 11–29. https://doi.org/10.1007/978-3-531-90865-6_2

McDaniel, M. A., & Einstein, G. O. (2020). Training Learning Strategies to Promote Self-Regulation and Transfer: The Knowledge, Belief, Commitment, and Planning Framework. *Perspectives on Psychological Science, 15*(6), 1363–1381. https://doi.org/10.1177/1745691620920723

Mulder, M. (Hrsg.). (2017). Competence-Based Vocational and Professional Education. *Technical and vocational education and training, 23*. https://doi.org/10.1007/978-3-319-41713-4

OECD (2005). The Definition and Selection of Key Competencies. In *Executive Summary*. https://www.deseco.ch/bfs/deseco/en/index/02.parsys.43469.downloadList.2296.DownloadFile.tmp/2005.dskcexecutivesummary.en.pdf

Reifenberg, D. (2021). Keine homogene Gruppe: Wie die Vielfalt von Hochschulabsolvent*innen mit einem Heterogenitätsindex erfasst werden kann. In G. Fabian, C. Flöther & D. Reifenberg (Hrsg.), *Generation Hochschulabschluss: Neue und alte Differenzierung. Ergebnisse des Absolventenpanels 2017*. Waxmann. https://doi.org/10.25656/01:22800

Roelle, J., Lachner, A., & Heitmann, S. (2023). *Lernen: Theorien und Techniken* (Kap. 3.5). UTB.

Schaper, N., Reis, O., Wildt, J., Horvath, E., & Bender, E. (2012). *Fachgutachten zur Kompetenzorientierung in Studium und Lehre* (S. 1–148). HRK projekt nexus.

Schmitz, B., & Schmidt, M. (2007). Einführung in die Selbstregulation. In M. Landmann & B. Schmitz (Eds.), Selbstregulation erfolgreich fördern: Praxisnahe Trainingsprogramme für effektives Lernen (S. 9–18). 1. Aufl. Verlag W. Kohlhammer. https://doi.org/10.17433/978-3-17-022785-9

St Hilaire, K. J., Chan, J. C. K., & Ahn, D. (2023). Guessing as a learning intervention: A meta-analytic review of the prequestion effect. *Psychonomic Bulletin & Review*, 1–31. https://doi.org/10.3758/s13423-023-02353-8

Taylor, A., & Hung, W. (2022). The Effects of Microlearning: A Scoping Review. *Educational Technology Research and Development, 70*(2), 363–395. https://doi.org/10.1007/s11423-022-10084-1.

Ulrich, I., Seifried, E., & Schaper, N. (2021). Planen von Lehrveranstaltungen. In R. Kordts-Freudinger, N. Schaper, A. Scholkmann & B. Szczyrba (Hrsg.), *Handbuch Hochschuldidaktik* (S. 57–71). UTB.

Voorhees, R. A. (2001). Competency-Based Learning Models: A Necessary Future. *New Directions for Institutional Research, 110*, 5–13. https://doi.org/10.1002/ir.7

Winterton, J., Le Deist, F. D., & Stringfellow, E. (2006). Typology of Knowledge, Skills and Competences: Clarification of the Concept and Prototype. Cedefop Reference series 64. Office for Official Publications of the European Communities,

Zaepernick-Rothe, U., Enders, N., & Bermeitinger, C. (unter Begutachtung). Aufbau einer Selbstlernplattform inkl. Lernmaterial für OER. *Psychologische Rundschau*.

Weiterführende Links

Projektwebseite: https://www.uni-hildesheim.de/digital-campus-learning/self-learning/

Quellcode: https://github.com/e-Learning-by-SSE/nm-self-learning

Selbstlernplattform (bislang nur Uni-intern): https://www.uni-hildesheim.de/selflearn

Bettina Verena Großauer[1], Corinna Hörmann[2] &
Barbara Sabitzer[3]

Lobus Frontalis und ChatGPT – Chatbots als Lernassistenz für Studierende

Zusammenfassung

Die vorliegende Studie untersucht die Rolle von Chatbots als Lernassistenz für Studierende des gehobenen medizinisch-technischen Dienstes an Fachhochschulen in Österreich. Der Fokus liegt auf der aktuellen Nutzung und den zukünftigen Anforderungen dieser Technologie in der Hochschulbildung, insbesondere auf der Entwicklung und Implementierung von künstlicher Intelligenz (KI) als unterstützendes Werkzeug im Lernprozess. Die Ergebnisse einer Online-Umfrage mit 101 Studierenden zeigen, dass eine Mehrheit KI bereits nutzt und deren Potenzial erkennt. Insgesamt liefert die vorliegende Studie wichtige Einblicke, um ein tieferes Verständnis für die Wirksamkeit von KI als Lernassistenz zu erlangen und um maßgeschneiderte Anwendungen für die Hochschulbildung zu entwickeln.

Schlüsselwörter

Künstliche Intelligenz, Chatbot, Lernassistenz, Hochschuldidaktik,
Hochschulentwicklung

---

1   Corresponding Author; JKU Linz; k51910406@students.jku.at; ORCiD 0009-0002-9030-8457
2   JKU Linz; corinna.hoermann@jku.at; ORCiD 0000-0002-4770-6217
3   JKU Linz; Barbara.sabitzer@jku.at; ORCiD 0000-0002-1304-6863

https://doi.org/10.21240/zfhe/19-4/04

Bettina Verena Großauer, Corinna Hörmann & Barbara Sabitzer

Lobus Frontalis and ChatGPT – Chatbots as learning assistants for students

Abstract

This study examines the role of chatbots as learning assistants for students of higher medical-technical services at Austrian universities of applied sciences. The focus lies on both current usage and future requirements for this technology in higher education, particularly the development and implementation of Artificial Intelligence (AI) as a supportive tool in the learning process. The results of an online survey with 101 students show that a vast majority are already using AI and recognize its potential. Overall, the study provides important insights into the effectiveness of AI as a learning assistant and how to design customised applications for higher education.

Keywords

artificial intelligence, chatbot, learning assistant, higher education didactics, higher education development

1 Einleitung

Der Einfluss künstlicher Intelligenz (KI) auf den Bildungssektor hat seit der Einführung einer neuen Form der Mensch-Maschine-Interaktion zugenommen und im Bereich der Hochschulbildung bedeutende Impulse gesetzt (Sonderegger & Seufert, 2022). Eine der am häufigsten genutzten Technologien sind Chatbots, die durch ihre Fähigkeit, Konversationen zu simulieren, immer stärker in den Bildungssektor Einzug halten (Araujo, 2018). Besonders im Hochschulbereich eröffnen sich durch den Einsatz von ChatGPT, einem innovativen KI-Tool des amerikanischen Unternehmens OpenAI, zahlreiche neue Einsatzmöglichkeiten (Hu, 2024). Die Software basiert auf dem sogenannten „Generative Pre-trained Transformer" (GPT). Mithilfe der Eingabe von Nutzeranfragen, sogenannten Prompts, generiert der Chatbot einen eigenen Antworttext. Dabei greift er auf eine Datenbank zurück, die auf vortrainierten Inhalten basiert. Der Chatbot kann in einem Dialogformat Fragen beantworten, Fehler erkennen, Lösungen vorschlagen oder Anfragen ablehnen. Die generierten Ergebnisse basieren auf Wahrscheinlichkeiten von Wortfolgen, die durch generative Algorithmen typische menschliche Interaktion simulieren (Escobar-Planas et al., 2023).

Doch während die Technologie innovativ und vielversprechend erscheint, stellt sich die Frage, welche Auswirkungen ihre Nutzung auf die kognitive Entwicklung der Studierenden und ihre Lernerfahrungen hat. Denn die Erfahrungen mit Chatbots aufgrund der unterschiedlichen Prompts fallen oft nicht positiv aus und könnten auch einen negativen Effekt auf das Lernerlebnis haben. Gleichzeitig zeigen jedoch positive Interaktionen mit Chatbots eine andere Wirkung: Jede positive Erfahrung oder jedes erfolgreiche Ergebnis mit einem Chatbot ist wie eine Belohnung für das Gehirn und setzt beim Menschen Dopamin frei. Dadurch werden Menschen motiviert, bestimmte Verhaltensweisen zu wiederholen (Dietrich, 2014). Das bedeutet, dass angesichts der rasanten technologischen Entwicklung und der zu erwartenden zunehmenden Nutzung von Chatbots, wie ChatGPT, eine Auseinandersetzung mit dem pädagogischen Einsatz von Chatbots in der Hochschullehre unumgänglich erscheint. Einerseits weil diese in vielen Bereichen noch fachspezifische Defizite aufweisen

(Chomsky, 2023), andererseits weil Studien darauf hinweisen, dass die Nutzung der Technologie das menschliche Gehirn beeinflusst und verändert (Kothgassner & Felnhofer, 2018).

Eine Studie aus dem Jahr 2019 zeigt zum Beispiel, dass auch die Nutzung des Internets Auswirkungen auf die Aufmerksamkeitskapazitäten, Gedächtnisprozesse und soziale Kognition hat. Das heißt, dass die Mediennutzung sowohl kurzfristig als auch langfristig Veränderungen in jedem dieser kognitiven Bereiche des Gehirns hervorruft (Firth et al., 2019). Angesichts dieser Veränderungen durch Mediennutzung stellt sich die Frage, wie sich speziell die Nutzung von KI-basierten Lernassistenten im Sinne von computergestützten Programmen, die künstliche Intelligenz und maschinelles Lernen nutzen, um den Lernprozess individuell an die Lernenden anzupassen und zu verbessern, auf zentrale Hirnregionen auswirkt. Der Lernprozess umfasst dabei die kontinuierliche, mehrstufige Aneignung von Wissen oder Fähigkeiten, die durch neue Erfahrungen angestoßen und durch Wiederholung sowie Reflexion gefestigt werden (Kolb, 2015). Denn diese Anpassung des Lernprozesses an individuelle Bedürfnisse durch KI-basierte Lernassistenten führt zu einer intensiven kognitiven Verarbeitung, die insbesondere im präfrontalen Cortex stattfindet. Diese Hirnregion ist entscheidend für das digitale Lernen und spielt eine zentrale Rolle in kognitiven Prozessen und kognitiver Kontrolle (Miller, 2000).

Der präfrontale Cortex, auch Stirnhirn genannt, ist eine entwicklungsgeschichtlich junge Hirnregion, die sich erst um das 20. Lebensjahr vollständig entwickelt (Miller, 2000). Diese Region ist zentral für Aufgaben wie Aufmerksamkeit, Arbeitsgedächtnis, Selbstkontrolle, Emotionsregulation, Planung und bewusste Interaktion, wobei sie eine hohe Energie erfordert und komplexe neuronale Netzwerke aktiviert und kombiniert (Dietrich, 2014). Zudem ist sie entscheidend für Sinneseindrücke, das logische Denken, das Sprachverstehen und die Koordination zielgerichteter Verhaltensweise (Miller & Cohen, 2001). Auch das Bewerten, Auswählen und Vergleichen von neuen Informationen, wie es z. B. bei den generierten Ergebnissen von ChatGPT der Fall ist, stellt eine zusätzliche Arbeit für den präfrontalen Cortex unseres Gehirns dar (Miller, 2000). Derzeit mangelt es jedoch an empirischen Studien zur Lernwirksamkeit mit KI, insbesondere ChatGPT als Lernassistenz. Daher ist es naheliegend, zunächst herauszufinden, wie ein Chatbot, wie ChatGPT, von Studierenden genutzt wird und welches Potenzial in Chatbots für zukünftige Lehr- und Lernprozesse steckt. Für die Hochschule könnte dies bedeuten, dass der präfrontale Cortex nicht nur für kognitive Kontrolle entscheidend ist, sondern auch für metakognitive Funktionen, die für effektives Lernen unerlässlich sind (Naoyuki et al., 2019). Metakognitive Funktionen sind das Nachdenken über das eigene Denken und sind sowohl für Lehrende als auch für Studierende wichtig, um das Lehren und Lernen zu erleichtern (Flavell, 1979). Der präfrontale Cortex ist jedoch nicht nur für diese grundlegenden kognitiven Fähigkeiten wichtig, sondern auch für die Entwicklung von Soft Skills, die zunehmend als essenziell für die moderne Arbeitswelt gelten (Pappas & Giannakos, 2021). Kritisches Denken, komplexes Problemlösen, Kreativität und Entscheidungsfindung – alles Fähigkeiten, die für das Studium und die berufliche Praxis von großer Bedeutung sind – werden stark von der Aktivität im präfrontalen Cortex beeinflusst (Pappas & Giannakos, 2021; Miller & Cohen, 2001). Hier liegt eine weitere entscheidende Herausforderung: Wie können Studierende durch den Einsatz von KI, insbesondere von ChatGPT, nicht nur fachspezifisches Wissen, sondern auch essenzielle Soft Skills erlernen und verbessern? Während diese Fähigkeiten seit Langem als Kernziele in der Hochschulbildung formuliert werden, fehlen bislang umfassende empirische Studien darüber, inwieweit Chatbots diese Fähigkeiten tatsächlich fördern können. Die gezielte Integration von Chatbots als Lernassistenz könnte demnach die traditionellen Lehr- und Lernparadigmen erheblich verändern und relevante Fähigkeiten des 21. Jahrhunderts fördern (Al-Marzouqi et al., 2024), sofern vorgefertigte Antworten das Lernen nicht ersetzen und Hirnareale ungenutzt bleiben. Um die Worte des Psychologen und Hirnforschers Peter Gerjets zu zitieren (IWM Tübingen, 2024): „Es darf nicht passieren im Bildungsprozess, dass der aktive Lernprozess an ChatGPT ausgelagert und das Gehirn nicht gefordert wird."

Während die Nützlichkeit von ChatGPT in der Bildung anerkannt wird, plädiert dieser Artikel für einen geführten Ansatz und didaktische Strategien. Die Ergebnisse der im Folgenden präsentierten Online-Befragung sollen erste Ansätze für eine effektive Integration und zielgerichtete Nutzung von ChatGPT in einem dynamischen Bildungsprozess vermitteln, der sich auf die Verbesserung des individuellen Lernens und die Förderung kritischer und grundlegender Fähigkeiten der Studierenden konzentriert. Die Ergebnisse geben auch einen Einblick, wie Studierende im Studium für gehobene medizinisch-technische Dienste an österreichischen Fachhochschulen als Lernassistenz vor allem den Chatbot ChatGPT in den Bereichen Theorie, Wissenschaft und Berufspraxis nutzen wollen. Diese Unterscheidung ist wichtig, um zu verstehen, wie Chatbots diese unterschiedlichen Anforderungen im Lernprozess unterstützen können. Das Ziel ist es, eine transparente Nutzung beim Lernen und Lehren zu ermöglichen, um Chatbots auf der Mikroebene effektiv und fachspezifisch in die Ausbildung zu implementieren sowie einen positiven und nachhaltigen Effekt auf Lernen und Lehren und die gewählte Profession zu erzielen (Schmohl et al., 2023). Folgende beiden Forschungsfragen stehen dabei im Mittelpunkt:

FF1: Zu welchen Zwecken nutzen Studierende des gehobenen medizinisch-technischen Dienstes an österreichischen Fachhochschulen derzeit ChatGPT als Lernassistenz und wie zufrieden sind sie bisher mit den Ergebnissen?

FF2: Wie möchten Studierende des gehobenen medizinisch-technischen Dienstes an österreichischen Fachhochschulen Chatbots in Theorie, Wissenschaft und Praxis effektiv als Lernassistenz einsetzen?

2 Methodik

Diese Studie wurde als quantitative Online-Umfrage im Februar 2024 durchgeführt. Das Erhebungsinstrument bestand aus einem fünfzehnminütigen Online-Fragebogen, der sowohl 21 geschlossene als auch 5 offene Fragen enthielt. Die Umfrage wurde mithilfe des Tools LimeSurvey durchgeführt. Der Link zur Umfrage wurde über eine Lehrperson der Fachhochschule über den E-Mail-Verteiler an die Studierenden verbreitet, um eine breite Teilnahme zu gewährleisten. Die Datenerhebung fand über einen Zeitraum von vier Wochen statt. Die Teilnahme an der Umfrage war freiwillig und anonym. Die Studierenden wurden vor Beginn der Umfrage über die Ziele der Studie und den Umgang mit ihren Daten informiert. Alle gesammelten Daten werden vertraulich behandelt und in Übereinstimmung mit den Datenschutzrichtlinien gespeichert. Die Entscheidung für eine Online-Umfrage wurde getroffen, um eine breite Teilnahme von Studierenden aus ganz Österreich zu ermöglichen (Bortz & Döring, 2016, S. 585). Die geschlossenen Fragen waren hauptsächlich Likert-Skalen und Multiple-Choice-Fragen, um quantifizierbare Daten zu sammeln. Die offenen Fragen ermöglichten es den Teilnehmenden, ihre Gedanken und Meinungen ausführlich darzulegen und zusätzliche qualitative Einblicke zu bieten.

Zu Beginn wurde untersucht, welche Altersgruppen im Studium der Gesundheitsberufe dominieren, wie viele Studierende von den beteiligten Fachhochschulen vertreten sind und wie hoch die Beteiligung der verschiedenen Studiengangsrichtungen war. Zusätzlich sollte die Einschätzung der digitalen Kompetenzen der Studierenden im Gesundheitswesen einen Ersteindruck darüber verschaffen, wie gut die Studierenden auf den Einsatz digitaler bzw. KI-Technologien im Rahmen ihres Studiums vorbereitet sind. Dieser Abschnitt des Fragebogens basiert auf dem DigComp-Modell, dem europäischen Rahmen für digitale Kompetenzen (Europäische Kommission, 2022). Der Hauptteil der Befragung bezog sich darauf, wie KI bereits jetzt als Lernassistenz, speziell ChatGPT, genutzt wird und wie zufrieden Studierende mit den generierten Ergebnissen im Rahmen des Studiums sind. Mittels offener Fragen wurden abschließend konkrete Beispiele in den Bereichen Theorie, Wissenschaft und Praxis gesammelt, um die Bedürfnisse von KI bzw. Chatbots als Lernassistenz zu erheben. Sollten Sie Interesse an dem vollständigen Fragebogen haben, wenden Sie sich bitte an die Autorinnen.

Insgesamt haben 118 Studierende die Umfrage gestartet und 101 Studierende der gehobenen medizinisch-technischen Dienste aus den Studiengängen Physiotherapie, Ergotherapie, Diätologie und Logopädie im ersten bis dritten Studienjahr von drei Fachhochschulen in Österreich haben diese auch beendet. Um die Anonymität aller Studierenden zu wahren, wurden die Altersangaben in 10-Jahres-Schritten erfasst, um eine Vorstellung von der Generationenverteilung zu erhalten. Des Weiteren wurde auf die Angabe des Geschlechts bewusst verzichtet, da der Anteil männlicher Studierender in den Fachhochschulen für Gesundheitsberufe gering ist. Die Analyse der Daten zur Beantwortung der Forschungsfragen erfolgte in zwei Teilen:

Quantitative Analyse: Die geschlossenen Fragen der durchgeführten Online-Umfrage wurden mithilfe der deskriptiven Statistik analysiert. Dabei wurden die Antworten in Prozentwerten dargestellt, um den Anteil der Studierenden zu quantifizieren, die bestimmte Ansichten oder Nutzungsgewohnheiten haben. Diese Berechnungen ermöglichten eine klare und anschauliche Darstellung der Nutzungsmuster und Zufriedenheitsgrade.

Qualitative Inhaltsanalyse: Die offenen Fragen zur Beantwortung der Forschungsfrage 2 wurden gemäß der zusammenfassenden Inhaltsanalyse nach Mayring analysiert (Mayring, 2002): Zunächst wurden alle Antworten vollständig durchgelesen, um ein Gefühl für das Material zu bekommen. Basierend auf den Antworten wurden induktiv Kategorien entwickelt. Diese Kategorien wurden kontinuierlich überarbeitet und angepasst. Die codierten Daten wurden zusammengefasst und interpretiert, um zentrale Themen zu identifizieren. Diese Methode erleichterte die Organisation und Darstellung der Daten und ermöglichte eine umfassende Analyse der verschiedenen Aspekte des untersuchten Phänomens. Die Ergebnisse der am häufigsten genannte Bedürfnisse für KI als Lernassistenz in den Bereichen Theorie, Wissenschaft und Praxis werden in den Abbildungen 2 und 3 präsentiert.

3   Ergebnisse

Dank der Teilnahmebereitschaft der Studierenden von drei Fachhochschulen in Österreich konnten neue Erkenntnisse gewonnen werden.

Demografische Übersicht

Die Analyse ergab folgende Verteilung der Altersgruppen unter den Studierenden: 23 % haben ihr 21. Lebensjahr noch nicht erreicht, während 70 % zwischen 21 und 30 Jahre alt sind. Lediglich 4 % gehören der Altersgruppe von 31 bis 40 Jahren an, während 3 % zwischen 41 und 50 Jahren alt sind. Niemand hat angegeben über 51 Jahre zu sein.

Die höchste Beteiligung wurde von Studierenden im ersten Semester verzeichnet, mit einem Anteil von 58 % aller Teilnehmer:innen. 24 % der Teilnehmer:innen befanden sich im zweiten Semester, während 18 % im dritten Semester waren.

In der Stichprobe verteilen sich die Studienrichtungen wie folgt: 41 % studieren Physiotherapie, 28 % Ergotherapie, 19 % Diätologie und 12 % Logopädie.

3.1 Quantitative Ergebnisse

Digitale Kompetenzen: Die Studierenden bewerten ihre digitalen Kompetenzen einschließlich grundlegender Computerfertigkeiten in Betriebssystemen, wie Windows, macOS oder Linux, Office-Anwendungen, wie Word, Excel oder Power-Point, Suchtechniken zur Informationsbeschaffung im Internet, Kenntnisse im Bereich Künstliche Intelligenz (KI) und relevante Tools, Programmierfähigkeiten, wie Python, JavaScript oder andere, sowie Datenschutz- und Sicherheitsmaßnahmen gegen Viren oder Malware wie in Abbildung 1 dargestellt.

ChatGPT versus andere KI-Tools als Lernassistenz: Das bekannteste KI-Tool für Studierende ist der Chatbot ChatGPT (80 %). Im Vergleich dazu geben 99 % der Studierenden an, den Chatbot Perplexity nicht zu kennen. An zweite Stelle reiht sich der KI gestützte Übersetzer DeepL (62 %) ein, gefolgt von Grammarly (30 %), ein KI-Assistent für fortschrittliche Schreibvorschläge und einen beschleunigten Schreibprozess, sowie ChatPDF (5 %), ein Chatbot, der die relevanten Absätze in einem PDF verwendet, um antworten zu können. Weiters wurden Scholarcy (11 %), Elicit (3 %), Gamma App (3 %), Eleven Labs (2 %), Notion (2 %), Study Smarter (2 %), Consensus (1 %), Gemini (1 %), Quillbot (1 %), Scholar AI (1 %) und Sci-Space (1 %) genannt.

Zufriedenheit mit den Ergebnissen von ChatGPT als Lernassistenz: Insgesamt sind 10 % der Studierenden mit den Ergebnissen von ChatGPT sehr zufrieden und 44 % eher zufrieden. 8 % sind eher unzufrieden und 4 % sind sehr unzufrieden. 34 % haben angegeben, ChatGPT noch nie als Lernassistenz benutzt zu haben.

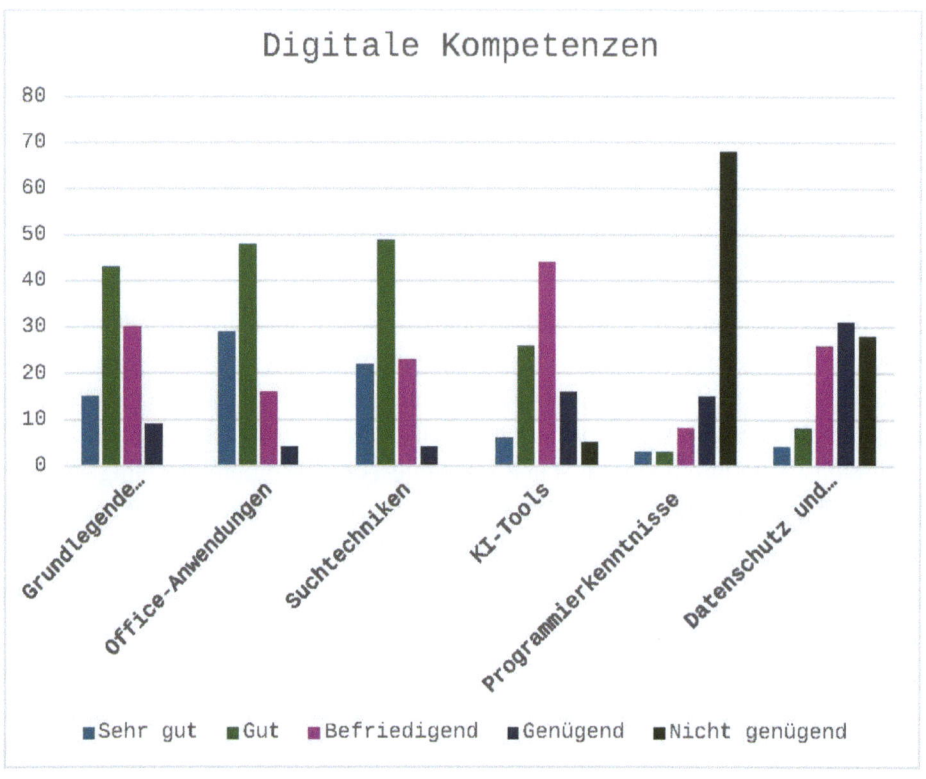

Abb. 1: Selbsteinschätzung der digitalen Kompetenzen

Ermutigung zur Nutzung von KI durch Lehrende: Eine wichtige Erkenntnis der Umfrage war, dass 66 % der Studierenden eine Ermutigung zur Nutzung von KI als Lernassistenz durch Lehrende befürworten.

3.2 Qualitative Ergebnisse

Aktueller Einsatz von KI-Tools als Lernassistenz: Die qualitativen Ergebnisse zeigen, dass 48 % der Studierenden KI-Tools für Inspirationen nutzen, 22 % zur Textoptimierung, 16 % für Übersetzungen und 14 % zur Zusammenfassung von Texten. Beispiele für den Einsatz von KI-Tools durch Studierende umfassen die Klärung von Unklarheiten, wie die Beantwortung einfacher Fragen oder Prüfungsvorbereitung, das Verständnis von Fachbegriffen und komplexen Konzepten, die Vereinfachung komplizierter Inhalte, die Inspiration für Arbeitsaufträge, das Übersetzen, Verfassen, Umformulieren, Überarbeiten und Überprüfen von Texten sowie das Erstellen von Lernskripten und -karten.

Bedürfnisse – KI als Lernassistenz in Theorie, Wissenschaft und Praxis: Die Ergebnisse gewähren Einblicke in die spezifischen Anforderungen und Erwartungen der Studierenden an KI, insbesondere an ChatGPT, und sind in Abbildung 2 und 3 zu finden.

4 Diskussion

Die Ergebnisse dieser Studie deuten darauf hin, dass viele Studierende die Möglichkeiten von KI-Technologien wiederholt nutzen und aufgrund erfolgreicher Erfahrungen auch positiv eingestellt sind. Dennoch bleibt das volle Potenzial dieser Technologien unausgeschöpft. Dies mag daran liegen, dass sich ihre Erfahrungen hauptsächlich auf die Nutzung von frei zugänglichen Tools beschränken und die Möglichkeiten dieser Programme derzeit in vielen Bereichen noch eingeschränkt sind bzw. in der fachspezifischen Nutzung Defizite aufweisen (Chomsky, 2023). Um die Potenziale von KI effektiv zu nutzen, müssen sowohl Studierende als auch Lehrende gezielte Anregungen für den Einsatz von KI entwickeln, insbesondere bezüglich der Erstellung von Prompts, um die Ergebnisse von Chatbots zu optimieren und die Implementierung an Hochschulen zu erleichtern.

THEORIE

Lernen
- Schnelle Antworten auf Fragen
- Brainstorming & Denkanstöße
- vereinfachen und verstehen
- Verknüpfungen herstellen
- Zusammenfassungen von Präsentationen, Texten, Seminararbeiten und Studien
- Graphiken zur Darstellung von Lerninhalten generieren
- Feedback
- Prüfungsvorbereitung (Testsimulationen, Lernkarten)
- Motivationssteigernd
- Stressregulierend
- Organisation & Überblick

Korrektur
- Rechtschreibung- und Grammatik (Arbeitsaufträge)
- Formulierungshilfe

Gruppenarbeiten
- Ideenfindung als Gruppe
- Aufgabenverteilung

Übersetzung
- Englische Texte und Videos

WISSENSCHAFT

Recherche
- Literaturrecherche
- Zusammenfassungen von Quellen
- Hinweise bei der Auswahl der Quellen, valide Artikel/ Studien, Sachbücher, Sammelwerke
- Ergebnisdarstellungen: Studien schneller verstehen

Korrektur
- Formulierungshilfe
- Rechtschreibung und Grammatik (Bachelorarbeit)
- Zitieren (Kontrolle, Tipps, Zitierstil anpassen)
- Feedback (roter Faden Bachelorarbeit)
- Plagiat

Inspiration
- Themenfindung
- Schreibblockaden und Kreativitätstief überwinden
- Forschungsfrage
- Einleitung und Diskussion
- Motivation & Prokrastination

Übersetzung
- Studien und Texte
- Abstract

Abb. 2: Bedürfnisse von Studierenden im Bereich Theorie und Wissenschaft

BERUFSPRAXIS

Inspiration
- Therapieideen
- Individuelle Übungen/ Heimübungsprogramm
- Umgang/ Kommunikation mit Patient*innen (emotional, aggressiv, unfreundlich)
- Befundung
- Befundbericht
- Datenanalyse

Informationen
- Krankheitsbilder
- Selbstständigkeit (eigene Berufspraxis)

Formulierungen/Korrektur
- E-Mails, Therapieansuchen
- Dokumentation und Abschlussberichte
- Therapieziele

Zeitmanagement
- Arbeitsablauf/ Erleichterung
- Selbstständigkeit (eigene Berufspraxis)
- Erstellung von Konzepten, Heimübungsprogrammen, individuellen Übungen, Broschüren

Übersetzung
- Sprachbarriere mit Patien*innen überwinden

Abb. 3: Bedürfnisse von Studierenden im Bereich Berufspraxis

Obwohl 93 % der Studierenden jünger als 31 Jahre sind und die digitale Grundbildung in Österreich erst ab dem Schuljahr 2018/2019 verpflichtend eingeführt wurde, haben die meisten bereits digitale Kompetenzen erworben, beispielsweise durch den Europäischen Computerführerschein (BMBF). Die gut bewerteten Grundlagen, wie grundlegende Computerkenntnisse und Office-Anwendungen, stehen jedoch im Kontrast zu den nur befriedigend bis ausreichend eingeschätzten Kenntnissen in den Bereichen Künstliche Intelligenz und Datenschutz. Die Tatsache, dass Programmierkenntnisse überwiegend als unzureichend eingeschätzt wurden, liegt vermutlich daran, dass Programmierkenntnisse in Österreich an berufsbildenden höheren technischen Lehranstalten oder Universitäten gelehrt werden. Wenn auch Programmierkenntnisse weniger Relevanz für Studierende im Gesundheitswesen haben, ist es relevant, der Selbsteinschätzung im Bereich Datenschutz und Sicherheitsmaßnahmen Aufmerksamkeit zu schenken. Vor allem in Hinblick auf Chatbots als Lernassistenz und KI als Schlüsseltechnologie sollen Studierende das Recht behalten, über persönliche Daten informiert zu sein und bestimmen zu können (Müller-Quade & Houdeau, 2023). Ein bedeutender Aspekt ist auch die kritische Überprüfung der von KI generierten Ergebnisse. Studierende müssen sicherstellen, dass diese korrekt und relevant für ihr Studium sind. Dies verdeutlicht die Notwendigkeit, kritisches Denken in den Mittelpunkt einer Ausbildung zu stellen, um die Studierenden auf die Herausforderungen ihrer beruflichen Praxis vorzubereiten. Dies aktiviert den präfrontalen Cortex, der eine Schlüsselrolle im kritischen Denken spielt, und hebt die ethische Verantwortung hervor. Das heißt, Studierende und Lehrende sollen gleichermaßen KI-Grundkenntnisse erwerben und über die neuen Technologien inklusive Datenschutz und Sicherheitsmaßnahmen Bescheid wissen, um sich in diesen neuen Szenarien zurechtzufinden. Der bewusste Einsatz neuer Technologien und die Kommunikation mit den Studierenden wird eine entscheidende Rolle im Lehr- und Lernprozess sein. Da die Ergebnisse zeigen, dass 66 % der Studierenden von Lehrenden für den Einsatz von KI als Lernassistenz ermutigt werden wollen, wird es von Vorteil sein, sich den Herausforderungen zu stellen und die technologischen und pädagogischen Fähigkeiten von Lehrkräften zu fördern, um einen Weg zu finden, mit KI in der Hochschule umzugehen (Rao & Jalajakshi, 2021). Hochschulen könnten Weiterbildungsprogramme im Umgang mit KI-Technologien anbieten und aktiv Strategien entwickeln, um den Einsatz von Chatbots in Lehrveranstaltungen zu integrieren, ohne dabei die Bedeutung von kritischem Denken und menschlicher Interaktion zu vernachlässigen. Wirft man einen Blick auf die Bedürfnisse der Studierenden in Hinblick darauf, wie sie KI als Lernassistenz gerne in Zukunft nutzen würden, so fällt auf, dass in den offenen Fragestellungen sehr viele zusätzliche Bedenken geäußert wurden. Die Angst, das Denken zu verlernen, oder die Sorge, nicht nachhaltig zu lernen, bzw. das schlechte Gewissen, es sich zu einfach zu machen, zeigen, dass Studierende vor allem generierte Inhalte auf ihre Glaubwürdigkeit kritisch hinterfragen und bewerten. Inwieweit der präfrontale Cortex beansprucht wird und Spuren im Gehirn hinterlässt bzw. inwiefern diese Art des Lernens Wirksamkeit zeigt, muss aber noch herausgefunden werden (Rusandi et al., 2023).

Weiters zeigen die Ergebnisse, dass Studierende das Bedürfnis haben, zum Beispiel Unterstützung bei Therapiemaßnahmen, Datenanalyse oder der Befundung zu erhalten. Das MTD-Gesetz §2 schreibt vor, dass die eigenverantwortliche Anwendung aller therapeutischen Maßnahmen nach ärztlicher Anordnung erfolgt. Dies schließt jedoch nicht aus, dass ChatGPT fachspezifisch genutzt werden könnte. Aus diesem Blickwinkel ist es ratsam, den Fokus ebenso verstärkt auf Soft Skills, wie kritisches Denken für professionelles Handeln ohne Qualitätsverlust, zu legen. Soft Skills sind entscheidend, um die Qualität der professionellen Praxis nicht zu gefährden (Pfannstiel, 2022). Zudem sollten Datenschutz und Sicherheitsmaßnahmen (auch im Sinne der Patient:innen) sowie die damit einhergehenden ethischen Fragestellungen geklärt werden. Darüber hinaus müssen klare Regelungen zur Haftung etabliert werden, um Verantwortlichkeiten bei der Nutzung von KI in der medizinisch-technischen Praxis eindeutig zu definieren (Pfannstiel, 2022).

Abschließend ist als Limitation der Studie noch die deskriptive Auswertung anzumerken und die Tatsache, dass aufgrund der Anonymität der Teilnehmer:innen und fehlende Möglichkeit der direkten Kommunikation und persönlichen Instruktion ein zufällig gewähltes Antwortmuster nicht ausgeschlossen werden kann (Bortz & Döring, 2016).

5 Fazit und Ausblick

Diese Studie untersuchte, wie innovative KI-Technologien, wie ChatGPT, von Studierenden des gehobenen medizinisch-technischen Dienstes an österreichischen Fachhochschulen als Lernassistenz genutzt werden und welche Bedürfnisse sie in Bezug auf die Zukunft haben. Es wird befürchtet, dass eine übermäßige Abhängigkeit von KI-Tools, wie eben ChatGPT, die Fähigkeit der Lernenden zu kritischem Denken und eigenständigem Handeln beeinträchtigen könnte. Die Ergebnisse zeigen jedoch, dass ChatGPT bereits überwiegend zufriedenstellend im Studium verwendet wird und aufgrund positiver Lernerfahrung als unterstützendes und motivierendes Werkzeug fungieren kann. Die strategische Einbindung von ChatGPT und anderen KI-basierten Lernassistenten hat das Potenzial, die Bildungslandschaft nachhaltig zu verändern. Dabei können auch Studierende ohne technologische Vorkenntnisse oder Interesse an neuen Technologien angesprochen werden, während gleichzeitig wichtige Soft Skills wie kritisches Denken und Problemlösung gefördert werden.

Da der derzeitige fachspezifische Einsatz von KI als Lernassistenz jedoch noch nicht ausgereift ist und den Ergebnissen zufolge oft Studierende verunsichert, neue Fragen aufwirft oder viel Zeit in Anspruch nimmt, ohne letztendlich erfolgreich zu sein, sollte die dauerhafte Integration von KI in Bildungssysteme mit Bedacht erfolgen. Die Entwicklung qualitativ hochwertiger Chatbots im Bildungskontext ist notwendig, um die Qualität dauerhaft zu sichern (Köller et al., 2023). Hierbei sind jedoch enorme Datensätze, Speicher- und Rechenkapazitäten erforderlich, um die KI-Modelle individuell zu trainieren (de Witt et al., 2023). So sollten weiterhin menschliche Interaktion und zwischenmenschliche Beziehungen im Fokus des Lehrens stehen. Hochschulen sollten trotz der Herausforderung Fortbildungsprogramme zur Förderung der technologisch-pädagogischen Fähigkeiten anbieten, um Lehrende und Studierende im Umgang mit KI-Technologien, ganz besonders Chatbots, zu schulen und die Nutzung von KI-Tools sorgfältig und regelmäßig reflektieren, um die bestmöglichen Bildungsergebnisse zu erzielen (Schirmer et al., 2023). Zukünftige Forschungen sollten sich darauf konzentrieren, die Effektivität solcher Technologien als Lernassistenz in unterschiedlichen Bildungskontexten weiter zu erforschen. Außerdem wäre es sinnvoll, die langfristigen Auswirkungen der Nutzung von KI-Lernassisten-ten auf die Kognition und Hirnstruktur wie dem Lobus frontalis zu untersuchen.

Literaturverzeichnis

Al-Marzouqi, A, Salloum, S. A., Al-Saidat, M., Aburayya, A., & Gupta, B. (2024). *Artificial Intelligence in Education: The Power and Dangers of ChatGPT in the Classroom*. Springer.

Araujo, T. (2018). Living up to the chatbot hype: The influence of anthropomorphic design cues and communicative agency framing on conversational agent and company perceptions. *Computers in Human Behavior, 85*, 183–189. https://doi.org/10.1016/j.chb.2018.03.051

Bundesministerium Bildung, Wissenschaft und Forschung. (o. D.) IT-Zertifizierungen – Der Europäische Computer Führerschein ® (ECDL – European Computer Driving Licence®). https://www.bmbwf.gv.at/Themen/schule/zrp/dibi/itinf/it_angebote/ecdl.html

Bortz, J., & Döring, N. (2016). *Forschungsmethoden und Evaluation in den Sozial-Human-wissenschaften*. 5. Aufl. Springer.

Choi, E. P., Lee, J. J., Ho, M.-H., Kwok, J. Y., & Lok, K. Y. (2023). Chatting or cheating? The impacts of ChatGPT and other artificial intelligence language models on nurse educa-tion. *Nurse Education Today, 125*. https://doi.org/10.1016/j.nedt.2023.105796

Chomsky, N. (2023). The False Promise. *The New York Times*. https://www.ny-times.com/2023/03/08/opinion/noam-chomsky-chatgpt-ai.html

de Witt, C., Gloerfeld, C., & Wrede, S. E. (2023). *Künstliche Intelligenz in der Bildung*. Springer.

Dietrich, J. (2014). *Gehirngerechtes Arbeiten und beruflicher Erfolg – Eine Anleitung für mehr Effektivität und Effizienz*. Springer Gabler.

Dongmo, J. H., Krüßmann, M., & Weimann, F. (2023). ChatGPT – Dein Feund und Helfer im Hochschulalltag? FH Münster University of Applied Sciences, Münster.

Escobar-Planas, M., Charisi, V., Hupont, I., Martinez-Hinarejos, C.-D., & Gómez, E (2023). Towards Children-Centred Trustworthy Conversational Agents. In E. Babulak (Hrsg.), Chat-bots – The AI-Driven Front-Line Services for Customers. IntechOpen.

Europäische Kommission. (2022). The Digital Competence Framework for Citizens. https://ec.europa.eu/jrc/en/digcomp

Firth, J., Torous, J., Stubbs, B., Firth, J. A., Steiner, G. Z., Smith, L., & Sarris, J. (2019). The "online brain": how the Internet may be changing our cognition. *World Psychiatry (WPA), 18*(2), 119–129. https://doi.org/10.1002/wps.20617

Flavell, J. H. (1979). *Kognitive Entwicklung.* Klett-Cotta.

Hu, K. (2023). ChatGPT sets record for fastest-growing user base – analyst note. https://www.reuters.com/technology/chatgpt-sets-record-fastest-growing-user-base-analyst-note-2023-02-01/

IWM Leibnitz-Institut für Wissensmedien Tübingen. (2024, 23. Jänner). Interview zum Tag der Bildung: KI und die Veränderungen für das Gehirn. https://www.iwm-tuebingen.de/www/de/institut/aktuelles/index.html#file40582

Kolb, D. A. (2015). *Experiential Learning: Experience as the Source of Learning and Development.* 2. Aufl. Pearson Education.

Köller, O., Thiel, F., Ackeren-Mindl, I. V., Anders, Y., Becker-Mrotzek, M., Cress, U., & Stanat, P. (2023). Large Language Models und ihre Potenziale. Impulspapier der Ständigen Wissenschaftlichen Kommission. Ständige Wissenschaftliche Kommission der Kultusministerkonferenz (SWK). http://dx.doi.org/10.25656/01:28303

Kothgassner, O. D., & Felnhofer, A. (2018). *Klinische Cyberpsychologie und Cybertherapie.* Facultas.

Mayring, Ph. (2002). *Qualitative Inhaltsanalyse.* Grundlagen und Techniken. Deutscher Studien Verlag.

Miller, E. (2000). The prefrontal cortex and cognitive control. *Nature Reviews Neuroscience, 1*, 59–65. https://doi.org/10.1038/35036228

Miller, E., & Cohen, J. (2001). An integrative theory of prefrontal cortex function. *Annu Rev Neurosci, 24*, 167–202. https://doi.org/10.1146/annurev.neuro.24.1.167

Müller-Quade, J., & Houdeau, D. (2023). Datenschatz für KI nutzen, Datenschutz mit KI wahren. Technische und rechtliche Ansätze für eine datenschutzkonforme, gemeinwohlorientierte Datennutzung. https://www.acatech.de/publikation/datenschatz-fuer-ki-nutzen-datenschutz-mit-ki-wahren/

Naoyuki, T., Takayuki, M., Yoshimi, S., & Shin-Ichi, I. (2019). Activity of Prefrontal Cortex in Teachers and Students during Teaching of an Insight Problem. *Mind, Brain, and Education, 13*(3), 167–175. https://doi.org/10.1111/mbe.12207

Pappas, I., & Giannakos, M. (2021). Rethinking Learning Design in IT Education During a Pandemic. *Frontiers in Education, 6*. https://doi.org/10.3389/feduc.2021.652856

Pfannstiel, M. A. (2022). *Künstliche Intelligenz im Gesundheitswesen. Entwicklungen, Beispiele und Perspektiven.* Springer Gabler.

Rao, S., & Jalajakshi, B. N. (2021). Techno-Pedagogical Skill; an indispensable skill for 21st century classroom teacher. *International Journal of Creative Research Thoughts (IJCRT), 9*(3), 1264–1267.

Rusandi, A., Ahman, Saripah, I., Khairun, D. Y., & Mutmainnah. (2023). No worries with ChatGPT: building bridges between artificial intelligence and education with critical thinking soft skills. *Journal of Public Health, 45*(3), 602–603. https://doi.org/10.1093/pubmed/fdad049

Schirmer, K., Berger, M., Himpsl-Gutermann, K., Lorenz, S.-A., & Steiner, M., (2023). Künstliche Intelligenz im Unterricht. Lehr-/Lernszenarien für verschiedene Gegenstände. *Medienimpulse, 61*(2). https://doi.org/10.21243/mi-02-23-07

Schmohl, T., Watanabe, A., & Schelling, K. (2023*). Künstliche Intelligenz in der Hochschulbildung. Chancen und Grenzen des KI-gestützten Lernens und Lehrens.* Hochschulbildung: Lehre und Forschung.

Sonderegger, S., & Seufert, S. (2022). Chatbot-mediated Learning: Conceptual Framework for the Design of Chatbot Use Cases in Education. In *Proceedings of the 14th International Conference on Computer Supported Education* (CSEDU 2022), 1 (207–215).

Lars van Rijn[1], Heike Karolyi[2], Michael Hanses[3] &
Claudia de Witt[4]

Feedback mit Learning Analytics – Interdisziplinäres Design eines Dashboards für Studierende

Zusammenfassung

Formatives Feedback wirkt sich positiv auf akademische Leistungen, Zufriedenheit und das selbstregulierte Lernen von Studierenden aus. Feedback mit hohem Informationsgehalt hat einen positiven Effekt auf Lernergebnisse und akademische Leistung. Dieser Beitrag beschreibt die Entwicklung eines Assistenzsystems zu formativem Feedback durch Learning Analytics im Fernstudium, das Studierende in ihrem Lernprozess bis zur Klausur begleitet. Es wird gezeigt, wie Online-Aktivitäten Studierender als Repräsentation studentischen Engagements für hochinformatives Feedback genutzt werden. Aus Clickstreams des Lernmanagementsystems Moodle werden dafür Indikatoren abgeleitet, die sich auf Daten zur Unterstützung metakognitiver Lernstrategien fokussieren. In Kollaboration mit Dozierenden wurde in einem interdisziplinären Ansatz ein Learning Analytics Dashboard entwickelt, das Studierende bei der Reflexion ihrer Lern- und Prüfungsvorbereitung unterstützt. Dieses

[1] Corresponding author; FernUniversität in Hagen; lars.vanrijn@fernuni-hagen.de; OR-CID 0000-0002-8381-2666
[2] FernUniversität in Hagen; heike.karolyi@fernuni-hagen.de; ORCID 0000-0002-8587-9530
[3] FernUniversität in Hagen; michael.hanses@fernuni-hagen.de; ORCID 0009-0004-3365-6273
[4] FernUniversität in Hagen; claudia.dewitt@fernuni-hagen.de; ORCID 0000-0001-6478-8392

https://doi.org/10.21240/zfhe/19-4/05

sog. Feedbackzentrum umfasst Datenvisualisierungen kombiniert mit regelbasierten Feedbacktexten und Informationen zur Unterstützung des selbstregulierten Lernens. Abschließend werden die bisherigen Entwicklungs- und Forschungsarbeiten diskutiert und zukünftige Weiterentwicklungen skizziert.

Schlüsselwörter

hochinformatives Feedback, Learning Analytics Dashboard, interdisziplinäre Entwicklung, digital gestütztes Lernen

Feedback with learning analytics – Interdisciplinary design of a dashboard for students

Abstract

Formative feedback has a positive impact on students' academic performance, satisfaction and self-directed learning. In addition, feedback that contains a significant amount of information has been shown to have the greatest impact on learning outcomes and academic performance. This paper presents an approach to providing formative feedback using learning analytics in distance education, which aims to guide students in their learning process towards an exam. This approach uses students' online activities as indicators of engagement that can be used for highly informative feedback. These indicators are derived from clickstreams that focus on data to support metacognitive learning strategies. In collaboration with lecturers, an interdisciplinary approach was used to develop a learning analytics dashboard that helps students reflect on their learning and exam preparation. This "Feedbackzentrum" (feedback center) includes data visualisations combined with rules-based feedback texts and information to support self-regulated learning. Finally, the development and research work to date is discussed, and future developments are outlined.

Keywords

high-information feedback, learning analytics dashboard, interdisciplinary design, digitally assisted learning

1 Einleitung

Im Rahmen eines Implementierungsprojekts für Learning Analytics (LA) wird an der FernUniversität in Hagen formatives Feedback in einem bildungswissenschaftlichen Kurs gemäß dem Trusted Learning Analytics (TLA)-Ansatz (Hansen et al., 2020) bereitgestellt. Das entwickelte Feedbackzentrum stellt damit ein Studienassistenzsystem für ein Modul im Studiengang B.A. Bildungswissenschaft über den Semesterverlauf bereit. Im Rahmen des Blended Learning-Ansatzes an der FernUniversität ist die Nutzung des Lernmanagementsystems (LMS) Moodle aufgrund der heterogenen Studierendenschaft im Vergleich zu traditionellen Hochschulen von höherer Relevanz für ihren Lernerfolg, auch wenn Offline-Lernen ein wichtiger Bestandteil bleibt. Fernstudierende haben häufig neben dem Studium berufliche Verpflichtungen und nutzen gerne die asynchronen digitalen Bildungsangebote. Die damit einhergehenden datenreichen und kontextuellen Informationen ermöglichen eine Ableitung von Indikatoren und deren Nutzung für automatisierte Feedbacks.

Analysen des Clickstreams Studierender werden für LA genutzt, um Einblicke in das Lernen und die Bereitstellung von Feedback zu ermöglichen (Lim et al., 2021). Der Mangel an schlüssigen Auswirkungen von LA auf das Lernen (Ferguson & Clow, 2017) führte zuletzt zu einer stärkeren Orientierung an Bildungs- und Lerntheorien (Ifenthaler et al., 2021) im Forschungsfeld. Während also viel über die Methoden von LA bekannt ist, wurde elaboriertes didaktisches Design bisher weniger beachtet, es ist aber entscheidend, um das Lernen Studierender durch diese Technologien zu unterstützen. Hier bieten Learning Analytics Dashboards (LADs) großes Potenzial, um unter Einbezug theoretischer Grundlagen und didaktischer Ziele Studierenden ihre eigenen Daten zu präsentieren und sie zur Selbstreflexion anzuregen (Matcha et al., 2020).

Dieser Beitrag stellt die Anforderungen an ein formatives Feedback in einer digitalen Lehrveranstaltung im Hochschulbereich dar, wobei der Fokus auf der Selbstbeobachtung und der Reflexion der eigenen Lernleistung als individuelle metakognitive Unterstützung während des Semesters liegt. Es wird beschrieben, wie in einem interdisziplinären Ansatz relevante Indikatoren aus dem Clickstream abgeleitet und diese über Visualisierungen für die Selbstbeobachtung und ergänzend als textuelles Feedback bereitgestellt werden. Abschließend werden neben einem Ausblick Herausforderungen diskutiert, aber auch Möglichkeiten und Grenzen des Ansatzes für den Transfer an andere Hochschulen erörtert.

2 Formatives Feedback in der Hochschulbildung

Im Rahmen eines Hochschulstudiums finden Prüfungsphasen in der Regel am Ende eines Semesters statt. Formatives Feedback assistiert Studierenden über den Semesterverlauf hinweg, indem es selbstreguliertes Lernen (SRL) (Zimmerman, 2000) unterstützt und den Lernprozess in Bezug zu Lernaktivitäten kontinuierlich begleitet. Feedback stellt ein Kernelement für das Gelingen von SRL dar, indem Studierende durch Einschätzungen und Kausalattributionen zu eigenen Leistungen vor allem bei der Selbstbeobachtung, der Anwendung von Lernstrategien im Reflexionsprozess und beim Formulieren nächster Ziele unterstützt werden. In der Literatur bieten vor allem Metastudien eine Übersicht zur Wirksamkeit verschiedener Feedback-Funktionen (Hattie & Timperley, 2007) und dem Informationsgehalt von lernförderlichem Feedback (Wisniewski et al., 2020).

2.1 Prinzipien von hochinformativem formativem Feedback

Formatives Feedback kann drei Perspektiven einnehmen (Hattie & Timperley, 2007, S. 86ff.): Feed up (1), geleitet von der Frage: „Where am I going?"; Feed back (2) mit der Perspektive „How am I going?" und Feed forward (3), das die Frage „Where to?" beantwortet. Wisniewski et al. (2020) beschreiben hochinformatives Feedback (HIF), welches am lernförderlichsten ist und Informationen über die Aufgabe, den Prozess sowie das Niveau der Selbstregulation enthält.

Die Empirie zeigt, dass Feedback immer im Verhältnis zum Schwierigkeitsgrad von Aufgaben erfolgen sollte (Nicol & Macfarlane-Dick, 2006). Die Wirkung von verzögertem Feedback ist bei komplexen oder schwierigen Aufgaben besser, bei leichten Aufgaben ist ein zeitnahes Feedback förderlicher (Hattie & Timperley, 2007). Die Verortung des Feedbacks im Lernprozess (Hartung, 2017) wird als wesentliche Bedingung für Lernerfolg angesehen und kann als Dialog im Sinne des Dialogic Feedback Cycle (Beaumont et al., 2011) oder als kontinuierlicher Dialog (Dawson et al., 2019) gestaltet werden. Negative Effekte können bei motivationsbeeinflussendem Feedback mit Belohnung oder Bestrafung (Wisniewski et al., 2020) oder bei kontrollierendem Feedback (Wisniewski et al., 2020; Hattie & Timperley, 2007) auftreten. Diese Erkenntnisse zu Feedback wurden im Gestaltungsprozess berücksichtigt.

2.2 Learning Analytics-Feedback für Studierende gestalten

Um eine hohe Akzeptanz für LA und LADs zu erreichen, müssen Erwartungen der Nutzenden erfüllt werden. Wollny et al. (2023) haben Erwartungen deutscher Hochschulstudierender identifiziert und zwei Klassen zugeordnet: Ethik und Datenschutz sowie die Eigenschaften von LA-Diensten. Schumacher und Ifenthaler (2018) untersuchten die Akzeptanz verschiedener Learning Analytics-Funktionen zu Lernen, Privatsphäre, Schwierigkeit und Nützlichkeit. Die am meisten akzeptierten Funktionen sind: 1) Erinnerungsfunktion, 2) Überarbeitung der Lerninhalte früherer Semester (z. B. Identifikation wenig genutzter Lernmaterialien), 3) Selbsteinschätzungsfragen mit Echtzeit-Feedback, 4) Feedback für Aufgaben und 5) Lernempfehlungen.

Zudem bildet Feedbackkompetenz bzw. Feedback-Literacy einen wichtigen Aspekt im Feedbackprozess Studierender. Nur sie selbst können realistische Rückschlüsse auf ihre Lernleistung ziehen, indem sie ihr Lernverhalten außerhalb der digitalen Lernumgebung sowie ihre Online-Aktivität berücksichtigen. Feedbackkompetente Lernende können ihre Fortschritte schneller und präziser einschätzen und so bessere

Lernziele formulieren (Molloy et al., 2020). Zentral erscheint, dass Studierende Verantwortung für ihren Lernprozess übernehmen und Feedback tatsächlich zur Verbesserung ihrer eigenen Arbeit nutzen (Molloy et al., 2020).

Im Feedbackzentrum wurden verschiedene Funktionen umgesetzt, die einige dieser Gestaltungsmerkmale adressieren. Visualisierungen des eigenen Engagements mit der Lernumgebung bieten Studierenden die Möglichkeit, ihren Fortschritt in Echtzeit zu beobachten. Zusätzlich werden formative Feedbacktexte präsentiert, um die Selbstreflexion für bestimmte Lernphasen zu unterstützen. Ein solches Feedback erfordert Daten über die Interaktion mit der Lernumgebung. Diese Daten können Aspekten von studentischem Engagement (vgl. Abschnitt 3.2) zugeschrieben (Redmond et al., 2018) und mit dem Kursdesign verknüpft werden (Ahmad et al., 2022). In den nächsten Abschnitten wird dieser Gestaltungsprozess genauer dargestellt.

3 Umwandlung von Clickstream in lernrelevante Indikatoren

Die Datenquelle für die hier vorgestellte Anwendung ist das LMS Moodle. Unterschieden wird zwischen Clickstream und deskriptiven Metadaten, wobei letztere sich auf Aktivitätstypen im Kurs (z. B. Quizversuche, Forenbeiträge oder pdf-Annotationen) beziehen und es ermöglichen, den Clickstream diesen zuzuordnen. Damit bilden sie die Indikatoren für Visualisierungen und Feedbacktexte im LAD.

Eine Herausforderung ist die Nutzung von komplexen Studierendendaten für LA. Eine bloße Anwendung von Analysetechniken führt zu unwirksamen Interventionen (Matcha et al., 2020). Die Entwicklung wirkungsvoller Rückmeldungen und Visualisierungen für ein Feedback geht daher mit einer didaktisch fundierten Auswahl von Indikatoren und den dazugehörigen Rohdaten einher.

3.1 Kontextualisierung der Dateninformationen und (medien-)didaktische Integration

Indikatoren und Daten müssen eine Relevanz für das Kursdesign und für explizite sowie implizite Lernziele aufweisen, um zu einem (formativen) Feedback beizutragen. Die Zusammenarbeit mit Dozierenden ist zentral für die Interpretation des verfügbaren Clickstream. So lassen sich Rohdaten zu aufschlussreichen und verständlichen Indikatoren konsolidieren. Anhand einer Strukturanalyse wurden dafür Schlüsselelemente des Kurses identifiziert.

Der hier beschriebene Kurs gliedert sich in drei Lerneinheiten (LE) mit jeweils einem Lehrtext, inklusive zugehöriger Reflexionsaufgaben, die Kursinhalte aufgreifen und zur kritischen Auseinandersetzung damit anregen. Studierenden wird ein gemeinsamer Bearbeitungszeitraum empfohlen, damit Aktivitäten zu den jeweiligen LE in diesem Zeitraum intensiviert und zugleich kollaborative Lernprozesse befördert werden. Die Lehrtexte werden über ein pdf-Annotationstool im Kurs bereitgestellt. Das mediendidaktische Konzept des Kurses sieht vor, dass Studierende sich in jeder LE zunächst mit den Lehrtexten auseinandersetzen und offene Fragen durch Kommentarfunktionen im pdf-Annotationstool im Austausch mit Dozierenden und Mitstudierenden klären können. Anschließend sind kollaborative Auseinandersetzungen mit Reflexionsaufgaben aus den LE in Diskussionsforen vorgesehen. Diese Fragen sind zugleich in einem Aufgabenformat gestellt, das auf die Klausur vorbereitet:

Beispielaufgabe:

Fassen Sie die im Text von Aßmann et al. genannten gesellschaftlichen Problemfelder zusammen und nehmen Sie kritisch Stellung dazu. Welche Bedeutung haben diese Problemfelder im Kontext einer datafizierten Lebenswelt?

Um das eigene Wissen zu den Kursinhalten zu überprüfen, stehen Übungsaufgaben (z. B. als Online-Lernquizze) bereit, die nach der Erarbeitung der Lehrtexte zur Selbsttestung genutzt werden können; diese bereiten auch auf ein Aufgabenformat der Klausur vor. Trotz empfohlener Bearbeitungszeiten für die einzelnen LE können diese in beliebiger Reihenfolge genutzt werden und sind nicht verpflichtend. Das Lernmaterial im Kurs wird durch zusätzliches Lesematerial und multimediale Inhalte ergänzt, die durch das LMS Moodle nicht im Clickstream protokolliert werden und daher nicht in die Analysen einfließen.

3.2 Theoretische Verankerung von Dateninformationen

Zum Verständnis studentischer Interaktionen werden die oben beschriebenen Kurselemente und ihre Beziehung zum Lernerfolg anhand des Clickstream als Engagement betrachtet. Im hochschulischen Kontext bezieht sich studentisches Engagement auf die Intensität, mit der Studierende ihren Lernprozess verfolgen (Reschly & Christenson, 2022). Es ist klar abzugrenzen von Formen bürgerschaftlichen studentischen Engagements (Möller & Rundnagel, 2019). Die Bedeutung von studentischem Engagement für das Lernen ist dokumentiert (Carini et al., 2006; Reschly & Christenson, 2022) und positive Effekte auf den Lernerfolg in Online-Lernumgebungen wurden bereits nachgewiesen (Redmond et al., 2018). Die oft als fehlend problematisierte Klarheit von zugehörigen Terminologien und Messwerten (Reschly & Christenson, 2022) wurde durch die interdisziplinäre Arbeit zusammen mit den Dozierenden in Workshops (s. Abschnitt 3.3) deutlich reduziert.

Der vorliegende Ansatz nutzt das Online-Framework zu studentischem Engagement von Redmond et al. (2018), das durch fünf für das Online-Lernen im Hochschulbereich relevante Dimensionen definiert wird; die soziale, kognitive, verhaltensbezogene, kollaborative und emotionale Dimension. Online-Aktivitäten, wie z. B. wiederholtes Aufrufen von bereitgestellter Literatur und kontinuierliche Selbsttests über den Kursverlauf sind somit klassische Repräsentationen vor allem von verhaltensbezogenem Engagement (Fincham et al., 2019). Kollaboratives Engagement – die lernintendierte Beteiligung an Aktivitäten mit anderen – kann direkt über die Nutzung von Lernaktivitäten mit Peer-Interaktion (z. B. Forumsdiskussionen) abgeleitet werden (Redmond et al., 2018) und steht in Verbindung mit besseren Lernergebnissen (Qureshi et al., 2023). Soziales Engagement in Online-Umgebungen, wie von

Redmond et al. (2018, S. 191) beschrieben, beinhaltet keine für das hier konzeptualisierte Feedback relevanten Informationen. Die Methoden zur Beobachtung kognitiven Engagements sind noch unzuverlässig (Azevedo, 2015) und es wird daher nicht für das formative Feedback genutzt. Viel zuverlässiger erscheint die Nutzung von direkt beobachtbaren Aktivitäten im LMS, um diese als Grundlage für Reflexionsprozesse an Studierende weiterzugeben:

Während Indikatoren zu studentischem Engagement zwar Lernprozesse nicht direkt erfassen, unterstützt das Feedback dazu Studierende in der Beobachtung und Beurteilung der eigenen Kursaktivität. Die im Clickstream beobachtbaren Indikatoren zu verhaltensbezogenem und kollaborativem Engagement gehen über die im LMS standardmäßig sichtbaren Informationen hinaus. So kann Information zu verhaltensbezogenem Engagement in Form von Intensität der Teilnahme an für das Kursdesign zentralen Kursaktivitäten (vgl. Abschnitt 3.1) von Studierenden genutzt werden, um zu evaluieren, ob Sie die Potenziale dieser Aktivitäten für ihren Lernprozess ausreizen. Einsicht in die eigene Nutzung kollaborativer Angebote, wie Diskussionsforen, kann für Studierende ein Hinweis sein, inwiefern Sie diese Angebote für ihren Lernprozess tatsächlich unterstützend einbinden.

3.3 Interdisziplinäre Identifikation von Indikatoren aus dem Clickstream

Das Framework OPEN-Lair von Ahmad et al. (2022) kombiniert Prinzipien des didaktischen Designs mit LA. Es wurde im Projekt genutzt, um Indikatoren zu identifizieren, die sich in der Forschung zu LA bewährt haben und zugleich mit dem Verständnis des verhaltensbezogenen sowie kollaborativen Engagements nach Redmond et al. (2018) übereinstimmen. Nur Indikatoren zu Online-Aktivitäten, die auch im Kursdesign berücksichtigt werden, wurden zusammengetragen. Dies geschah in kontinuierlicher Absprache zwischen Experten aus dem Projektteam mit bildungswissenschaftlichem und informationstechnologischem Hintergrund, um die technische Machbarkeit in der Auswahl der Indikatoren zu berücksichtigen.

Dozierenden des Kurses wurden in einem ersten Workshop potenziell nutzbare Indikatoren erläutert und eine offene Diskussion über deren Relevanz für den Kurs initiiert. Abschließend bewerteten die Dozierenden in ihrer Rolle als Experten für das (medien-)didaktische Design die Relevanz der einzelnen Indikatoren.

In einem zweiten Workshop wurden zunächst die identifizierten Indikatoren (z. B. Aufrufe von Diskussionsforen, Aufrufe einzelner Beiträge, Beiträge in Diskussionsforen) zu komplexeren Indikatoren zusammengefasst (z. B. als kollaboratives Engagement) und in der Diskussion mit den Dozierenden so umgestaltet bzw. umbenannt, dass sie für Studierende verständlich mit dem Kursdesign zusammenhängen (z. B. als Kategorie „Diskutieren & Kollaborieren").

In einem Workshop zur Usability und zum Design der Anwendungsoberfläche wurden mögliche Designs anhand eines Wireframes des LAD diskutiert und entscheidende Funktionen priorisiert. In diesem Zuge erhielt auch die Expertise des Projektteams zur Einbindung von TLA in die Gestaltung der Anwendung besondere Relevanz. Die abgeleiteten Indikatoren für Visualisierungen und Feedbacktexte im LAD sind in Tab. 1 dargestellt.

Tab. 1: Indikatoren für Visualisierungen und Feedbacktexte

	Indikator	Beschreibung
Visualisie-rungen	Teilnehmen & Engagieren	Akkumulation aller studentischen Online-Aktivitäten im Kurs[1]
	Nachverfolgen & Informieren	Regelmäßigkeit des Einloggens und der Interaktion mit den Kursaktivitäten über Zeit (z. B. Anzahl pro Woche)
	Üben & Anwenden	Beteiligung an der Kursumgebung über das Aufrufen von Seiten hinaus (Quizversuche, Forenbeiträge usw.)
	Lesen & Verstehen	Akkumulation aller Seitenaufrufe der Kurstexte und der pdf-Annotationstools
	Diskutieren & Kollaborieren	Akkumulation von allen eigenen und aufgerufenen Beiträgen in den inhaltlichen Diskussionsforen
Feedback-texte	Diskussionsteil-nahme	Aufrufe und Beiträge in den Diskussionsforen der aktuellen LE
	Abdeckung der Kursinhalte	Aufrufe der Kurstexte und des pdf-Annotationstools der aktuellen LE
	Selbsttests	Quiz-Aufrufe & Anzahl der abgegebenen Quizversuche & Quizergebnisse in der aktuellen LE

[1] Seitenaufrufe von Kurstexten und pdf-Annotationstools, Anzahl der begonnenen und abgegebenen Quiz, Anzahl aufgerufener Forenbeiträge, Anzahl geposteter Forenbeiträge, Anzahl von Kommentaren zu Forenposts, Anzahl der Überarbeitung von Forenbeiträgen

4   Bereitstellung von formativem Feedback für Studierende

Hochinformatives Feedback gibt den Studierenden Informationen über ihre Online-Aktivitäten, die zu relevanten Indikatoren aggregiert wurden. Um dieses Feedback nutzen zu können, müssen die Studierenden einerseits in die Lage versetzt werden, den Inhalt zu verstehen und daraus Schlussfolgerungen für ihr eigenes Lernen zu ziehen (Molloy et al., 2020), andererseits müssen sie das Feedback rechtzeitig erhalten, damit sie darüber nachdenken und planen können (Hattie & Timperley, 2007; Hartung, 2017). Feedbackinformationen werden daher für verschiedene Zwecke zu unterschiedlichen Zeitpunkten bereitgestellt.

4.1   Konzeption der Feedbackinformationen

Zu Beginn des Semesters wird den Studierenden in einem Seminar eine „Einführung zum Feedback" gegeben und bereitgestellte Informationen werden zusätzlich in schriftlicher Form im LAD erläutert. Darin wird erklärt, welche Feedbacks im Laufe des Semesters im LAD-Feedbackzentrum zur Verfügung stehen und wie diese genutzt werden können. Das versetzt Studierende in die Lage, während des Semesters auf Feedback zu reagieren, und fördert ihre Feedbackkompetenz. Visualisierungen der Kursaktivität werden in Echtzeit erzeugt, sodass Studierenden ermöglicht wird, ihr Engagement im Kurs kontinuierlich beobachten können. Ein regelbasierter Feedbacktext, der die Reflexion ihres Lernprozesses unterstützt, wird am Ende jeder LE bereitgestellt. Die Feedbacks basieren auf individuell berechneten Indikatoren der einzelnen Studierenden, was die Bereitstellung personalisierter Visualisierungen und Feedbacktexte automatisiert. Visualisierungen werden in Echtzeit aktualisiert und zeigen das studentische Engagement der letzten zwei Wochen (vgl. Abb. 1 links oben) und die Aktivität in den LE je Kalenderwoche (vgl. Abb. 1 links unten), sodass Studierende ihren Lernprozess kontinuierlich kontrollieren und regulieren können. Zum Ende der Betreuungszeit jeder LE erhalten die Studierenden ein individuelles schriftliches Feedback, das Online-Aktivitäten berücksichtigt. Vor der Klausur wird ein Text mit zusätzlichen Informationen für die Prüfungsvorbereitung bereitgestellt (vgl. Abb. 1, rechts). Zudem wurde ein Bereich zu Lernzielen konzipiert, in dem Studierende im Sinne einer Feed forwards (Hattie & Timperley, 2007) gezielte Unterstützung zur Selbstreflexion und Hinweise für die jeweils folgende Semesterphase erhalten. Reflexionsprozesse werden mit Leitfragen initiiert und die Formulierung von zukünftigen Lernzielen durch Beispiele angeregt. Für anstehende Aufgaben in der jeweiligen Semesterphase werden dazu passende Informationen über kognitive und metakognitive Lernstrategien beschrieben, die sich auf Wissen bzw. Fertigkeiten, die Lernorganisation sowie Ressourcenmanagement beziehen. Direkt darunter können Studierende eigene Notizen und individuelle Lernziele über ein Textfeld abspeichern. Der folgende Abschnitt skizziert das technische Design des LAD.

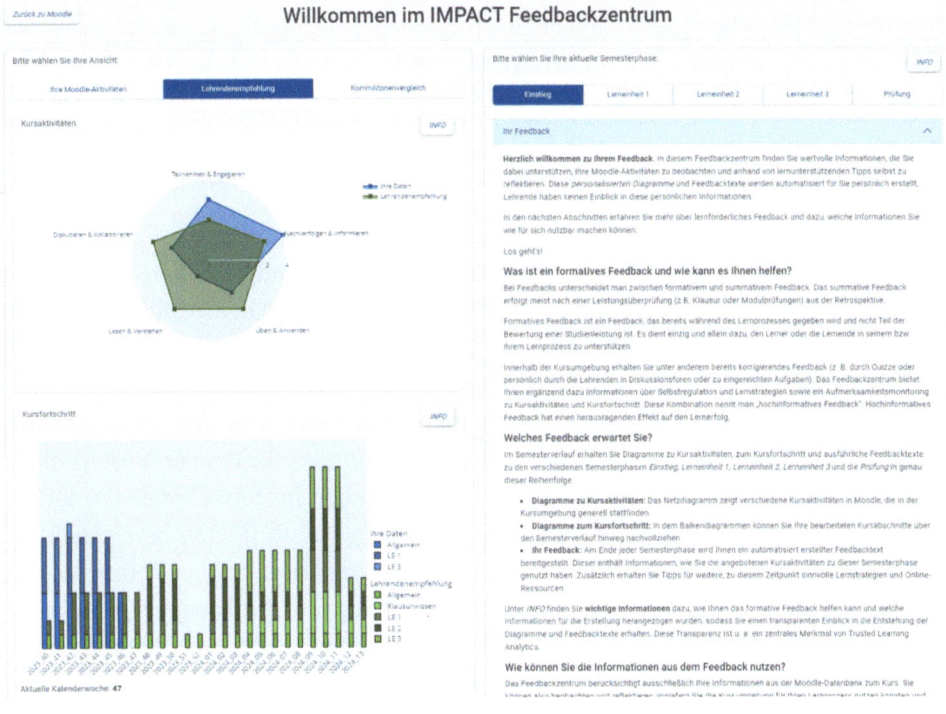

Abb. 1: LAD-Prototyp

4.2 Struktur des Feedbackzentrums

Das Feedback wird Studierenden in Form eines Feedbackzentrums zugänglich gemacht. Ein LAD wurde dazu mit Dash, einem Open Source-Framework für Datenanwendungen, erstellt (Hanses et al., 2024). Nach der Überarbeitung auf Grundlage der Workshops wurde ein Prototyp (Abb. 1) umgesetzt. Das Feedbackzentrum teilt sich wie beschrieben in zwei Bereiche: einen, der die Visualisierungen auf der linken Seite bereitstellt und einen Bereich mit schriftlichen Informationen zu jeder Semesterphase auf der rechten Seite. Die rechte Seite ist durch Dropdown-Menüs in die Bereiche Feedbacktext, Lernziele und Bewertung unterteilt. Über INFO- Buttons gelangt man zu zusätzlich aufrufbaren Informationsseiten, die die verwendeten Daten, die Art der Visualisierung und den Nutzen für den eigenen Lernprozess für jeden Bereich erklären. Dies gewährleistet eine transparente Darstellung der Datennutzung und bietet kontextbezogene Feedbackkompetenz.

5 Diskussion und zukünftige Entwicklung

Der vorgestellte Ansatz zur Nutzung von Clickstream für formative Feedbacks begleitet Studierende auf dem Weg zur Semesterprüfung und orientiert sich an den Anforderungen und Bedarfen des didaktischen Kontexts und der Prüfungsform. Um dieses Ziel zu erreichen, wurden zunächst nachweislich lernwirksame Merkmale von Feedback aus der Literatur identifiziert und mit den Bedingungen der technischen Infrastruktur für das formative Feedback abgestimmt, um schließlich Kursdaten in visuelles und textliches Feedback umzuwandeln. Ein entscheidender Vorteil dieser Form der Darstellung ist die Möglichkeit, Studierenden im Sinne eines formativen Feedbacks die zeitliche Dynamik ihres Engagements zur Reflexion bereitzustellen, während Studierenden der hohe Aufwand zur Aggregation solcher Informationen abgenommen wird. Um Studierende darin zu unterstützen, die Feedbackinformationen zu verstehen und Schlussfolgerungen für ihr eigenes Lernen zu ziehen, wurde der Integration von Feedbackkompetenz und Informationen zu relevanten Lernstrategien große Bedeutung beigemessen.

Der Ansatz unterliegt jedoch auch Einschränkungen. Eine große Herausforderung stellt die optionale und flexible Nutzung der Lernangebote in Moodle dar. Online-Aktivität kann nur in Moodle beobachtet und anhand dieser Daten analysiert werden. Um den Lernenden die Möglichkeit zu geben, diese Aktivitäten zur Reflexion der eigenen Lernprozesse zu nutzen, ist es wichtig zu betonen, dass das LAD nur Online-Aktivitäten darstellt, die immer in Verbindung mit Lernprozessen außerhalb des LMS betrachtet werden müssen. Eine Möglichkeit, dieses Problem anzugehen, besteht darin, den Studierenden die Option zu geben, die Informationen anzureichern, z. B. durch die Verwendung eines Open Learner-Modells (Bull, 2020). Darüber hinaus bleibt die Übertragbarkeit des Ansatzes derzeit eingeschränkt, da dafür der Einsatz von didaktischen Elementen (mit PDF-Annotation, Diskussionsforen oder Quizzen) im LMS Moodle vorausgesetzt werden muss. Kurse in anderen Studienbereichen, mit einzigartigen Lehrmethoden oder unter Verwendung anderer LMS müssen den Ansatz an den Kontext anpassen. Die Implementierung des Feedbackzentrums zeigt, wie die komplexe Verknüpfung von didaktischem Design und LA unter Berücksichtigung des theoretischen und empirischen Vorwissens gelingen kann.

In Zukunft könnten zusätzliche Kurse das Feedbackzentrum nutzen und die Liste der im Feedbackzentrum darstellbaren Indikatoren könnte so erweitert werden, um das System flexibler für den Einsatz in anderen didaktischen Kontexten zu machen. Die Integration formativer Bewertung von textbasierten Aufgabenlösungen wäre zudem denkbar, führt aber zugleich zu Implikationen für die Theorie, Methodik sowie Praxis von (teil-)automatisierten Bewertungsanalysen und erfordert Natural Language Processing (NLP) sowie einen Fokus auf ethisch korrekte und unvoreingenommene Datensätze. Die automatische Generierung von formativem Feedback zu längeren und komplexeren Freitextantworten z. B. bei Transfer- und Reflexionsfragen würde ein solches Szenario ermöglichen und damit ein bislang noch nicht skalierbares formatives Feedback in Aussicht stellen.

DANKSAGUNG

Die Autoren bedanken sich für die Förderung des Verbundprojekts IMPACT im Rahmen der Bund-Länder-Förderinitiative Künstliche Intelligenz in der Hochschulbildung durch das Bundesministerium für Bildung und Forschung (BMBF) und dem Land Nordrhein-Westfalen für den Zeitraum Dezember 2021 bis November 2025 mit dem Förderkennzeichen 16DHBKI043.

Literaturverzeichnis

Ahmad, A., Schneider, J., Weidlich, J., Di Mitri, D., Yau, J., Schiffner, D., & Drachsler, H. (2022). What Indicators Can I Serve You with? An Evaluation of a Research-Driven Learning Analytics Indicator Repository. In *Proceedings of the 14th International Conference on Computer Supported Education* (S. 58–68). https://doi.org/10.5220/0010995800003182

Azevedo, R. (2015). Defining and Measuring Engagement and Learning in Science: Conceptual, Theoretical, Methodological, and Analytical Issues. *Educational Psychologist*, *50*(1), 84–94. https://doi.org/10.1080/00461520.2015.1004069

Beaumont, C., O'Doherty, M., & Shannon, L. (2011). Reconceptualising assessment feedback: A key to improving student learning? *Studies in Higher Education*, *36*(6), 671–687. https://doi.org/10.1080/03075071003731135

Bull, S. (2020). There are Open Learner Models About!. *IEEE Transactions on Learning Technologies*, *13*(2), 425–448. https://doi.org/10.1109/TLT.2020.2978473

Carini, R. M., Kuh, G. D., & Klein, S. P. (2006). Student Engagement and Student Learning: Testing the Linkages*. *Research in Higher Education*, *47*(1), 1–32. https://doi.org/10.1007/s11162-005-8150-9

Dawson, P., Henderson, M., Mahoney, P., Phillips, M., Ryan, T., Boud, D., & Molloy, E. (2019). What makes for effective feedback: Staff and student perspectives. *Assessment & Evaluation in Higher Education*, *44*(1), 25–36. https://doi.org/10.1080/02602938.2018.1467877

Ferguson, R., & Clow, D. (2017). Where is the evidence?: A call to action for learning analytics. *Proceedings of the Seventh International Learning Analytics & Knowledge Conference* (S. 56–65). https://doi.org/10.1145/3027385.3027396

Fincham, E., Whitelock-Wainwright, A., Kovanović, V., Joksimović, S., Van Staalduinen, J.-P., & Gašević, D. (2019). Counting Clicks is Not Enough: Validating a Theorized Model of Engagement in Learning Analytics. *Proceedings of the 9th International Conference on Learning Analytics & Knowledge* (S. 501–510). https://doi.org/10.1145/3303772.3303775

Hansen, J., Rensing, C., Herrmann, O., & Drachsler, H. (2020). Verhaltenskodex für Trusted Learning Analytics. Version 1.0. Entwurf für die hessischen Hochschulen. https://doi.org/10.25657/02:18903

Hanses, M., van Rijn, L., Karolyi, H., & de Witt, C. (2024). Guiding Students Towards Successful Assessments Using Learning Analytics From Behavioral Data to Formative Feedback. In M. Sahin & D. Ifenthaler (Hrsg.), *Assessment Analytics in Education: Designs, Methods and Solutions* (S. 61–83). Springer International Publishing. https://doi.org/10.1007/978-3-031-56365-2_4

Hartung, S. (2017). Lernförderliches Feedback in der Online-Lehre gestalten. In H. R. Griesehop & E. Bauer (Hrsg.), *Lehren und Lernen online* (S. 199–217). Springer Fachmedien Wiesbaden. https://doi.org/10.1007/978-3-658-15797-5_10

Hattie, J., & Timperley, H. (2007). The Power of Feedback. *Review of Educational Research, 77*(1), 81–112. https://doi.org/10.3102/003465430298487

Ifenthaler, D., Gibson, D., Prasse, D., Shimada, A., & Yamada, M. (2021). Putting learning back into learning analytics: Actions for policy makers, researchers, and practitioners. *Educational Technology Research and Development, 69*(4), 2131–2150. https://doi.org/10.1007/s11423-020-09909-8

Lim, L.-A., Gasevic, D., Matcha, W., Ahmad Uzir, N., & Dawson, S. (2021). Impact of learning analytics feedback on self-regulated learning: Triangulating behavioural logs with students' recall. *LAK21: 11th International Learning Analytics and Knowledge Conference*, 364–374. https://doi.org/10.1145/3448139.3448174

Matcha, W., Uzir, N. A., Gasevic, D., & Pardo, A. (2020). A Systematic Review of Empirical Studies on Learning Analytics Dashboards: A Self-Regulated Learning Perspective. *IEEE Transactions on Learning Technologies, 13*(2), 226–245. https://doi.org/10.1109/TLT.2019.2916802

Molloy, E., Boud, D., & Henderson, M. (2020). Developing a learning-centred framework for feedback literacy. *Assessment & Evaluation in Higher Education, 45*(4), 527–540. https://doi.org/10.1080/02602938.2019.1667955

Möller, C., & Rundnagel, H. (2019). *Freiwilliges Engagement von Studierenden – Analysen, Konzepte, Perspektiven.* Springer VS. https://doi.org/10.1007/978-3-658-24771-3

Nicol, D. J., & Macfarlane-Dick, D. (2006). Formative assessment and self-regulated learning: A model and seven principles of good feedback practice. *Studies in Higher Education, 31*(2), 199–218. https://doi.org/10.1080/03075070600572090

Qureshi, M. A., Khaskheli, A., Qureshi, J. A., Raza, S. A., & Yousufi, S. Q. (2023). Factors affecting students' learning performance through collaborative learning and engagement. *Interactive Learning Environments, 31*(4), 2371–2391. https://doi.org/10.1080/10494820.2021.1884886

Redmond, P., Heffernan, A., Abawi, L., Brown, A., & Henderson, R. (2018). An Online Engagement Framework for Higher Education. *Online Learning, 22*(1). https://doi.org/10.24059/olj.v22i1.1175

Reschly, A. L., & Christenson, S. L. (Hrsg.). (2022). *Handbook of Research on Student Engagement.* Springer International Publishing. https://doi.org/10.1007/978-3-031-07853-8

Schumacher, C., & Ifenthaler, D. (2018). Features students really expect from learning analytics. *Computers in Human Behavior, 78*, 397–407. https://doi.org/10.1016/j.chb.2017.06.030

Wisniewski, B., Zierer, K., & Hattie, J. (2020). The Power of Feedback Revisited: A Meta-Analysis of Educational Feedback Research. *Frontiers in Psychology, 10*, 3087. https://doi.org/10.3389/fpsyg.2019.03087

Wollny, S., Di Mitri, D., Jivet, I., Muñoz-Merino, P., Scheffel, M., Schneider, J., Tsai, Y., Whitelock-Wainwright, A., Gašević, D., & Drachsler, H. (2023). Students' expectations of Learning Analytics across Europe. *Journal of Computer Assisted Learning, 39*(4), 1325–1338. https://doi.org/10.1111/jcal.12802

Zimmerman, B. J. (2000). Attaining Self-Regulation. In *Handbook of Self-Regulation* (S. 13–39). Elsevier. https://doi.org/10.1016/B978-012109890-2/50031-7

Stefanie Go[1]

Lernen im Beziehungsdreieck von Lehrkraft, Studierenden und KI: Explorative Studien

Zusammenfassung

Die Digitalisierung der Hochschulbildung und insbesondere der Einsatz von Künstlicher Intelligenz (KI) bergen Potenzial für die Weiterentwicklung des Verhältnisses zwischen Lehrenden und Studierenden. Mit Blick auf das KI-gestützte Selbststudium stellt sich jedoch die Frage, welche Rolle dabei den Lehrenden zukommen kann und sollte. Dieser Beitrag zeigt am Fallbeispiel des intelligenten Hochschul-Assistenz-Systems „HAnS", wie sich KI aus Perspektive der Lehrenden auf die Rollenverteilung im Selbststudium auswirken kann. Dazu werden die Ergebnisse zweier explorativer Studien vorgestellt und die darin identifizierten Potenziale und Herausforderungen für selbstreguliertes Lernen und studentische Partizipation diskutiert.

Schlüsselwörter

selbstreguliertes Lernen, studentische Partizipation, künstliche Intelligenz in der Hochschullehre, digitale Transformation, technikgestütztes Lehren/Lernen

---

1   Technische Hochschule Ostwestfalen-Lippe; stefanie.go@th-owl.de; https://www.th-owl.de/medienproduktion/forschung/ki-basierte-medienproduktion/; ORCID 0009-0009-6163-5513

https://doi.org/10.21240/zfhe/19-4/06

Learning in a partnership triangle of teacher, students and AI: Explorative studies

Abstract

The digitalisation of higher education and, in particular, the use of artificial intelligence (AI) may hold great potential for further developing teacher-student relationships. Concerning AI-supported self-study, however, higher education first needs to answer the question of what role teachers can and should play in these scenarios. Using the "HAnS" intelligent assistance system for higher education as a case study, this paper discusses how AI can affect the distribution of roles in self-study from the teacher perspective. To this end, I present the results of two explorative studies and discuss what teachers identify as AI's potential and barriers to self-regulated learning and student participation.

Keywords

self-directed learning, student participation, AI in higher education, digital transformation, AI-assisted learning

1. „HAnS" als Motor für selbstreguliertes Lernen und studentische Partizipation?

Mit der Entwicklung einer digitalen Lernplattform für deutsche Hochschulen, die audiovisuelle Lehr-/Lernmaterialien mithilfe von KI für das Selbststudium aufbereitet, will das Verbundprojekt HAnS[2] einen Beitrag zur Förderung der studentischen Partizipation und des selbstregulierten Lernens leisten. Das Selbststudium ist ein integraler Bestandteil eines jeden Studiums und umfasst selbstgesteuerte Studiertätigkeiten seitens der Lernenden (Paul et al., 2021), die ihrerseits die Fähigkeit zum selbstregulierten Lernen (im Folgenden „SRL") als aktiven Vorgang von Wissenserwerb und Wissensmodifikation voraussetzen (vgl. Deing, 2019). Grundsätzlich gibt es im Selbststudium unterschiedliche Grade an Freiheit: Es kann begleitend, individuell oder frei sein (vgl. Mutz & Pahr-Gold, 2021), was die studentische Partizipation – d. h. die Möglichkeit, sich an der Gestaltung des eigenen Studiums zu beteiligen (Schrader, 2023) – fördern oder einschränken kann. HAnS soll Studierende bei allen Formen des Selbststudiums mit vier didaktisch-technischen Möglichkeiten dabei unterstützen, ihr Lernen selbst zu steuern. HAnS bietet daher

1. automatische Transkription und Indexierung audiovisueller Lehr-/Lernmaterialien,

2. eine individuelle Suchfunktion, die es Lernenden ermöglicht, ihre Suchbegriffe zu speichern, diese in einem Kontext dargestellt zu bekommen und sich die Trefferanzahl zum Suchbegriff im Material anzeigen zu lassen,

3. die Möglichkeit, durch einen KI-Tutor Übungsaufgaben zu Lernmaterialien zu generieren sowie

4. einen auf einem Large Language Model (LLM) basierenden Chatbot.

---

2 Für eine ausführliche Projektvorstellung und weiterführende Informationen zu den Funktionen des Systems vgl. TH Nürnberg, 2023.

Perels et al. (2020) konstatieren, dass SRL durch gezielte Autonomieunterstützung – etwa mittels elektronischer Medien – gefördert werden kann, und auch Gloerfeld (2021, S. 252) verweist darauf, dass die Weiterentwicklung digitaler Medien die Ideen und Ansätze zur (studentischen) Partizipation verstärken und damit auch den Wandel vom Lehren zum Lernen initiieren kann. Vor diesem Hintergrund liegt es nahe, diese Potenziale für den Einsatz von HAnS bereits während der Entwicklung des Systems kritisch zu überprüfen – zumal SRL auch in Onlinesettings richtig angewendet werden muss, damit Lernende ihre Lernziele erreichen und sich nicht überfordert fühlen (vgl. Jin et al., 2023). Positive Effekte didaktischer Interventionen auf SRL-Prozesse wurden bereits in Meta-Analysen nachgewiesen (z. B. Jansen et al., 2020), doch gilt es zu berücksichtigen, dass sich auch der Zugang zu Lernmaterialien und die Lehrveranstaltungen, die Motivation zum Selbststudium wecken, auf SRL und studentische Partizipation auswirken können (Webler, 2005). Im Fall von HAnS ist der Zugriff der Studierenden auf Lernmaterialien unmittelbar an die Partizipation der Lehrenden geknüpft: Nur, wenn Lehrende die Medien zu ihren Kursen für Studierende freigeben, können diese damit arbeiten. Daraus ergibt sich für das Projekt aktuell eine Hürde, denn bisher teilen nur wenige Lehrende (N = 19) ihre Materialien auf HAnS und eröffnen damit Studierenden das Selbststudium mit HAnS. Ein Grund dafür mag darin bestehen, dass Hochschuldidaktiker:innen – viele von ihnen selbst Lehrende – der Auffassung sind, dass Studierende „für die Durchführung und Gestaltung ihres Selbststudiums allein verantwortlich [sind]" (Go, 2024, S. 313) und Lehrende nicht als Adressat:innen von HAnS betrachten. Die Relevanz dieser Lehrenden in ihrer Funktion als „Gatekeeper" will dieser Artikel daher gezielt aufgreifen, um mit Blick auf das Projektziel eines flächendeckenden Einbezugs von HAnS im Selbststudium die Bedingungen, „unter denen neue Medien[3] eingesetzt werden" (Schäfer, 2017, S. 9), zu reflektieren. Neben möglichen Einsatzszenarien für HAnS

---

3   Die KI-Anwendungen, die derzeit an deutschen Hochschulen genutzt werden, präsentieren sich divers: Neben Sprachassistenten, adaptiven Lernplattformen, virtuellen Lernbegleitungen und humanoiden Robotern kommen auch Learning Analytics (vgl. Go, 2024) zum Einsatz.

im Selbststudium gilt es hierfür zunächst zu klären, welche Erwartungen an Studierende aus Sicht der Lehrenden mit der Nutzung von HAnS einhergehen. Zwar werden Hochschulen aktiv zur Integration KI-gestützter Bildungstechnologien aufgerufen (vgl. Pelletier et al., 2023; de Witt et al., 2020), doch erweisen sich die Ansichten und Einstellungen einzelner Akteur:innen zum Einsatz dieser Technologien als ebenso vielfältig wie die Anwendungen selbst.

Dieser Artikel geht daher der Frage nach, welche Bedeutung HAnS aus Perspektive von *Lehrenden* für das Selbststudium haben kann. Die Auseinandersetzung mit diesem Thema erfolgt unter der Annahme, dass Selbstregulation und Partizipation zwei Voraussetzungen für das Selbststudium darstellen (vgl. auch Nino & Tschischke Bruger, 2011) und HAnS sich positiv auf diese Faktoren auswirken kann.

2 SRL und studentische Partizipation in der Hochschulbildung

Dass sich Hochschulen darum bemühen, SRL[4] zu fördern, ist kein neues Phänomen. Das Thema SRL war u. a. bereits Teil der Partizipationsbewegung, die sich „seit den 1960er-Jahren im Zuge des Demokratisierungsprozesses deutscher Hochschulen" (Ditzel & Bergt, 2013, S. 177) etabliert hat. Selbstregulation beschreibt dabei „die Fähigkeit, die eigenen Gedanken, Emotionen und Handlungen zielgerichtet zu steuern" (Perels et al., 2020, S. 46). Diese Fähigkeit ist bei der Bewältigung des universitären Alltags besonders im Rahmen des Selbststudiums unerlässlich. Im Bildungskontext übernehmen Lernende in einer Didaktik des SRL Eigenverantwortung als Subjekte ihrer Lernprozesse (vgl. Deing, 2019). Das Konzept der studentischen Partizipation eröffnet Studierenden dabei wiederum die Möglichkeit, sich aktiv an der

---

4 Dasselbe Konzept wird auch als selbstgesteuertes, selbstbestimmtes, selbstorganisiertes oder autonomes Lernen bezeichnet. All diese Begriffe beziehen sich auf das aktive Vorgehen von Lernenden, das darauf abzielt, das eigene Lernverhalten mithilfe verschiedener Strategien zu steuern und zu regulieren (Perels et al., 2020, S. 46).

Gestaltung von Studium und Lehre zu beteiligen und zusätzliche Verantwortung für ihr Studium zu übernehmen (Schrader, 2023). In bildungswissenschaftlichen Diskursen wird Partizipation daher auch als Sammelbegriff für die Beteiligung, Teilnahme und Einbindung aller am Bildungsprozess involvierten Akteur:innen verwendet (Scherrer & Carmignola, 2023). Laut Ditzel und Bergt (2013) bezieht sich studentische Partizipation in einem systemtheoretischen Verständnis nach Luhmann (2006) auf Entscheidungsprozesse, die Lernende an und in ihrem Studium wahrnehmen können. An dieses Verständnis knüpft auch Mayrberger (2019) an: So seien Studierende als Entscheidungstragende anzuerkennen, die einen direkten Einfluss auf die Gestaltung ihrer Lehr- und Lernprozesse haben. Konstruktivistische Vorstellung von einem aktiven Prozess des Wissenserwerbs, der durch die Lernenden selbst reguliert wird (vgl. Deing, 2019) und durch soziale Interaktion gefördert werden kann (vgl. Hartinger et al., 2006), stärken auch theoretisch das Verständnis.

Auf institutioneller Ebene müssen allerdings Strukturen geschaffen werden, die diese Teilhabe ermöglichen (Brandenburger & Teichmann, 2022). Auf der individuellen Ebene müssen Studierende zudem über die Fähigkeit zur aktiven Gestaltung ihrer Lernprozesse verfügen. Dabei spielt SRL eine zentrale Rolle – und auch diese Kompetenz muss erst erworben werden (Klafki, 2021). Hier knüpft die pädagogisch-psychologische Perspektive der Lehr-Lern-Forschung an, die auf der Annahme gründet, dass Lehre die (selbstregulierten) Prozesse der Informationsverarbeitung gezielt fördern kann (vgl. Renkl, 2009) und daher auch die Kompetenzen der Lehrkräfte einen positiven Einfluss auf die SRL-Fähigkeiten von Studierenden haben können (vgl. Jin et al., 2023).

Dabei ist jedoch anzumerken, dass die Aufgabe der Lernenden – zu lernen – auf der Grundlage evidenzbasierter Lehrstrategien über eine konstruktive Beziehung angeleitet werden sollte (Hornby & Greaves, 2023). Dieses Verständnis lässt sich für das HAnS-Projekt mit Blick auf studentische Partizipation und SRL wie folgt erweitern: „[P]artizipatives Lernen [ist] von der Übertragung von Entscheidungsmacht geprägt und von der gegenseitigen Verantwortungsübernahme und -abgabe für den Lehr- und Lernprozess", in dem Studierende ihre Kompetenzen in SRL ausbauen können

(Mayrberger, 2019, S. 103). Im Rahmen der Auseinandersetzung mit den Bedingungen des SRL und der studentischen Partizipation ist es daher notwendig, den Blick auch auf das Lehrenden-Studierenden-Verhältnis zu richten, insbesondere dann, wenn neue Bildungstechnologien wie HAnS Einzug ins Selbststudium halten sollen, die den Lehrenden die Bereitschaft zur Mitarbeit an der Gestaltung digitaler Partizipationsräume abverlangen und gleichzeitig die Förderung von SRL seitens der Lernenden suggerieren.

3 Methodisches Vorgehen

Um Antworten auf die im Kapitel 1 aufgestellte Forschungsfrage zu finden, wurden die Ergebnisse zweier explorativer qualitativer Studien aus dem HAnS-Projekt herangezogen. Zum einen wurden in einer halbstrukturierten schriftlichen Erhebung Hochschuldidaktiker:innen u. a. dazu befragt, welche (partizipativen) Rollen Studierenden im Selbststudium zugewiesen werden und welche Aufgaben Lehrende zu bewältigen haben, wenn ein intelligentes Hochschul-Assistenz-System wie HAnS dieses Selbststudium unterstützen soll. Zum anderen wurden Online-Interviews mit Lehrenden durchgeführt, die sich mit der Frage beschäftigen, welche lehrbezogenen Formen der Interaktion und Beziehungsgestaltung mit Studierenden sie im Hochschulalltag pflegen und wie sich darin studentische Partizipation und SRL ausdrücken.

3.1 Halbstrukturierte schriftliche Expert:innenbefragung

Welche Rolle KI im Selbststudium zukommt, kann nur ermittelt werden, wenn transparent ist, welche Rolle Lernende in diesem Kontext einnehmen. Um das herauszufinden, wurde eine halbstrukturierte schriftliche Expert:innenbefragung (HSE) mit sechs halboffenen Fragen (Appendix A) durchgeführt. Die Antworten wurden mit der fallübergreifenden Dokumentation (Meuser & Nagel, 2009) ausgewertet. Das Sample wurde durch gezielte Stichprobenauswahl nach dem Prinzip des Purposeful

Sampling[5] von Anfang März bis Ende April 2023 akquiriert. Insgesamt nahmen dreizehn Hochschuldidaktiker:innen an der Befragung teil. Das geteilte Wissen der Expert:innen zur studentischen Partizipation wurde im Auswertungsschritt der Soziologischen Konzeptualisierung in der Kategorie „Studierendenbild" rekonstruiert. Diese wird in die nachfolgende Synthese (Kap. 4) einbezogen.

3.1 Online-Interviews mit Lehrenden

Die aktive Rolleneinnahme durch Lehrende kann laut Weil (2020) als eine der zentralen Möglichkeiten zur bewussten Gestaltung der Hochschullehre verstanden werden. Dabei kommt der Rollenexplikation, d. h. dem Aufzeigen der Handlungsspielräume und -grenzen, die mit einer Rolle verbunden sind, eine besonders wichtige Rolle zu, da sich auf Grundlage der Rollenverteilung in Lehr-/Lernszenarien die „Handlungserwartungen durch die Lehrenden gegenüber sich selbst und den Studierenden" (ebd., S. 83) konkretisieren. Da die Digitalisierung der Hochschullehre neue Aufgaben und veränderte Erwartungen mit sich bringt, denen sich sowohl Lehrende als auch Lernende stellen müssen (Vogel et al., 2023), gewinnt die Rollenverteilung in der Lehre auch aus mediendidaktischer Perspektive an Relevanz.

Um den Lehralltag und die Interaktion zwischen Lehrenden und Studierenden explorativ rekonstruieren zu können, wurden im Rahmen des HAnS-Projekts problemzentrierte Interviews (Reiter & Witzel, 2022) mit Lehrenden verschiedener Fachbereiche durchgeführt. Diese wurden mit der qualitativen Inhaltsanalyse (Kuckartz & Rädiker, 2020) ausgewertet. Das Sample für die Interviewstudie umfasst acht Lehrende im Alter von 28 bis 54 Jahren, die ebenfalls nach dem Prinzip des Purposeful

---

5 Die Hochschuldidaktik kann als „treibende Kraft für die Reflexion und Weiterentwicklung von Lehre" verstanden werden (Scharlau & Keding, 2016, S. 40), da sie den Anspruch an sich stellt, „Lehren und Lernen vor dem Hintergrund einer zunehmenden Digitalisierung der Hochschule weiterzudenken" (Go, 2024, S. 308). Folglich wurden Hochschuldidaktiker:innen für die hier dargestellte Befragung als Expert:innen identifiziert.

Sampling[6] ausgewählt wurden. Innerhalb des Samples sind sieben Fachdisziplinen vertreten, die teils an Universitäten, teils an Hochschulen für Angewandte Wissenschaften gelehrt werden. Die Lehrerfahrung der Befragten liegt zwischen drei und 24 Jahren. Das letzte Interview wurde im Dezember 2023 geführt.

Im Rahmen der iterativen Kodierschleifen wurde die Kategorie „Lehralltag" gebildet. Dieser wurden der Oberkode (OK 1) „Interaktion mit Studierenden" sowie die Unterkodes UK 1.1 „Akteur:innen in der Lehre" und UK 1.2 „Interaktionsformen in den Lehrveranstaltungen" (vgl. Abb. 1) zugeordnet.[7] Der OK „Interaktion mit Studierenden" und der UK 1.2 „Interaktionsformen in Lehrveranstaltungen" bildeten die Grundlage für eine rekonstruktive Beschreibung des Lehrenden-Studierenden-Verhältnisses, die in die nachfolgende Synthese (Kap. 4) eingeht.

---

6 Für die Erhebung wurden gezielt Individuen ausgewählt, die aus Sicht der Forschenden einen besonders hohen Grad an Informationsreichtum in Bezug zum Forschungsgegenstand aufweisen (vgl. Palinkas et al., 2015). Als primäres Auswahlkriterium diente dabei die aktuelle Lehrtätigkeit an einer Hochschule.

7 OK 1 wurden elf Textstellen, UK 1.2 insgesamt 60 Textstellen zugeordnet.

Kategorie 1: Lehralltag	OK 1	UK 1.1	UK 1.2
Kategorienbezeichnung	Interaktion mit Studierenden	Akteur:innen in der Lehre	Interaktionsformen in den Lehrveranstaltungen
Definition	Umfasst alle Aussagen, in denen die Interaktion mit Studierenden innerhalb und auch außerhalb von Lehrveranstaltungen thematisiert wird, das umfasst auch Erwartungen oder Annahmen.	Umfasst alle Aussagen, in denen Akteur:innen benannt werden, die aktiv an Lehrveranstaltungen teilnehmen.	Umfasst alle Aussagen, in denen Lehrende thematisieren, wie die Interaktion zwischen ihnen und ihren Studierenden bzw. der Studierenden untereinander in ihren Lehrveranstaltungen organisiert ist.
Ankerbeispiele	*"Also ich gebe immer ganz, ganz, ganz am Schluss noch einmal ein Feedback. Erst einmal sind die Studierenden daran und dann gebe ich auch immer noch etwas."* (Interview 4) *"Ich glaube, das ist schon auch so eine Art und Weise, wie ich einfach gerne lehre und auch lerne: im Austausch."* (Interview 4)	*"Was auch ganz schön ist und was ich auch ab und zu mache, wenn wir die Mittel finden, ist eben Team Teaching."* (Interview 5)	*"Und das ist dann natürlich ein zweiteiliges Projekt, dass ich zum einen alle diese Texte lese, kommentiere und mit Kommentaren und auch noch mal eine übergreifende Rückmeldung an die Studierenden schicke, vor Sitzungsbeginn. Und dann natürlich, dass ich auch in der Sitzung interessante Punkte, interessante Ideen aus diesen Ausarbeitungen aufgreife, in der Diskussion highlighte und in das weitere Seminargeschehen dann einbeziehe."* (Interview 1)

Abb. 1: Ausschnitt aus dem Kodesystem für die Auswertung der Interviewstudie (eigene Darstellung).

4 Erste Ergebnisse

Die Befragten der HSE erleben Studierende primär in der Rolle von Noviz:innen und gehen daher davon aus, dass die Führungsrolle im Lernprozess den Lehrenden obliegt. Das hat zur Folge, dass eine neue, zusätzliche Rolle definiert werden muss, wenn das Studierende selbstreguliert mit KI lernen – denn wenn Anwendungen wie HAnS die Rolle der Mentor:innen übernehmen, die Noviz:innen durch den Lernprozess begleiten: Welche Aufgabe kommt in dieser Konstellation der Lehrkraft zu?

Eine:r der Befragten vertritt die Haltung, dass Studierenden der didaktische Mehrwert von Lehrmaterialien erfahrbar gemacht werden muss, unabhängig davon, ob KI eingesetzt wird oder nicht. Diese:r Befragte merkt mit Blick auf HAnS kritisch an, dass unklar sei, „wie Studierende in der Gesamtschau eine didaktische Wertschöpfung erfahren sollen; [das] scheint HAnS nicht zu adressieren und den Studierenden zu überlassen" (B 7). Die didaktische Rahmung von Lernmaterialien könne jedoch weder den Lernenden noch der KI überlassen werden und müsse durch die Hochschule gesteuert werden – was die Vermutung nahelegt, dass in diesem Verständnis von Selbststudium mit KI die Rolle der Lehrkraft eine koordinierende sein könnte.

Andere Expert:innen geben zu bedenken, dass im KI-gestützten Selbststudium nicht sichergestellt werden kann, dass Studierende Qualität und mögliche Einsatzbereiche der verfügbaren Lernmaterialien richtig einschätzen und das u. U. auch gar nicht als ihre Aufgabe betrachten. Die Expert:innen schildern eine Anspruchshaltung der Studierenden, die davon auszugehen scheinen, dass es Aufgabe der Lehrenden ist, ihnen mitzuteilen, wie sie lernen sollen. Wenngleich die Befragten die Ansicht vertreten, dass Studierende selbst Verantwortung für ihre Lernprozesse übernehmen sollten,[8] trauen sie ihnen nicht zu, selbstgesteuert mit KI-Bildungstechnologien zu lernen. Auch in diesem Verständnis müsste die Rolle der Lehrkraft im Dreieck zwischen Lernenden, Lehrenden und KI folglich eine steuernde sein, da erst die strategische

---

8 Exemplarisch hierfür ist das folgende Zitat: „Für mich ist es wichtig, dass die Studierenden Verantwortung in und für ihren Lernprozess übernehmen (lernen)" (B 11).

Planung und explizite Instruktion durch Lehrende das zielführende Lernen mit KI ermöglichen.

Ergänzend merkt eine:r der Expert:innen an, dass Lehrende die Studierenden auch zur Nutzung von KI-Anwendungen wie HAnS motivieren müssten. Das liege zum einen daran, dass Studierende häufig „technikmüde" und daher weniger bereit seien, neue Bildungstechnologien in ihre Lernprozesse zu integrieren. Zum anderen komme es oft vor, dass für den Einsatz dieser Technologien bestimmte Kompetenzen erforderlich seien, über die zumindest manche Studierende (noch) nicht verfügen:

> „Allerdings sehe ich durchaus Potenzial darin, dass Suchstrategien oder gene-rell die Arbeit mit Videos als Nachschlagewerken erlernt werden kann. Diese Kompetenzen bilden sich jedoch nicht von selbst aus, würde ich sagen, son-dern es bedarf eines Trainings oder eine Einführung in das Tool." (B 3)

Ein:e andere:r Hochschuldidaktiker:in beschreibt die vielfältigen Anforderungen, die eine Anwendung wie HAnS an Studierende stellt, indes wie folgt:

> „Sie brauchen aber m. E. bereits erste fachliche Grundkenntnisse (um die rich-tigen Suchbegriffe einzugeben), Lernmotivation (neue Lernumgebungen kön-nen als Medienbruch empfunden werden und eine Lernbarriere darstellen) und ein technisches Know-how bzw. auch Endgeräte, die die technischen Anfor-derungen der Plattform erfüllen." (B 11)

Eng mit diesen Anforderungen verflochten ist in den Aussagen der Expert:innen auch das Risiko der Benachteiligung der Studierenden, die (noch) nicht über die er-forderlichen Kompetenzen für KI-gestütztes SRL verfügen:

> „Studierenden fehlt die Kompetenz zum selbstorganisierten Lernen und das System führt dazu, dass diejenigen Studierenden mit dieser Kompetenz im Vorteil gegenüber denjenigen sind, die diese Kompetenz noch nicht erworben haben." (B 3)

Ferner merkt ein:e Expert:in an, dass Lernende im Rezeptionsprozess eine Korrektur von außen benötigen, um die Gefahr des „Autodidaktikfehlers" (B 9) der Selbstüberschätzung zu reduzieren. Zusammenfassend lässt sich also konstatieren, dass die Hochschuldidaktiker:innen in der HSE mehrheitlich die Ansicht vertreten, dass Studierende den zielführenden Umgang mit KI-Anwendungen erst erlernen müssen und – zumindest zu Beginn – Feedback zu ihrer Arbeitsweise sowie didaktisch fundierte Anleitung durch Lehrende benötigen.

Nur vereinzelt werden in Bezug auf SRL Chancen thematisiert. „Bei HAnS sehe ich großes Potenzial, die Eigenständigkeit der Studierenden im Lernprozess zu fördern" (B 11), merkt ein:e Hochschuldidaktiker:in an. Ein:e andere:r betont die allgemeine Relevanz des Einsatzes KI-basierter Lerntechnologien in der Hochschulbildung, da „in Zeiten einer sich mehr und mehr wissensglobalisierenden und wissensdiversifizierenden (Wissenschafts-)Welt […] der eigenständigen, mündigen Informationsbeschaffung stärker als jeher eine nicht zu vernachlässigende Bedeutung zu[kommt]" (B6).

Dem stehen jedoch die bereits geschilderten Risiken gegenüber – und die Limitation, dass die Wirkkraft der Lehrperson mit Blick auf ihre Anleitungsfunktion und die Befähigung von Studierenden, selbstbestimmt zu lernen, zugunsten einer schnellen Verfügbarkeit von Informationen an Bedeutung verlieren könnte:

> „HAnS kann in der Hochschullehre sicher für das Selbststudium überaus hilfreich sein und möglicherweise auch zusätzliche Prozesse informellen Lernens anregen, jedoch würde die Interaktion mit dieser responsiven KI nicht die Interaktion mit einer anderen Person oder anderer materieller Umwelt ersetzen und so ein relevanter Aspekt der Lernmotivation fehlen." (B 13)

Verstärkt wird diese Sorge durch die von den Befragten wahrgenommene konsumierende Haltung der Studierenden. Über die Fälle hinweg wird daher immer wieder auf die Notwendigkeit einer bewussten Beziehungsgestaltung zwischen Lehrenden und Lernenden hingewiesen. So betont eine:r der Befragten etwa, dass das Lernen mit Videos „nur ein[en] Baustein der Hochschullehre [darstellen darf], der um andere Medien ergänzt werden muss und in jedem Fall zusätzlich zu einer persönlichen Beziehung zwischen Lehrenden und Studierenden bestehen kann" (B 3).

Diese Ergebnisse decken sich insofern mit der explorativen Interviewstudie, als sich auch hier abzeichnet, dass Lehrende studentische Partizipation nicht nur fördern, sondern sogar aktiv *einfordern*. Sie wünschen sich explizit die Teilhabe der Studierenden am Lehr-Lern-Prozess und legen daher großen Wert auf ein dialogisches Miteinander. „Ich glaube, das ist schon auch so eine Art und Weise, wie ich einfach gerne lehre und auch lerne: im Austausch", beschreibt z. B. eine:r der Befragten die eigene Lehrpraxis (I 4).

Soll HAnS eine Rolle im Selbststudium zukommen, muss daher aus Sicht der Lehrenden gewährleistet sein, dass die Interaktion zwischen Lehrenden und Studierenden in ausreichendem Maß erhalten bleibt und Lehrende in einer moderierenden Rolle am Lernprozess mitwirken können. Mehrere Lehrende berichten, dass sie schon heute eine eher coachende Rolle einnehmen, damit Studierende eigene Entscheidungen treffen können. Besonders positiv bewerten sie dabei, wenn Studierende von sich aus Themen adressieren, die in Lehrveranstaltungen nur gestreift wurden und die sie nun selbstständig vertiefen wollen. Daraus ließe sich die Hypothese ableiten, dass HAnS mit studentischer Partizipation und SRL zwei Faktoren der Hochschulbildung fördern könnte, die auch aus Sicht der Lehrenden positiv zu bewerten wären.

Eine Lehrperson gibt zudem an, dass sie besonders im Kontext der Prüfungsvorbereitung versuche, die Studierenden zu aktivieren und zur Selbsthilfe anzuleiten:

„[D]as merke ich jetzt gerade im Speziellen im Examensjahrgang, [dass] die [Studierenden] dann sagen: ,Ja, was kommt denn alles vor? […]', und die dann auch manchmal überrascht sind und […] auch gar nicht wissen, dass sie [das] schon mal gelernt, gehört haben, dass man dann halt versucht, zu reaktivieren mit sehr konkreten Hinweisen […] denen da halt so ein bisschen den Weg zu zeigen." (I 3)

Dass sich Studierende von Lehrenden Instruktion für ihre Lernprozesse wünschen, spiegelt sich auch in den Ergebnissen der HSE. Während Anwendungen wie HAnS die Lernenden aktivieren könnten, müsste folglich sichergestellt sein, dass die Lehrenden in die Qualitätskontrolle und das didaktische Scaffolding – verstanden als Organisationsstruktur, die Lernenden Orientierung und Unterstützung bei der Erarbeitung bestimmter Inhalte bieten soll (Herold-Blasius, 2021) – einbezogen werden sollten, um die Weichen für erfolgreiche Selbstlernphasen zu stellen.

5 Diskussion und Fazit

Aus der Annahme heraus, dass KI-Bildungstechnologien wie HAnS nicht nur den Handlungsspielraum für Lehren und Lernen ins Digitale erweitern können, sondern auch neue Gestaltungsmöglichkeiten eröffnen, die es Lernenden ermöglichen, ihre Lernprozesse selbst zu bestimmen (Ortmann-Welp, 2020), scheint es künftig nötig zu sein, das Lehrenden-Studierenden-Verhältnis um einen dritten Akteur zu erweitern: die im konkreten Einzelfall eingesetzte KI.

Wenngleich auf die geringe Samplegröße hingewiesen werden muss, liefern die beiden in diesem Beitrag dargestellten Erhebungen erste Hinweise darauf, dass Systeme wie HAnS eine primär unterstützende Rolle einnehmen könnten. Die befragten Hochschuldidaktiker:innen und Lehrenden sind der Ansicht, dass HAnS selbstregulierte Lernprozesse unterstützen kann, doch gleichzeitig weisen sie kritisch darauf hin, dass HAnS die Rolle der Lehrenden nicht vollständig übernehmen kann, da es kein autonom agierendes Bildungstool ist. Um selbstorganisiert mit HAnS zu lernen, benötigen Studierende klare Anweisungen durch Lehrende und oft auch spezielle Medien- bzw. Methodenkompetenzen. Erschwerend kommt nach Ansicht der Expert:innen hinzu, dass SRL mit HAnS nicht nur von der studentischen Partizipation und dem Einbezug der Lehrenden, sondern auch von der digitalen Infrastruktur abhängt, die Lernenden und Lehrenden zur Verfügung steht.

Wird die Beziehungsgestaltung nach Wilhelm (2011) als zentraler Einflussfaktor für das Gelingen von Lernprozessen und das Wollen – d. h. die *Teilhabe* – von Studierenden im Lehrprozess verstanden, lassen sich anhand der explorativen Erhebungen aus dem HAnS-Projekt erste Anregungen für die Gestaltung dieser didaktischen Dreiecksbeziehung ableiten. Neben gezieltem Methoden- und Medientraining für Studierende scheint auch das aktive Involvement der Lehrenden eine große Rolle für die erfolgreiche Integration von HAnS zu spielen. Dabei wären die Lehrenden jedoch nicht nur als Multiplikator:innen zu verstehen, die Studierende mit Bildungstechnologien vertraut machen, sondern auch als Mitgestalter:innen – und zwar im Sinne partizipativer Prozesse. So könnten Lehrende und Studierende eine Gemeinschaft zweier Akteur:innengruppen bilden, die sich gleichermaßen als Adressat:innen verstehen, einander in der Nutzung von HAnS unterstützen, SRL-Aktivitäten gemeinsam gestalten und sich dabei auch kritisch mit der Frage auseinandersetzen, welche Rolle der KI als neuem Akteur in Lehr-/Lernsettings in Zukunft zukommen kann und soll.

Literaturverzeichnis

Brandenburger, B., & Teichmann, M. (2022). Looking for participation – Adapting participatory learning oriented-didactic design elements of FabLabs in learning factories. *SSRN Electronic Journal*, 1–6.

de Witt, C., Rampelt, F., & Pinkwart, N. (2020). *Künstliche Intelligenz in der Hochschulbildung* [Whitepaper] KI-Campus. https://www.researchgate.net/publication/344489551_Kunstliche_Intelligenz_in_der_Hochschulbildung_Whitepaper

Deing, P. (2019). Selbstreguliertes Lernen. Theoretische Grundlagen und Förderempfehlungen. In S. Rietmann & P. Deing (Hrsg.), *Psychologie der Selbststeuerung* (S. 319–345). Springer VS.

Ditzel, B., & Bergt, T. (2013). Studentische Partizipation als organisationale Herausforderung – Ergebnisse einer explorativen Studie. In S. M. Weber (Hrsg.), *Organisation und Pädagogik* Ser: v.13. Organisation und Partizipation: Beiträge der Kommission Organisationspädagogik (S. 177–186). Springer Fachmedien.

Go, S. (2024). Kann Künstliche Intelligenz Lehrende für sich begeistern? Barrieren und Potenziale von KI-basierten Bildungstechnologien in der Hochschulbildung. *die hochschullehre, 10*(26), 304–318.

Gloerfeld, C. (2021). Analyse didaktischer Veränderungen durch Digitalisierung. Die Mär von mehr Partizipation? In M. Deimann (Hrsg.), *Digitalisierung in Studium und Lehre gemeinsam gestalten: Innovative Formate, Strategien und Netzwerke* (S. 249–265). Springer VS.

Hartinger, A., Kleickmann, T., & Hawelka, B. (2006). Der Einfluss von Lehrervorstellungen zum Lernen und Lehren auf die Gestaltung des Unterrichts und auf motivationale Schülervariablen. *ZfE, 9*, 110–126.

Herold-Blasius, R. (2021). *Scaffolding. In Problemlösen mit Strategieschlüsseln. Essener Beiträge zur Mathematikdidaktik.* Springer Spektrum.

Hornby, G., & Greaves, D. (2023). *Evidenzbasierte Lehrstrategien. Optimierung des Bildungserfolgs von Schülerinnen und Schülern.* Springer.

Jansen, R. S., van Leeuwen, A., Janssen, J., Conijn, R., & Kester, L. (2020). Supporting learners' self-regulated learning in Massive Open Online Courses. *Computers & Education 146*(103771), 1–17.

Jin, S. H., Im, K., Yoo, M., Roll, I., & Seo, K. (2023). Supporting students' self-regulated learning in online learning using artificial intelligence applications. *Int J Educ Technol High Educ, 20*(37), 1–21.

Klafki, W. (2021). Selbstständiges Lernen muss gelernt werden! In K.-H. Braun, F. Stübig, H. Stübig & W. Klafki (Hrsg.), *Neuere Geschichte der Pädagogik. Schulreformen und Bildungspolitik in der Bundesrepublik Deutschland* (S. 339–363). Springer VS.

Kuckartz, U., & Rädiker, S. (2020). *Fokussierte Interviewanalyse mit MAXQDA: Schritt für Schritt. Lehrbuch.* Springer VS.

Luhmann, N. (2006). *Organisation und Entscheidung.* 2. Aufl. VS Verlag.

Mayrberger, K. (2019). *Partizipative Mediendidaktik: Gestaltung der (Hochschul-)Bildung unter den Bedingungen der Digitalisierung.* Beltz Juventa.

Meuser, M., & Nagel, U. (2009). Das Experteninterview – konzeptionelle Grundlagen und methodische Anlage. In S. Pickel, G. Pickel, H.-J. Lauth & D. Jahn (Hrsg.), *Methoden der vergleichenden Politik- und Sozialwissenschaft: Neue Entwicklungen und Anwendungen* (S. 465–479). VS Verlag für Sozialwissenschaften.

Mutz, B., & Pahr-Gold, P. (2021). Verantwortung für das eigene Lernen im Selbststudium. *Haushalt in Bildung & Forschung, 10*(2), 104–119.

Nino, D. C. N., & Tschischke Bruger, M. (2011). Über das Lehrer-Schüler-Verhältnis. In T. Mikhail (Hrsg.), *KIT Scientific Publishing. Zeitlose Probleme der Pädagogik – Pädagogik als zeitloses Problem?* (S. 65–84). KIT Scientific Publishing.

Ortmann-Welp, E. (2020). Die Potenziale digitaler Medien für die Lernprozesse. In E. Ortmann-Welp (Hrsg.), *Digitale Lernangebote in der Pflege: Neue Wege der Mediennutzung in der Aus-, Fort- und Weiterbildung* (S. 13–22). Springer.

Palinkas, L. A., Horwitz, S. M., Green, C. A., Wisdom, J. P., Duan, N., & Hoagwood, K. (2015). Purposeful Sampling for Qualitative Data Collection and Analysis in Mixed Method Implementation Research. *Administration and policy in mental health, 42*(5), 533–544.

Paul, D., Schmidt, C., Reinmann, G., & Marquardt, V. (2021). Digitales, begleitetes Selbststudium. In R. Küstermann, M. Kunkel, A. Mersch & A. Schreiber (Hrsg.), *Selbststudium im digitalen Wandel* (S. 7–15). Springer Spektrum.

Pelletier, K., Robert, J., Muscanell, N., McCormack, M., Reeves, J., Arbino, N., Grajek, S., Birdwell, T., Liu, D., Mandernach, J., Moore, A., Porcaro, A., Rutledge, R., & Zimmern, J. (2023). *2023 EDUCAUSE Horizon Report, Teaching and Learning Edition.* https://library.educause.edu/-/media/files/library/2023/4/2023hrteachinglearning.pdf?la=en&hash=195420BF5A2F09991379CBE68858EF10D7088AF5

Perels, F., Dörrenbächer-Ulrich, L., Landmann, M., Otto, B., Schnick-Vollmer, K., & Schmitz, B. (2020). Selbstregulation und selbstreguliertes Lernen. In E. Wild & J. Möller (Hrsg.), *Lehrbuch. Pädagogische Psychologie* (S. 45–66). 3., vollst. überarb. und akt. Aufl. Springer.

Reiter, H., & Witzel, A. (2022). *Das problemzentrierte Interview – eine praxisorientierte Einführung. Grundlagentexte Methoden.* Juventa Verlag. http://nbn-resolving.org/urn:nbn:de:bsz:31-epflicht-2051824

Renkl, A. (2009). Lehren und Lernen. In R. Tippelt & B. Schmidt (Hrsg.), *Handbuch Bildungsforschung* (S. 737–751). VS Verlag für Sozialwissenschaften.

Schäfer, E. (2017). Welche Mythen existieren über das Lernen im Erwachsenenalter? In E. Schäfer (Hrsg.), *Kritisch hinterfragt. Lebenslanges Lernen: Erkenntnisse und Mythen über das Lernen im Erwachsenenalter* (S. 1–17). Springer.

Scharlau, I., & Keding, G. (2016). Die Vergnügungen der anderen: Fachsensible Hochschuldidaktik als neuer Weg zwischen allgemeiner und fachspezifischer Hochschuldidaktik. In T. Brahm, T. Jenert & D. Euler (Hrsg.), *Pädagogische Hochschulentwicklung* (S. 39–55). Springer VS.

Schrader, S. (2023). Bedeutung und Potenziale studentischer Partizipation. *API Magazin, 4*(2), 1–16.

Scherrer, E., & Carmignola, M. (2023). Partizipation. In M. Huber & M. Döll (Hrsg.), *Bildungswissenschaft in Begriffen, Theorien und Diskursen* (S. 435–441). Springer VS.

Technische Hochschule Nürnberg Georg Simon Ohm (TH Nürnberg) (2023). HAnS – das intelligente Hochschul-Assistenz-System. https://www.th-nuernberg.de/einrichtungen-ge-samt/in-institute/zentrum-fuer-kuenstliche-intelligenz-kiz/projekte/hans/

Vogel, A., Riedel, J., & Henschler, J. (2023). Rollenbeschreibungen von Hochschullehren-den im Kontext der Digitalisierung. In L. Mrohs, J. Franz, D. Herrmann, K. Lindner & T. Staake (Hrsg.), *Digitale Kulturen der Lehre entwickeln. Perspektiven der Hochschuldidak-tik* (S. 103–116). Springer VS.

Webler, W.-D. (2005). „Gebt den Studierenden ihr Studium zurück!" Über Selbststudium, optimierende Lernstrategien und autonomes Lernen (in Gruppen). *Beiträge zur Lehrerbil-dung, 23*(1), 22–34.

Weil, M. (2020). Rollengestaltung in der Hochschullehre. In S. Hummel (Hrsg.), *Grundla-gen der Hochschullehre. Doing Higher Education* (S. 83–108). Springer VS.

Wilhelm, E. (2011). Bildung als Einheit von Unterricht und Erziehung – Zur pädagogischen Geschäftsgrundlage. In T. Mikhail (Hrsg.), *KIT Scientific Publishing. Zeitlose Probleme der Pädagogik – Pädagogik als zeitloses Problem?* (S. 85–99). KIT Scientific Publishing.

Appendix A

1. Inwiefern stimmt HAnS mit Ihrem Bildungsverständnis für die Hochschullehre überein (oder eben nicht)?

2. Welche Qualifikationen können Studierende durch die Anwendung von HAnS erlangen?

3. Welche Studierenden würden von HAnS profitieren?

4. Würden Sie HAnS für Ihre Lehre benutzen? Wenn ja: inwiefern?

5. Welche didaktischen Potenziale sehen Sie darin, dass studiumsrelevante Informationen zeit- und ortsunabhängig abrufbar sind?

Ulf Banscherus[1]

Personalentwicklung für Beschäftigte in wissenschaftsunterstützenden Bereichen als blinder Fleck der Hochschulentwicklung

Zusammenfassung

Obwohl in den wissenschaftsunterstützenden Bereichen zunehmend ein Mangel an qualifizierten Fachkräften besteht, tun sich die Hochschulen in Deutschland schwer damit, Weiterbildungsangebote zu entwickeln, die auf die spezifischen Bedarfe in Verwaltung, Technik und weiteren Servicebereichen reagieren. Zudem bemängeln die Beschäftigten das weitgehende Fehlen von internen Karrierewegen, wie sie in der Privatwirtschaft bereits seit Langem etabliert sind. Vor diesem Hintergrund erfolgt in diesem Beitrag eine Bestandsaufnahme zur Personalentwicklung für die wissenschaftsunterstützenden Bereich an Hochschulen. Abschließend wird ein Ausblick auf mögliche Perspektiven gegeben.

Schlüsselbegriffe

Hochschulen, wissenschaftsunterstützendes Personal, Personalentwicklung, Weiterbildung

---

1 Technische Universität Berlin; ulf.banscherus@tu-berlin.de; ORCID 0000-0003-2044-0452

https://doi.org/10.21240/zfhe/19-4/07

Personnel development for Higher Education Professional Service Staff: a blind spot in higher education development

Abstract

Although there is an increasing shortage of qualified specialists among higher education professional service staff, German universities are struggling to develop further training programmes that respond to the specific needs of administration, technology and other service areas. In addition, employees are criticising the widespread lack of internal career paths, which have long been established in the private sector. Against this background, this article takes stock of personnel development in science-support areas at universities. Finally, an outlook for the future is given.

Keywords

universities, higher education professional service staff, further education, personnel development

1. Einleitung

Der in vielen Branchen virulente Fachkräftemangel erfasst zunehmend auch die wissenschaftsunterstützenden Bereiche[2] an den Hochschulen in Deutschland. Hier nehmen ebenfalls die Berichte über Schwierigkeiten bei der Rekrutierung und Bindung qualifizierter Mitarbeiter:innen zu, nicht nur für Positionen in IT und Technik, sondern immer häufiger auch bei Stellen in den Kernbereichen der Zentralverwaltung (Weidner, 2022). Die Hochschulen stehen deshalb vor immensen Herausforderungen, setzen die wissenschaftsunterstützenden Mitarbeiter:innen doch den organisatorischen Rahmen, in dem Forschung und Lehre, Weiterbildung und Transfer stattfinden; zum Beispiel, indem sie Einstellungs- und Immatrikulationsanträge bearbeiten, für eine ordnungsgemäße Mittelbewirtschaftung sorgen oder Medien beschaffen und technische Geräte bedienen. Vielfach haben sich die fachlichen Anforderungen in Technik, Verwaltung und weiteren Servicebereichen zudem im Zeitverlauf deutlich erhöht, nicht unmaßgeblich beeinflusst von der Digitalisierung administrativer Prozesse, beispielsweise der Prüfungsverwaltung oder der Lehrplanung (Banscherus et al., 2017; vgl. Möller et al., 2022). Die Bedeutung des Themas Personalentwicklung wird im Hinblick auf Beschäftigte in wissenschaftsunterstützenden Bereichen also zunehmend größer, es findet in Hochschulforschung und Hochschulentwicklung – zumindest in Bezug auf diese spezifische Zielgruppe – jedoch nur wenig Beachtung. Vor diesem Hintergrund wird in diesem Beitrag die Frage diskutiert, wie die aktuellen Aktivitäten der Hochschulen im Bereich der Personalentwicklung seitens der Beschäftigten in wissenschaftsunterstützenden Bereichen an Hochschulen

---

2 Zu den wissenschaftsunterstützenden Bereichen gehören beispielsweise die zentralen und dezentralen Verwaltungseinheiten, die Sekretariate der Fachgebiete, die Rechenzentren, die Haus- und Medientechnik, die Labore und Werkstätten sowie die Bibliotheken. Hinzu kommen die Beschäftigten im Wissenschaftsmanagement und weiteren neuen Hochschulprofessionen. Nicht berücksichtigt werden die Professor:innen, die wissenschaftlichen und studentischen Mitarbeiter:innen sowie das Pflege- und Funktionspersonal der Universitätskliniken (Banscherus et al., 2017).

wahrgenommen und bewertet werden (Abschnitt 4). Zuvor werden Ansätze zur Personalentwicklung kurz umrissen – sowohl auf den allgemeinen betrieblichen Kontext (Abschnitt 2), als auch spezifischer auf den Hochschulbereich bezogen (Abschnitt 3). Abschließend wird eine skeptische Gesamteinschätzung um einige Hinweise auf mögliche Perspektiven ergänzt (Abschnitt 5).

2. Personalentwicklung im betrieblichen Kontext

In einem engen Verständnis besteht betriebliche Personalentwicklung aus dem Angebot von arbeitsplatzrelevanten Weiterbildungen. Diese bilden die unverzichtbare Basis und stellen in vielen Betrieben zugleich das einzige genutzte Element der Personalentwicklung dar. Ein weiteres Verständnis schließt zusätzlich die individuelle Karriereförderung von ausgewählten Mitarbeiter:innen ein (Stock-Homburg & Groß, 2019).[3] Aus personalwirtschaftlicher Sicht gilt Personalentwicklung als zentraler Bestandteil des Personalmanagements, weshalb es wenig überraschend ist, dass aus dieser Perspektive das Ziel eines optimalen Personaleinsatzes Leitmotiv der unterschiedlichen Aktivitäten ist (z. B. Lindner-Lohmann et al., 2023). Demgegenüber nimmt die Erwachsenenbildung in erster Linie die individuellen Entwicklungsmöglichkeiten in den Blick, wobei hier das emanzipatorische Potenzial von (Weiter-)Bildung stets zumindest mitgedacht wird (z. B. Käpplinger, 2018). Dieses Spannungsfeld zwischen individuellen und organisationalen Interessen spiegelt sich auch in den Zielsetzungen und Erwartungen von Leitungsebene auf der einen und Mitarbeiter:innen auf der anderen Seite.

---

3 Personalentwicklung ist darüber hinaus zugleich ein zentraler Bestandteil von Ansätzen zur Organisationsentwicklung. Auf diesen Aspekt kann im gegebenen Rahmen allerdings nicht näher eingegangen werden (vgl. z. B. Hoffmann, 2018).

2.1 Weiterbildung

Im Unterschied zu allgemeiner bzw. nicht berufsbezogener Weiterbildung, die beispielsweise den Schwerpunkt der Angebote von Volkshochschulen bildet, und individueller berufsbezogener Weiterbildung, die weitgehend von den persönlichen Zielsetzungen und Präferenzen der Teilnehmer:innen bestimmt wird, finden Angebote der betrieblichen Weiterbildung in aller Regel während der Arbeitszeit statt und werden auch (zumindest überwiegend) von den Arbeitgeber:innen finanziert (BMBF, 2022). Damit geht einher, dass Inhalte und Formate der betrieblichen Weiterbildung in erster Linie durch betriebliche Interessen, insbesondere die in Unternehmen, Behörden oder anderen Organisationen bestehenden Qualifizierungsbedarfe bestimmt werden, deren Deckung dazu beitragen soll, den Betrieb in seinem Fortbestand zu sichern bzw. strategische Entwicklungsziele zu erreichen. Dieser Ansatz bleibt bei Forschenden und Praktiker:innen aus der Erwachsenen- und Weiterbildung jedoch wegen seiner starken Fokussierung auf Anwendbarkeit und Verwertbarkeit im Arbeitsalltag nicht ohne Kritik (Käpplinger, 2018). Dem regelmäßig durchgeführten Adult Education Survey zufolge entfielen im Jahr 2020 drei Viertel der Weiterbildungsaktivitäten in Deutschland auf das Segment der betrieblichen Weiterbildung (BMBF, 2022, S. 22). Hinsichtlich der Beteiligung an Weiterbildungen sind deutliche Unterschiede festzustellen, insbesondere nach dem formalen Bildungsgrad und der Beschäftigungssituation. Bei Ersterem steigt die Teilnahmewahrscheinlichkeit mit zunehmendem Qualifikationsniveau, bei Letzterem wirken sich vor allem atypische Beschäftigungsformen wie Befristungen und Teilzeitarbeit hemmend aus (Dobischat & Düsseldorff, 2018).

Ein Großteil der betrieblichen Weiterbildung entfällt auf Schulungen oder Unterweisungen zu konkreten Einzelfragen wie einer neuen Software oder Veränderungen in der Ablauforganisation, die zumeist nur einige Stunden oder wenige Tage dauern; wenn sie nicht ohnehin komplett selbstgesteuert erfolgen, beispielsweise durch die Nutzung von Online-Tutorials oder virtuellen Lernumgebungen. Häufig realisiert sich der angestrebte Lernerfolg auch erst in Verbindung mit informellem Lernen im Prozess der Arbeit, beispielsweise durch Ausprobieren oder den Austausch mit Kolleg:innen (Dehnbostel, 2018). Bei betrieblicher Weiterbildung handelt es sich zudem häufig um Anpassungsqualifizierungen, die darauf abzielen, die Leistungsfähigkeit der Beschäftigten unter veränderten Rahmenbedingungen zu erhalten. Hieraus kann sich ebenfalls ein Spannungsfeld zwischen den Interessen der Betriebe und denen der Beschäftigten ergeben, die nicht selten ihre berufliche Handlungsfähigkeit insgesamt erhöhen möchten und damit auch bestimmte Karriereziele verbinden (Dobischat & Düsseldorff, 2018). Hinzu kommt, dass vor allem die Erweiterung von Aufgabengebieten eine Neubewertung der Stellenbeschreibung erforderlich machen kann, die zur Einstufung in eine andere Gehaltsgruppe führen und somit arbeitgeberseitig mit höheren Kosten verbunden sein kann (Marrenbach & Geiger, 2019).[4]

2.2 Karriereförderung

Insbesondere in größeren Unternehmen sind bereits seit einigen Jahrzehnten umfassende Konzepte der Karriereförderung von ausgewählten Mitarbeiter:innen anzutreffen, die zumeist als Talentmanagement bezeichnet werden. Ansätze des internen Talentmanagements sind – ergänzend zur externen Rekrutierung neuer Mitarbeiter:innen – entstanden, um den zukünftig zu erwartenden Bedarf an Führungskräften durch eine frühzeitige Identifikation und längerfristige Vorbereitung geeigneter Personen zu decken (Lindner-Lohmann et al., 2023). Neben definierten Führungskarrieren, die bis auf die Leitungsebene reichen können, wurden in den letzten Jahren vermehrt auch spezifische Fach- und Projektkarrieren geschaffen, die allerdings aufgrund der begrenzten Einsatzmöglichkeiten der betreffenden Mitarbeiter:innen sehr eng an die konkreten betrieblichen Bedarfe gekoppelt und somit vom Umfang her begrenzt sind (Stock-Homburg & Groß, 2019). Im Rahmen des Talentmanagements, das aus personalwirtschaftlicher Sicht auf klaren Prozessen und transparenten Kriterien basieren sollte, werden Mitarbeiter:innen, denen ein großes Entwicklungspotenzial zugeschrieben wird, gezielt gefördert; durch möglichst passgenaue Weiterbil-

---

4 Zur Frage der gewachsenen Anforderungen in den wissenschaftsunterstützenden Bereichen an Hochschulen und dem daraus resultierenden Spannungsfeld zur Eingruppierung vgl. z. B. Banscherus et al., 2017; Westerheide, 2021; Hendrix, 2021.

dungsangebote, individuelles Coaching bzw. Mentoring sowie den zeitlich befristeten Einsatz auf im Vorfeld definierten Beschäftigungspositionen (Huf, 2020). Die
Auswahl der zu fördernden Mitarbeiter:innen erfolgt in der Regel durch ein mehr-
stufiges Auswahlverfahren, in dem auch kompetenzdiagnostische Methoden eingesetzt werden können (Lindner-Lohmann et al., 2023). Auf diese Weise soll erreicht
werden, dass beim Talentmanagement die strategischen Ziele eines Unternehmens
im Vordergrund stehen und die Bedeutung informeller Netzwerke und persönlicher
Beziehungen zurückgedrängt wird. Inwieweit dieser Ansatz erfolgreich ist, hängt in
hohem Maße von den spezifischen Bedingungen im konkreten Einzelfall ab.

Anders als in der Privatwirtschaft sind Maßnahmen zur gezielten Karriereförderung
ausgewählter Mitarbeiter:innen im öffentlichen Dienst bislang weitgehend unbe-
kannt. Zwar können Beamt:innen im Laufe ihres Berufslebens befördert werden,
dies ist allerdings im Wesentlichen abhängig von den regelmäßig durchgeführten
Leistungsbewertungen durch die jeweiligen Vorgesetzten und setzt das Vorhanden-
sein von höherdotierten Dienstposten voraus. Tarifbeschäftigte werden hingegen tra-
ditionell für ein bestimmtes Tätigkeitsfeld eingestellt, eine berufliche Weiterentwicklung ist über Anpassungsqualifizierungen hinaus in der Regel nicht vorgesehen
(Reichard & Röber, 2019). Erst in den letzten Jahren wurden in einigen Ländern und
Kommunen Traineeprogramme aufgelegt, die sich in erster Linie an Absolvent:in-
nen eines wirtschafts- oder sozialwissenschaftlichen Masterstudiengangs richten und
nach zwei bis drei Jahren mit der Entscheidung über eine mögliche Verbeamtung auf
Lebenszeit enden (Fischer, 2016; 2018). Vereinzelt wird aufstiegsorientierten Mit-
arbeiter:innen auch die Teilnahme an einem Bachelor- oder Masterstudium ermöglicht; dies wird allerdings in aller Regel weder durch Maßnahmen zur Personalbin-
dung flankiert noch mit einer konkreten beruflichen Perspektive verknüpft. Hinzu
kommen punktuell Coachingangebote für Führungskräfte bei der Übernahme einer
neuen Leitungsposition. Insgesamt sind Ansätze zur individuellen Karriereförderung
im öffentlichen Dienst derzeit noch wenig systematisiert und in hohem Maße abhängig vom konkreten Arbeitsumfeld (Reichard & Röber, 2019).

3. Weiterbildung und Personalentwicklung an Hochschulen

In Hochschulpolitik und Hochschulentwicklung werden die Begriffe Weiterbildung und Personalentwicklung überwiegend in einer Weise verwendet, die sich vom Verständnis in den Disziplinen, in denen Personalentwicklung im engeren oder weiteren Verständnis Gegenstand von Forschung und Lehre ist, unterscheidet. Außerhalb der Fächer Betriebswirtschaft, Bildungswissenschaft und Psychologie ist innerhalb des akademischen Feldes vor allem die Rede von „wissenschaftlicher Weiterbildung" und „akademischer Personalentwicklung", womit spezifische Bedeutungen verbunden sind, die im Folgenden skizziert werden.

3.1. Wissenschaftliche Weiterbildung

Bezogen auf den Hochschulkontext wird der Begriff der Weiterbildung in erster Linie mit Angeboten der wissenschaftlichen Weiterbildung assoziiert, die sich vor allem dadurch charakterisieren lassen, dass (1.) die vermittelten Inhalte, (2.) die didaktische Gestaltung und (3.) die Qualifikation der Dozent:innen einem wissenschaftlichen Anforderungsniveau entsprechen (Widany et al., 2018). Zudem richten sich entsprechende Formate in erster Linie an Berufstätige, die bereits einen Hochschulabschluss erworben haben oder über eine vergleichbare Qualifikation verfügen. Im Zuge der hochschulpolitischen Reformen seit den späten 1990er-Jahren wurde die Zielgruppe verstärkt um Personen erweitert, die in der beruflichen Bildung qualifiziert und an der Aufnahme eines Studiums interessiert sind (Schwikal & Neureuther, 2018; Jütte & Bade-Becker, 2018).

Historisch reicht die Entwicklung der wissenschaftlichen Weiterbildung bis ins späte 19. Jahrhundert zurück, wobei die Bemühungen um eine gesellschaftliche Öffnung der Hochschulen eine wichtige Konstante darstellen; ein Ziel, das gleichwohl im Zeitverlauf und vor allem im Kontext sich wandelnder Rahmenbedingungen unterschiedlich interpretiert worden ist (Wolter & Schäfer, 2018). Vor diesem Hintergrund wird verständlich, dass die wissenschaftliche Weiterbildung in erster Linie hochschulexterne Zielgruppen adressiert, auch wenn die zuvor genannte Definition der wissenschaftlichen Weiterbildung dies keineswegs zwingend impliziert. Somit werden Maßnahmen der Personalentwicklung, die sich an Hochschulangehörige richten, in aller Regel konzeptionell nicht als Teil der wissenschaftlichen Weiterbildung verstanden (Dollhausen et al., 2018). In Ermangelung einer verbindlichen Definition werden teilweise allerdings auch hochschuldidaktische Qualifikationen oder Schulungen im Bereich des Forschungsmanagements der wissenschaftlichen Weiterbildung zugerechnet (Wolter & Schäfer, 2018).

Wenngleich eine trennscharfe Unterscheidung kaum möglich ist, insbesondere wenn es gilt, den Anteil der Hochschulen an allen Weiterbildungsfällen in Deutschland zu bestimmen (Kamm et al., 2016), werden also Angebote, die sich in erster Linie an wissenschaftsunterstützende Mitarbeiter:innen richten, beispielsweise Schulungen in den Bereichen IT, Verwaltung und Recht oder Themen des betrieblichen Gesundheitsmanagements, konzeptionell nicht der wissenschaftlichen Weiterbildung zugerechnet, auch wenn diese an Hochschulen stattfinden bzw. von diesen angeboten werden. Gleiches gilt für extracurriculare Bildungsaktivitäten von Studierenden wie Sprachkurse oder berufsbezogene Schlüsselqualifikationen (Dollhausen et al., 2018; Widany et al., 2018). Vielmehr haben nicht zuletzt entsprechende Förderlinien von Bund und Ländern in relevantem Maße dazu beigetragen, die wissenschaftliche Weiterbildung – und somit ein sehr spezifisches Verständnis von Weiterbildung – stärker im hochschulpolitischen Diskurs zu verankern (vgl. Wolter & Schäfer, 2018).

3.2. Akademische Personalentwicklung

Das Thema Personalentwicklung fristete an den Hochschulen lange Zeit ein Schattendasein. Zwar standen insbesondere Beschäftigten in wissenschaftsunterstützenden Bereichen an ihren Einrichtungen auch in der Vergangenheit bereits zahlreiche Kurse zur Verfügung, vor allem aus den Bereichen EDV/IT, Sprachen, Verwaltung und Recht, Kommunikation und soziale Kompetenzen sowie Gesundheit und Sport. Die Zusammenstellung des Programms erfolgte allerdings eher angebots- als bedarfsorientiert, indem bewährte und positiv angenommene Maßnahmen fortgeführt und auf Grundlage der Erfahrungen der Verantwortlichen und/oder auf Vorschlag von Teilnehmer:innen um neue ergänzt wurden. Anmeldungen erfolgten im Wesentlichen aus dem individuellen Interesse der Beschäftigten heraus (Hanft & Zentner, 2004). Eine systematische Ermittlung bestehender Qualifikationsbedarfe durch die Personalabteilungen und das gezielte Angebot von Maßnahmen, die einen Beitrag zur strategischen Entwicklung der Hochschulen leisten konnten, fand hingegen allenfalls vereinzelt statt (Röbken & Schütz, 2015). Für Wissenschaftler*innen wurde sogar weitgehend gar kein Bedarf an Maßnahmen zur Personalentwicklung gesehen. Nach herrschender Lesart hatten wissenschaftliche Mitarbeiter:innen „einen eng umgrenzten Aufgabenkreis zu erfüllen, für den sie bereits qualifiziert eingestellt worden waren oder sie strebten eine Berufung auf eine Professur an einer anderen Hochschule an." (Webler, 2006, S. 5) In beiden Fällen galten gezielte Initiativen zur Weiterqualifikation als entbehrlich.

Die „demonstrative Zurückhaltung und [...] Skepsis der großen Mehrzahl der Hochschulen" (Winde, 2010, S. 16) gegenüber den Initiativen einzelner Vorreiterhochschulen wich jedoch schnell einem zunehmenden Engagement, nachdem sich Personalentwicklungsstrategien für das wissenschaftliche Personal im Zuge der Exzellenzinitiative als Wettbewerbsvorteil erwiesen hatten. In der Folge sind an zahlreichen Hochschulen vielfältige Angebote entstanden, die sich zunächst insbesondere an Doktorand:innen, später auch an Postdoktorand:innen richteten (Müller & Karrenberg, 2015; Winde, 2010). Diese Entwicklung wurde dadurch weiter verstärkt, dass Personalentwicklungskonzepte in weiteren Förderlinien von Bund und Ländern eine verbindliche Teilnahmebedingung darstellten (Krüger, 2020). Auf diese Weise hat sich die Personalentwicklung für das wissenschaftliche Personal im Laufe der letzten beiden Jahrzehnte an den Hochschulen weitgehend etabliert und umfasst Weiterbildungsangebote zu wissenschaftsspezifischen Themen wie Hochschuldidaktik oder Forschungsmanagement genauso wie Karrierecoachings, die sich auch auf Tätigkeiten außerhalb der Wissenschaft beziehen, sowie nicht zuletzt Angebote, die sich gezielt an wissenschaftliche Führungskräfte richten. Hierfür wurden häufig strukturierte Graduiertenprogramme und/oder hochschulinterne Akademien bzw. vergleichbare Strukturen etabliert, die sich spezifisch an (Post-)Doktorand:innen richten (Burkhardt et al., 2020; Krüger, 2020). Mit der Teilnahme an entsprechenden Angeboten ist für die Wissenschaftler:innen allerdings zumeist keine konkrete Beschäftigungsoption verbunden, im Zentrum steht vielmehr allgemein eine Verbesserung der Chancen auf die Realisierung von Karriereoptionen. Insbesondere für die Berufung auf eine Professur sind nach wie vor in erster Linie fachwissenschaftliche Leistungen wie Publikationen oder eingeworbene Forschungsprojekte ausschlaggebend.

Noch etwas zugespitzter stellt sich die Situation in den wissenschaftsunterstützenden Bereichen dar – zumindest außerhalb des Wissenschaftsmanagements, für dessen Angehörige ebenfalls ein breites Angebot an Weiterbildungsmöglichkeiten besteht; darunter gleich mehrere – in der Regel generalistisch ausgerichtete – Masterstudiengänge, die berufsbegleitend absolviert werden können (vgl. Janson & Rathke, 2023). In Technik und Verwaltung stehen Mitarbeiter:innen, die beruflich aufsteigen möchten, hingegen vor erheblichen Herausforderungen, „gerade im mittleren Verwaltungsbereich" ist „[d]ie gläserne Decke […] schnell erreicht" (Alt, 2020, S. 5). Bei den verfügbaren Weiterbildungskursen dominieren weiterhin die gleichen Themen wie in der Vergangenheit, ergänzt um spezifische Angebote für Führungskräfte (Burkhardt et al., 2020; Banscherus, 2018). Dazu, dass die wissenschaftsunterstützenden Bereiche weitgehend eine Leerstelle in den Personalentwicklungsstrategien der Hochschulen bilden, trägt nicht zuletzt eine deutliche Hierarchisierung innerhalb der Hochschulen bei, innerhalb derer „das wissenschaftsstützende Personal üblicherweise als ‚Zulieferbetrieb' des wissenschaftlichen Dienstes charakterisiert" wird (Röbken & Schütz, 2015, S. 143). Dies korrespondiert mit einer klaren Dominanz der wissenschaftlichen Bereiche in Entwicklungskonzepten der Hochschulen, sodass es wenig überraschend ist, dass es sich bei Aktivitäten zur Personalentwicklung an Hochschulen in erster Linie um akademische Personalentwicklung handelt.

4. Bewertungen der Beschäftigten in wissenschaftsunterstützenden Bereichen

Im Rahmen einer Sekundäranalyse der Daten des DGB-Hochschulreports wurden die Einschätzungen der Beschäftigten in wissenschaftsunterstützenden Bereichen zum Themenfeld Personalentwicklung ermittelt. Leitend war hierbei ein weites Begriffsverständnis, das über Weiterbildungsangebote (Abschnitt 4.1) hinaus auch Lernaktivitäten im Prozess der Arbeit (Abschnitt 4.2) und Aufstiegsmöglichkeiten (Abschnitt 4.3) berücksichtigt.

Für den DGB-Hochschulreport wurden zwischen September und November 2019 rund 11.000 Hochschulbeschäftigte, darunter Angehörige des wissenschaftlichen Personals und wissenschaftsunterstützende Mitarbeiter:innen, von 55 Hochschulen in acht deutschen Bundesländern im Rahmen einer Online-Erhebung befragt (Hobler & Reuyß, 2020), bei der eine modifizierte Variante des Fragebogens des DGB-Index Gute Arbeit eingesetzt wurde (vgl. Schmucker, 2020; Holler et al., 2014). Die Stichprobe der Sekundäranalyse besteht aus den Angaben von 3.796 Beschäftigten aus den Stellenprofilgruppen Verwaltung, Bibliotheken, Technik und Wissenschaftsmanagement, die an Hochschulen in sieben Bundesländern tätig waren. Hierbei handelt es sich um die Länder Nordrhein-Westfalen, Niedersachsen, Hamburg, Schleswig-Holstein, Mecklenburg-Vorpommern, Brandenburg und Berlin. Gemäß den Daten der amtlichen Hochschulpersonalstatistik erfolgte eine Gewichtung für die Dimensionen Region, Personalgruppe, Laufbahngruppe und Geschlecht. Der Umfang und die Zusammensetzung der Stellenprofilgruppe Wissenschaftsmanagement wurde auf Basis früherer Untersuchungen geschätzt (vgl. Banscherus et al., 2017).

4.1 Weiterbildungsangebote

Etwas mehr als die Hälfte (55 %) der Beschäftigten in wissenschaftsunterstützenden Bereichen gab an, dass sie in sehr hohem oder hohem Maße[5] die Möglichkeit erhielten, entsprechend ihrer Anforderungen Angebote zur Weiterbildung bzw. (beruflichen) Weiterentwicklung nutzen zu können (vgl. Tabelle 1). Beschäftigte aus der Stellenprofilgruppe Wissenschaftsmanagement sahen dies häufiger (67 %) als gegeben an, Mitarbeiter:innen aus den technischen Bereichen seltener (44 %). Die hohen Zustimmungswerte bei Wissenschaftsmanager:innen und weiteren Angehörigen der neuen Hochschulprofessionen dürften insbesondere aus den vielfältigen Angeboten resultieren, die in der Vergangenheit speziell für diese Zielgruppe entwickelt worden sind (Janson & Rathke, 2023). Ein Grund für die unterdurchschnittlichen Zustimmungsraten im Bereich Technik dürfte darin liegen, dass an vielen Hochschulen über Grundlagenschulungen hinaus keine Weiterbildungen in den Bereichen Technik und IT angeboten werden, was bei Beschäftigten aus dieser Stellenprofilgruppe mit unterdurchschnittlichen Teilnahmequoten an Weiterbildungsangeboten korrespondiert (Banscherus, 2018; Banscherus et al., 2017; Banscherus et al., 2022).

Deutliche Unterschiede hinsichtlich der Bewertung des bestehenden Weiterbildungsangebots bestehen außerdem nach dem formalen Bildungsgrad; Mitarbeiter:innen mit Hochschulabschluss sehen für sich erheblich häufiger entsprechende Möglichkeiten als Beschäftigte, die kein Studium abgeschlossen haben (vgl. Tabelle 1). Dieses Ergebnis geht einher mit den generellen Befunden der Weiterbildungsforschung zu Einflussfaktoren auf die Weiterbildungsbeteiligung (Dobischat & Düsseldorff, 2018). Anders stellt sich die Situation mit Blick auf atypische Beschäftigungsformen (Teilzeit, Befristung) dar. Zumindest in Bezug auf die Weiterbildungsteilnahme sind in den wissenschaftsunterstützenden Bereichen an Hochschulen bei diesem Aspekt keine relevanten Unterschiede festzustellen.

---

5   Die weiteren Antwortmöglichkeiten lauteten „in geringem Maße" und „gar nicht".

Tabelle 1: Bestehende Weiterbildungsmöglichkeiten

Frage: *Inwieweit ermöglicht Ihnen die Hochschule, dass Sie sich entsprechend Ihren Anforderungen weiterentwickeln können, z. B. durch das Angebot von Weiterbildungen, Trainings oder Coachings?* **Antworten:** *In sehr hohem Maße und in hohem Maße*	
Beschäftigte insgesamt	55 %
Stellenprofilgruppe	
Verwaltung	58 %
Bibliotheken	57 %
Technik	44 %
Wissenschaftsmanagement	67 %
Geschlecht	
Weibliche Beschäftigte	57 %
Männliche Beschäftigte	51 %
Bildungsgrad	
Mit Hochschulabschluss	61 %
Ohne Hochschulabschluss	47 %
Vertragsdauer	
Unbefristet	55 %
Befristet	57 %
Beschäftigungsumfang	
Vollzeit	54 %
Teilzeit (< 35 Wochenstunden)	56 %

Quelle: DGB-Hochschulreport, eigene Auswertungen

4.2 Weiterentwicklung im Prozess der Arbeit

Ebenfalls etwas mehr als die Hälfte (54 %) der wissenschaftsunterstützenden Mitarbeiter:innen hat angegeben, dass es ihnen im Prozess der Arbeit möglich sei, ihr Wissen und Können weiterzuentwickeln (vgl. Tabelle 2). Bei diesem Aspekt ist die Zustimmung bei den Beschäftigten in der Stellenprofilgruppe Verwaltung, also bei Verwaltungsbeschäftigten und Hochschulsekretär:innen, unterdurchschnittlich und bei der Stellenprofilgruppe Wissenschaftsmanagement deutlich überdurchschnittlich ausgeprägt. Dies geht einher mit unterschiedlich großen fachlichen Handlungsspielräumen und dem tätigkeitsspezifischen Anteil repetitiver Arbeitsschritte (Banscherus et al., 2017; Banscherus, 2021). Deutliche Unterschiede hinsichtlich der Bewertung vorhandener Möglichkeiten zur Weiterentwicklung im Prozess der Arbeit bestehen zudem nach dem formalen Bildungsgrad, leichte Unterschiede auch nach Vertragssituation und Arbeitsvolumen (vgl. Tabelle 2).

Informelles Lernen im Prozess der Arbeit, also die Aneignung der relevanten beruflichen Kenntnisse und Fähigkeiten durch die Beschäftigten selbst, ist situativ und selbstgesteuert – und somit nicht voraussetzungslos, da hierfür ein relevantes Maß an Reflexivität, Motivation und Ausdauer seitens der Mitarbeiter:innen erforderlich ist, das im Arbeitsalltag häufig nicht einfach zu realisieren ist (Dehnbostel, 2018). Teilweise fehlen Zeit und/oder Hilfestellungen oder Wissensbestände sind nicht zielgruppenadäquat aufbereitet, was sich als Hemmnis für informelle Lernprozesse erweisen kann, wenn die Erwartung informeller Lernaktivitäten auf Widerstand seitens der Beschäftigten trifft.

Tabelle 2: Bestehende Weiterentwicklungsmöglichkeiten

Frage: Ermöglicht es Ihnen Ihre Arbeit, Ihr Wissen und Können wei-terzuentwickeln? *Antworten:* In sehr hohem Maße und in hohem Maße	
Beschäftigte insgesamt	54 %
Stellenprofilgruppe	
Verwaltung	46 %
Bibliotheken	55 %
Technik	59 %
Wissenschaftsmanagement	75 %
Geschlecht	
Weibliche Beschäftigte	52 %
Männliche Beschäftigte	57 %
Bildungsgrad	
Mit Hochschulabschluss	61 %
Ohne Hochschulabschluss	46 %
Vertragsdauer	
Unbefristet	53 %
Befristet	59 %
Beschäftigungsumfang	
Vollzeit	56 %
Teilzeit (< 35 Wochenstunden)	49 %

Quelle: DGB-Hochschulreport, eigene Auswertungen

4.3 Aufstiegsmöglichkeiten

Nur eine kleine Minderheit (7 %) der Beschäftigten in wissenschaftsunterstützenden Bereichen sieht an ihrer Hochschule in hohem oder sehr hohem Maße Aufstiegsmöglichkeiten. Dies korrespondiert mit einer Beschäftigtenstruktur, bei der Tarifbeschäftigte in Entgeltgruppen, die dem mittleren Dienst der Beamtenlaufbahn entsprechen (E 5 bis E 9a), die mit Abstand größte Teilgruppe innerhalb der Gesamtheit der Mitarbeiter:innen in Technik und Verwaltung sowie weiteren Servicebereichen bilden (Banscherus et al., 2017; Hendrix, 2021). Leicht überdurchschnittlich sind die Anteilswerte in Bezug auf die Wahrnehmung bestehender Aufstiegsmöglichkeiten in der Stellenprofilgruppe Bibliotheken, einem Segment der Hochschulen mit einem vergleichsweise hohen Anteil an Beamt:innen – insbesondere in der Laufbahn des höheren Dienstes –, und im Wissenschaftsmanagement. Letzteres dürfte durch die Möglichkeit zum Absolvieren eines der mittlerweile weitgehend etablierten und anerkannten spezifischen Masterstudienprogramme und eine damit verbundene Erwartungshaltung beeinflusst sein (Janson & Rathke, 2023).

Etwas über dem Durchschnittswert für alle Beschäftigten liegen auch Hochschulabsolvent:innen, Vollzeitbeschäftigte und – möglicherweise etwas überraschend – Mitarbeiter:innen mit einem befristeten Arbeitsvertrag. Letzteres könnte dadurch zu erklären sein, dass im Hochschulbereich insgesamt und teilweise auch in den wissenschaftsunterstützenden Bereichen bereits das Erreichen eines unbefristeten Beschäftigungsverhältnisses als beruflicher Aufstieg wahrgenommen wird (vgl. Krempkow & Höhle, 2023).

Eine wesentliche Ursache für die Wahrnehmung schlechter Aufstiegsmöglichkeiten durch die Beschäftigten dürfte insgesamt darin zu finden sein, dass interne Karrierewege in den wissenschaftsunterstützenden Bereichen an Hochschulen weitgehend eine Leerstelle bilden (Banscherus, 2018; Krempkow & Höhle, 2023). Dies gilt nicht nur für die angestrebte Übernahme von Leitungspositionen, sondern auch für die berufliche Entwicklung von Fachkräften.

Tabelle 3: Bestehende Aufstiegsmöglichkeiten

Frage: *Haben Sie an Ihrer Hochschule Aufstiegschancen?* **Antworten:** *In sehr hohem Maße und in hohem Maße*	
Beschäftigte insgesamt	7 %
Stellenprofilgruppe	
Verwaltung	8 %
Bibliotheken	10 %
Technik	4 %
Wissenschaftsmanagement	12 %
Geschlecht	
Weibliche Beschäftigte	7 %
Männliche Beschäftigte	9 %
Bildungsgrad	
Mit Hochschulabschluss	9 %
Ohne Hochschulabschluss	5 %
Vertragsdauer	
Unbefristet	7 %
Befristet	10 %
Beschäftigungsumfang	
Vollzeit	8 %
Teilzeit (< 35 Wochenstunden)	5 %

Quelle: DGB-Hochschulreport, eigene Auswertungen

Insbesondere für die Karriereambitionen von Personen, die nicht über einen Hochschulabschluss verfügen, erweisen sich zudem formale Rahmenbedingungen als Hemmnis; denn zum einen bestehen für die Eingruppierung in bestimmte Entgeltgruppen analog zu den beamtenrechtlichen Laufbahnvoraussetzungen formale Qualifikationsanforderungen und zum anderen beinhalten die tariflichen Regelwerke zur Stellenbewertung teilweise organisationale Vorgaben. Zu Letzteren gehört beispielsweise eine Mindestanzahl unterstellter Mitarbeiter:innen, die an den Hochschulen aufgrund ihrer spezifischen Organisationsstruktur häufig nicht erreicht werden kann. Überdurchschnittliche Leistungen, die in der Privatwirtschaft nicht selten durch eine Beförderung honoriert werden, stellen in diesem Zusammenhang kein Kriterium dar.

5. Gesamteinschätzung

Insgesamt sind Ansätze zur Personalentwicklung für die wissenschaftsunterstützenden Bereiche an den Hochschulen in Deutschland – anders als es mittlerweile in der Wissenschaft der Fall ist, aber ähnlich wie im öffentlichen Dienst insgesamt – unterentwickelt. Es handelt ich hierbei quasi um einen blinden Fleck der Hochschulentwicklung. Um dem Fachkräftemangel begegnen zu können und qualifiziertes Personal zu rekrutieren und vor allem auch längerfristig zu binden, ist ein verstärktes Engagement der Hochschulen – verbunden mit einer stärkeren Aufmerksamkeit seitens der Hochschulpolitik – in diesem Bereich jedoch unverzichtbar. Eine zentrale Bedeutung kommt in diesem Zusammenhang dem Auf- und Ausbau von internen Karrierewegen zu; nicht nur für Führungskräfte, sondern insbesondere auch für Fachkräfte. Zudem könnten Ansätze zur Förderung des Lernens im Prozess der Arbeit sowie die Erweiterung (und teilweise auch Nachjustierung) des bestehenden Weiterbildungsangebots für die Erreichung dieser Ziele hilfreich sein. Dies würde allerdings mit einem nicht unerheblichen Ressourcenaufwand verbunden sein.

Die Feststellung von Weiterbildungsbedarfen und die Reflexion von Weiterbildungserfahrungen könnten unter anderem im Rahmen von Jahresgesprächen zwischen den einzelnen Mitarbeiter:innen und ihren Vorgesetzten erfolgen. In diesem

Rahmen könnte zudem der Versuch unternommen werden, ein stärkeres Bewusstsein für die Notwendigkeit von Anpassungsqualifizierungen zu schaffen; soweit diese eine Reaktion auf veränderte technische Rahmenbedingungen und keine entgeltrelevante Höherqualifizierung darstellen. Um spezifische Qualifizierungsbedarfe decken und entsprechende Kursangebote unterbreiten zu können, die nur wenige Personen betreffen, beispielsweise in den Bereichen Technik und IT oder in Bezug auf spezielle Rechtsfragen, könnten möglicherweise über bereits bestehende informelle Netzwerke zum Erfahrungsaustausch hinausgehende Verbundlösungen in Zusammenarbeit mehrerer Hochschulen entwickelt werden. Zudem könnten auch Freistellungsmöglichkeiten etabliert werden, während derer Mitarbeiter:innen die Gelegenheit erhalten, sich selbstgesteuert das erforderliche Wissen anzueignen – gegebenenfalls in einer für die Verwaltungsarbeit geeigneten Adaption von Qualitätszirkeln, die vor allem in Industriebetrieben bereits seit Langem etabliert sind. Zur Förderung des selbstgesteuerten Lernens könnten außerdem Hilfestellungen in Form von Lerncoachings geeignet sein, die insbesondere auf die Anforderungen und Bedürfnisse von Mitarbeiter:innen mit einer niedrigen formalen Qualifikation und/oder mit bereits länger zurückliegenden Lernerfahrungen ausgerichtet sind. Notwendig erscheint zudem insgesamt die Etablierung von Verfahren und dazugehörigen Kriterien für eine Inwertsetzung informeller Weiterbildungsaktivitäten, beispielsweise im Rahmen der Überprüfung von Stellenbeschreibungen.

Außerdem könnten Hochschulen, die im Rahmen des Engagements in der wissenschaftlichen Weiterbildung entstandenen Erfahrungen mit erwachsenen Lernenden nutzen, um die Angebote der betrieblichen Weiterbildung für wissenschaftsunterstützende Mitarbeiter:innen zielgruppenadäquat weiterzuentwickeln; beispielsweise durch eine Verbreiterung des Einsatzes einer lernförderlichen Didaktik bei der Gestaltung von betrieblichen Weiterbildungsangeboten. In diesem Zusammenhang wäre es auch denkbar, geeignete Programme der wissenschaftlichen Weiterbildung verstärkt für interne Zielgruppen zu öffnen – wie dies bereits punktuell an einzelnen Hochschulen geschieht – und auf diese Weise die individuellen Aussichten auf das Erreichen höher dotierter Beschäftigungspositionen zu verbessern. Eine entscheidende Bedeutung könnte schließlich einer passgenauen Weiterentwicklung bestehender Qualifizierungsangebote (beispielsweise des Verwaltungslehrgangs II) zu einer Art „Tenure-track für die Verwaltung", einer definierten Aufstiegsmöglichkeit für geeignete Mitarbeiter:innen, zukommen, die beispielsweise die Option auf einen Weg von der Entgeltgruppe 6 mindestens zur Entgeltgruppe 9a eröffnet.

Literatur

Die Literaturliste ist auf https://doi.org/10.5281/zenodo.13905590 verfügbar.

Marco Galle[1], Peter Gautschi[2] & Jasmine Steger[3]

Umgang mit Antisemitismen in Lehrveranstaltungen an Hochschulen der Pädagoginnen- und Pädagogen-Bildung

Zusammenfassung

Diskriminierungen wie Antisemitismen oder Rassismen sind ein gesellschaftliches Problem, auf welches auch Hochschulen stärker reagieren sollen. Es wird aufgezeigt, wie Dozierende in Lehrveranstaltungen mit diesen sensiblen Themen umgehen. Mit einer Fragebogenbefragung ($n = 24$ Dozierende) und Einzelinterviews ($n = 10$) werden Merkmale der Dozierenden und Studierenden sowie Aspekte der didaktischen Gestaltung von Lehrveranstaltungen eruiert. Die Ergebnisse werden hinsichtlich der Weiterentwicklung von Hochschulen diskutiert und es werden abschließend vier Thesen für die Curriculumentwicklung formuliert.

Schlüsselwörter

Lehrpersonenbildung, Professionalisierung, gruppenbezogene Menschenfeindlichkeit, Lehrkräftebildung, Pädagogische Hochschule, Antisemitimus

---

1   Corresponding author; Pädagogische Hochschule Luzern; marco.galle@phlu.ch; https://www.phlu.ch/marco-galle.html; ORCID 0000-0002-7623-8600
2   Pädagogische Hochschule Luzern; peter.gautschi@phlu.ch; https://www.phlu.ch/peter-gautschi.html; ORCID 0009-0006-7196-4749
3   Pädagogische Hochschule Luzern; jasmine.steger@phlu.ch; https://www.phlu.ch/jasmine-steger.html; ORCID 0009-0008-9753-1903

https://doi.org/10.21240/zfhe/19-4/08

Dealing with antisemitism in courses at universities of teacher education

Abstract

Discrimination, such as antisemitism or racism, is a social issue that universities should respond to more actively. This paper examines how lecturers handle these sensitive topics in their courses. Using a questionnaire survey ($n = 24$ lecturers) and individual interviews ($n = 10$), this study investigates characteristics of the lecturers and student teachers, as well as aspects of the courses' teaching design. The results are discussed with regard to the further development of universities, and the paper concludes with four theses for curriculum development.

Keywords

teacher education, professionalisation, group-related misanthropy, antisemitism

1 Prävention von Antisemitismen durch Pädagoginnen- und Pädagogen-Bildung

Antisemitismen, Rassismen und andere Formen von Diskriminierung sind ein gravierendes gesellschaftliches Problem (Benz, 2005). Anfeindungen gegen jüdische Vertreter:innen, Institutionen oder Einrichtungen werden fast täglich gemeldet und nehmen zu (Antisemitismus-Meldestelle, 2022). Hochschulen sind in zweierlei Hinsicht gefordert: Zum einen gibt es – insbesondere seit dem Terrorüberfall der Hamas am 7. Oktober 2023 und dem darauffolgenden Krieg um Gaza – vermehrt antisemitische Vorfälle auch an Hochschulen. Zum anderen sind Hochschulen aufgerufen, einen substanziellen Beitrag zur Lösung des Problems zu leisten (Sigel, 2020; Kumar et al., 2022).

Studien zum Umgang mit Antisemitismus in der Pädagog:innen-Bildung sind rar. Gläser et al. (2021) schlagen vor, Antisemitismus mit Rassismus und historischen Perspektiven auf die Shoah zu verknüpfen, und betonen die Notwendigkeit internationaler Netzwerke zwischen Universitäten und zivilgesellschaftlichen Akteur:innen. Schwarz-Friesel und Friesel (2021) beleuchten, wie Antisemitismus von Dozierenden in Form von Anti-Israelismus oder Anti-Zionismus getarnt wird. Sie diskutieren die gefährliche Akzeptanz dieser „versteckten" antisemitischen Haltungen und plädieren, sich auch mit modernen Formen von Antisemitismen zu befassen. Vernikoff et al. (2022) können aufzeigen, dass Dozierende Antisemitismen oft nicht adressieren, weil es Unsicherheiten über die Definition von Jüdinnen und Juden gibt und das Thema Antisemitismus sehr komplex ist. Zembylas (2012) argumentiert, dass Lehrveranstaltungen zu diesem Thema emotionale Widerstände hervorrufen können. Mit einer sogenannten strategischen Empathie sollen emotionale Widerstände begegnet und überwunden werden. Muller (2024) analysiert die Reaktionen von Studierenden auf eine Lehrveranstaltung, in welcher die Leben von Anne Frank und Emmett Till behandelt wurden, um Rassismen und Antisemitismen mit Schulklassen zu thematisieren und zu bekämpfen. Er betont bei der didaktischen Unterrichtsgestaltung die Bedeutung von Geschichten, kritischem Denken und dem Dialog über diese Themen.

Eine für österreichische Hochschulen bedeutsame politische Initiative war die „Nationale Strategie gegen Antisemitismus" mit dem Ziel, „Antisemitismus in allen seinen Formen einzudämmen und Bewusstsein für das Erkennen von alltäglichem Antisemitismus zu schaffen" (Bundeskanzleramt, 2021, S. 47). Bildung, Ausbildung und Forschung bilden darin eine der sechs strategischen Säulen. Folgerichtig wurde im August 2022 das Strategiepapier „Prävention von Antisemitismen durch Bildung" (Rosenfeld et al., 2022) veröffentlicht. Empfohlen werden darin unter anderem ein dreigliedriges Bildungsangebot für alle Lehramtsstudierenden gegen Antisemitismen, die Entwicklung berufsethischer Standards sowie die Überprüfung und Überarbeitung von Curricula in Richtung antisemitismuskritischer Bildung.

Eine erste quantitative Dokumentenanalyse von Curricula aller Hochschulen der Pädagoginnen- und Pädagogen-Bildung in Österreich hinsichtlich des Umgangs mit Antisemitismen zeigte, dass der Begriff „Antisemitismus" kein einziges Mal gefunden wurde (Galle et al., 2023). Was die Studie mit den eingesetzten Methoden nicht beantworten konnte, war, ob und wie Inhalte aus den Curricula und Modulplänen in den Veranstaltungen tatsächlich umgesetzt und bearbeitet werden.

2 Einflussfaktoren bei der Gestaltung von Lernangeboten

Dozierende verfügen über Freiheiten in der didaktischen Ausgestaltung ihrer Lehrveranstaltungen (z. B. thematische Schwerpunkte, Lehr- und Lernformen). Allerdings existieren diverse Faktoren, die die didaktischen Entscheidungen der Dozierenden beeinflussen. Diese sind in einem Angebots-Nutzungs-Modell systematisch zusammengefasst (Abb. 1). Ausgehend von einer pädagogisch-psychologischen Perspektive findet in Lehrveranstaltungen eine Ko-Konstruktion von Angebotsgestaltung und der Nutzung des Lernangebots statt (Reusser & Fraefel, 2017). Ziel ist es, beruflich relevante Kompetenzen zu fördern: motivationale Orientierungen, Überzeugungen, Werthaltungen und selbstregulative Fähigkeiten, ebenso Professionswissen, pädagogisch-psychologisches Wissen, Fachwissen, fachdidaktisches Wissen sowie Beratungs- und Organisationswissen (Baumert & Kunter, 2006).

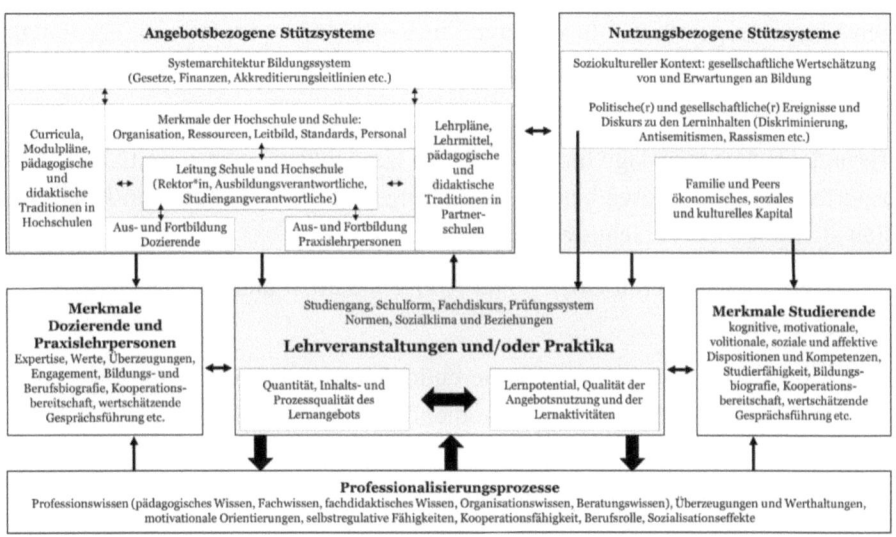

Abb. 1: Systemisches Angebots-Nutzungs-Modell von Lehrpersonenbildung (siehe Galle et al., 2023, S. 591; angelehnt an: Baumert & Kunter, 2006; Fend, 2008; Hascher & Kittinger, 2014; Helmke & Schrader, 2010; Reusser & Pauli, 2010)

Bei der Planung und Durchführung von Lehrveranstaltungen sind individuelle Merkmale der Dozierenden relevant, wie die fachliche Expertise, persönliche Werte und Überzeugungen etc. Ebenso spielen individuelle Merkmale der Studierenden eine Rolle, etwa welches Vorwissen diese haben. Curricula und Modulpläne sind Steuerungsinstrumente vonseiten der Hochschule (Künzli et al., 2012). Sie geben den Dozierenden den groben thematischen Rahmen für ihre Lehrveranstaltungen und bestimmen die zu erwerbenden Kompetenzen und die verfügbare Zeit. Auch pädagogische und didaktische Traditionen in der Hochschule und der Dozierendenteams können die Gestaltung von Lehrveranstaltungen beeinflussen. Auf Systemebene werden die Lehr-Lern-Prozesse sowohl von der Systemarchitektur des Bildungssystems (z. B. Gliederung in Schulstufen und Ausbildungsphasen) als auch von gesetzlichen Vorgaben gerahmt. Ein weiterer Einflussfaktor ist im Bereich der nutzungsbezogenen Stützsystemen verortet: der gesellschaftliche Diskurs über Bildung sowie aktuelle nationale und internationale Geschehnisse.

Aufgrund der Ausgangslage hinsichtlich des Umgangs mit Antisemitismen und der skizzierten Einflussfaktoren bei der Gestaltung von Lernangeboten an Hochschulen stellen sich folgende Forschungsfragen:[4]

1. Inwiefern thematisieren Dozierende Antisemitismen und Rassismen in Lehrveranstaltungen?

2. Wie schätzen Dozierende ihre Studierenden hinsichtlich der Bereitschaft, sich mit Antisemitismen und Rassismen auseinanderzusetzen, ein?

3. Wie gestalten Dozierende Lehrveranstaltungen zu den Themen Antisemitismen und Rassismen?

3   Projekt und methodisches Vorgehen

Dieses Projekt (2022–2024), finanziert durch den Qualitätssicherungsrat Österreich und mit Eigenmitteln der Pädagogischen Hochschule Luzern, hat zum Ziel, die Lehre der österreichischen Pädagog:innen-Bildung hinsichtlich der Themen Antisemitismen und Rassismen zu untersuchen. In einer ersten Phase wurde eine Curriculum-

---

4   Konzepte zu Antisemitismen weisen Überschneidungen zu anderen „Ideologien der Ungleichwertigkeit" (Rosenfeld et al., 2022, S. 7) auf, wie etwa zu Rassismen. Deswegen wurden in dieser Studie beide Konzepte erfragt.

analyse aller Hochschulen, die Lehrpersonen ausbilden, hinsichtlich des Vorkommens von Termini, die mit Antisemitismen, Rassismen und Diskriminierung in Zusammenhang stehen könnten, analysiert (Galle et al., 2023). Aufgrund dieser Analysen wurden 88 Module identifiziert. Die entsprechenden Hochschulen übermittelten die Namen von insgesamt 64 Dozierenden, welche diese identifizierten Module zwischen 2021 und 2023 unterrichteten.

Für die Studie wurde ein sequenzielles Mixed-Methods-Design gewählt (Creswell & Plano Clark, 2018): Zuerst wurden die 64 Dozierenden mit einem Fragebogen eingeladen, Stellung zu nehmen, und auf die Fragebogenergebnisse aufbauend folgten Leitfadeninterviews mit zehn Dozierenden.

26 Dozierende beantworteten den Fragebogen (Rücklauf = 40 %). Sie sind durchschnittlich 48.83 Jahre alt (SD = 9.58 Jahre) und haben 11.08 Jahre Berufserfahrung als Dozent:in (SD = 8.20 Jahre). 38.5 % von ihnen sind weiblich. Es wurden den Dozierenden geschlossene Fragen zu sechs Bereichen gestellt: *erstens* zur motivationalen Orientierung der Studierenden, sich mit Antisemitismen auseinanderzusetzen, *zweitens* zur Frage, wie häufig sie in den letzten zwei Jahren zu jüdischen Studierenden und zu Studierenden mit antisemitischen oder diskriminierenden Haltungen gegenüber Minderheiten Kontakt hatten. *Drittens* schätzten die Dozierenden ein, warum sie Antisemitismen in ihren Lehrveranstaltungen thematisieren. Das *vierte* Instrument erfasste die Möglichkeiten, Antisemitismen in Lehrveranstaltungen zu bearbeiten. *Fünftens* gaben die Dozierenden an, wann sie Antisemitismen in ihren Lehrveranstaltungen besprechen. Im *letzten Instrument* wurden die Dozierenden gefragt, welche professionelle Entwicklung bei den Studierenden angeregt wird, wenn sie Antisemitismen in Lehrveranstaltungen bearbeiten. Bei fünf von sechs Instrumenten wurde eine sechsstufige Likert-Skala eingesetzt, je höher der Wert, desto stärker die Zustimmung. Beim zweiten Instrument war das Antwortformat vierstufig: von gar nicht (Wert = 1) bis sehr häufig (4).[5] Zudem konnten die Dozierenden

---

5 Ein vierstufiges Antwortformat wurde gewählt, da Dozierende eher selten Kontakt mit Studierenden haben und damit weitere Antwortoptionen die Beantwortung erschweren würden.

ein zusätzliches Antwortfeld „keine Antwort möglich" ankreuzen. Die Daten wurden mit deskriptiven Statistiken in SPSS ausgewertet (Field, 2018). Diese Analysen dienten einerseits zur Deskription der Lehrpraxis und andererseits zur Vorbereitung der Leitfadeninterviews.

In Teilstudie 2 wurden diejenigen Dozierenden, welche gemäß Fragebogen am häufigsten diese Themen unterrichteten, zu teilstrukturierten Leitfadeninterviews (Helfferich, 2014) eingeladen. Ziel war es, vertieftere Einblicke in die Rahmenbedingungen und Lehrpraxis zu erhalten. Das Interview wurde wie folgt begonnen: „Im Fragebogen haben Sie uns mitgeteilt, dass Sie ‚Umgang mit Ausgrenzung und Diskriminierung wie Antisemitismus und Rassismen' in folgenden Lehrveranstaltungen thematisiert haben: [Lehrveranstaltungen aufzählen]. Erzählen Sie mir bitte, was Sie dort konkret gemacht haben, was Ihnen besonders gut gelungen ist und wo es Herausforderungen gab." Nachfragen bezogen sich auf die curriculare und organisationale Einbettung der Lehrveranstaltung(en) in das Hochschulcurriculum, die Konzeption, Planung sowie Durchführung der Lehrveranstaltung(en), den Transfer in andere Lehrveranstaltungen oder/und Hochschulen sowie Gelingensbedingungen und Herausforderungen. Die Interviews wurden online geführt, aufgezeichnet und mittels noScribe (Dröge, 2023) transkribiert. Nach der Kontrolle der Transkripte wurden diese mit einer strukturierenden qualitativen Inhaltsanalyse in MAXQDA ausgewertet (Kuckartz & Rädiker, 2022).

Eine Prüfung der Intercoder-Übereinstimmung ergab einen zufriedenstellenden Wert von 71.68 % (Cohens Kappa = .70). Nicht-Übereinstimmungen kamen zustande, wenn etwa Begrifflichkeiten nicht eindeutig verwendet wurden, zum Beispiel bezeichnete eine interviewte Person sowohl die Lehrpersonen in ihrer Fortbildungsveranstaltung als Kolleg:innen wie auch in ihrer Schule, in der sie tätig war. Letzteres gehörte nicht zur Analyseeinheit. Die Aussagen wurden für die Ergebnisdarstellung pro Kategorie paraphrasiert und verdichtet.

4 Ergebnisse

Bei den folgenden Ergebnissen zu den beiden Teilstudien wird der Fokus auf Lehre zu Antisemitismen gelegt.

4.1 Teilstudie 1: Fragebogen

Merkmale Studierende: Die Dozierenden schätzen ihre Studierenden als motiviert ein, sich mit den Themen Antisemitismen ($M = 4.32$; $SD = 1.16$; $n = 18$; Cronbachs $\alpha = .81$) auseinanderzusetzen. Bei der Zusammensetzung der Studierenden berichten die Dozierenden, dass sie selten Jüdinnen und Juden in ihren Veranstaltungen haben ($M = 2.13$; $SD = 0.89$; $n = 16$) und gar nicht bis selten Studierende mit israelischer Staatsbürgerschaft ($M = 1.76$; $SD = 0.75$; $n = 17$). Mit Studierenden mit antisemitischen ($M = 1.40$; $SD = 0.65$; $n = 25$) oder diskriminierenden Einstellungen und Haltungen gegenüber Minderheiten ($M = 1.71$; $SD = 0.75$; $n = 24$) haben die Dozierenden selten bis gar keinen Kontakt.

Merkmale Dozierende: Die Dozierenden geben an, dass sie das Thema Antisemitismen in Lehrveranstaltungen bearbeiten, weil es ihnen persönlich sehr wichtig ist ($M = 5.52$; $SD = 0.51$; $n = 23$) und es aktuelle gesellschaftliche Anlässe dazu gibt (z. B. antisemitische Äußerungen von Politiker:innen, Gedenktage) ($M = 4.61$; $SD = 0.78$; $n = 23$). Obwohl Antisemitismen in den untersuchten Curricula als Wort nicht vorkommt, erfährt die Aussage „weil es vom Hochschulcurriculum (z. B: Modulbeschreibungen) vorgegeben ist" eine mittlere Zustimmung ($M = 3.48$; $SD = 1.68$; $n = 23$). Die tiefsten Zustimmungswerte zeigen sich bei „weil es die Studierenden vorschlagen" ($M = 2.96$; $SD = 1.19$; $n = 23$) und bei „weil es aktuelle Anlässe in der Lehrveranstaltung gibt, z. B. Äußerungen von Studierenden" ($M = 2.55$; $SD = 1.47$; $n = 22$).

Lehrveranstaltung: Die Dozierenden schätzen die Möglichkeit, Antisemitismen in Lehrveranstaltungen zu thematisieren, sich intensiv mit Studierenden darüber auszutauschen und mit anderen Diskriminierungsformen zu verknüpfen, als hoch ein ($M = 4.49$; $SD = 0.91$; $n = 25$; Cronbachs $\alpha = .89$). Sie thematisieren Antisemitismen in Lehrveranstaltungen, wenn das Thema Holocaust / Shoah (M = 5.10; SD = 1.26; n = 21), Nationalsozialismus (M = 4.79; SD = 1.51; n = 19) oder Judentum (M = 4.63; SD = 1.57; n = 19) behandelt wird. Aber auch Berichterstattungen in den öffentlichen Medien (z. B. Antisemitismusbericht) geben Anlass, Antisemitismen zu besprechen (M = 4.17; SD = 1.23; n = 23).

Professionalisierungsprozesse: Die Auseinandersetzung mit dem Thema Antisemitismen, so die Dozierenden, fördere folgende Aspekte professioneller Kompetenzen der Lehramtsstudierenden:

- Stärkung des Berufsethos hinsichtlich eines sensiblen Umgangs mit der kulturellen Vielfalt der Kinder (M = 5.10; SD = 0.77; n = 21),

- Sensibilisierung für diskriminierende Praktiken auch in anderen gesellschaftlichen Bereichen (z. B. Diskriminierung aufgrund des Geschlechts) (M = 5.05; SD = 0.74; n = 21),

- Erarbeitung von menschengerechten Haltungen und Überzeugungen (M = 5.00; SD = 0.69; n = 22),

- Erwerb von berufsbezogenen Handlungsstrategien für Prävention von Antisemitismen in Schulen (M = 4.95; SD = 0.72; n = 22),

- Erwerb von Fachwissen (deklaratives Wissen) über die Hintergründe von Antisemitismen (M = 4.91; SD = 0.87; n = 22),

- offene Haltung gegenüber Heterogenität im Klassenzimmer (M = 4.85; SD = 0.93; n = 20) und

- Erwerb von berufsbezogenen Handlungsstrategien, um bei antisemitischen Äußerungen reagieren zu können (M = 4.78; SD = 0.80; n = 23).

4.2 Teilstudie 2: Interviews

Gesetzliche und curriculare Rahmung: Das Curriculum gibt den Rahmen (grobe thematische Eingrenzung, Zeit und Ressourcen, ECTS, Pflicht- oder Wahlpflicht) vor und ist den Dozierenden bekannt, aber eher wenig handlungsleitend für die konkrete Planung der Lehrveranstaltungen: „Es ist lange her, dass ich mir das Curriculum angeschaut habe. Ob Antisemitismus tatsächlich als Schlagwort vorkommt, weiß ich jetzt gar nicht" (I03). Die Lehrfreiheit der Dozierenden (Hochschulgesetz, 2005, §40, Abs. 1) ermöglicht es, diese Themen in Lehrveranstaltungen einzubauen.

Die Dozierenden thematisieren Antisemitismen in verschiedenen Lehrveranstaltungen: Politische Bildung, Theologie/Religion(spädagogik), Holocaust Education, Geschichte, berufspraktische Begleitseminare, Englisch/amerikanische Kultur. Zudem werden Antisemitismen in Zusammenhang mit weiteren Formen gruppenbezogener Menschenfeindlichkeit besprochen (Rassismen, Sexismen etc.).

Sechs der zehn interviewten Dozierenden beschreiben Lehrveranstaltungen, in denen sie hauptsächlich Antisemitismen und/oder Rassismen bearbeiten können. Wiederum sechs Dozierende schildern ein punktuelles Auftreten der Themen in ihren Lehrveranstaltungen: „Ich betone noch einmal, dass Diskriminierung [...] ein Teilaspekt [ist]" (I01). Zusätzlich beschreiben fünf Dozierende Lerngelegenheiten zu diesen Themen in Fortbildungen, an Tagungen oder auch Podiumsdiskussionen, bei denen Studierende nicht primäre Zielgruppe sind. Ein:e Dozent:in erläutert Möglichkeiten der Auseinandersetzung mit diesen Themen im Rahmen von Bachelor- und Masterarbeiten.

Zusätzlich wird beschrieben, wie die Themen geplant und in die Lehrveranstaltungen eingebaut werden. Es gibt auch ungeplante Situationen, bei denen Dozierende gefordert sind, beispielsweise auf kritische Äußerungen der Studierenden zu reagieren.

Merkmale Studierende: Die Dozierenden beschreiben ihre Studierenden grundsätzlich als engagiert und offen für die Themen Antisemitismen und Rassismen, und sie setzen sich mit eigenen Sichtweisen kritisch auseinander. Zur Planung und Umsetzung der Lehrveranstaltungen wird berichtet, dass die Dozierenden die persönliche Betroffenheit mitberücksichtigen, wenn etwa betroffene Studierende in der Veranstaltung selbst teilnehmen oder wenn latente antisemitische und/oder rassistische Haltungen aufgedeckt werden.

Merkmale Dozierende: Die Thematisierung von Antisemitismen und Rassismen hängt von den Interessen und Haltungen der Dozierenden ab. Aufgrund der oben erwähnten Lehrfreiheit können sie eigene Schwerpunkte setzen: „Nicht alle Kolleginnen haben dort ihre Präferenz" (I06). Die befragten Dozierenden sind sehr motiviert und beschreiben ihr großes Engagement bei diesen Themen. Zusätzlich ist es für die Dozierenden bedeutsam, über Strategien zu verfügen, um antisemitische und rassistische Äußerungen zu erkennen und angemessen darauf zu reagieren. Diesbezügliche Handlungskompetenzen sind etwa eine argumentative Richtigstellung von Falschaussagen, immer auf diskriminierende Äußerungen und Falschinformationen einzugehen sowie einen Perspektivenwechsel anzuregen: „Ich frage mich, wie das für eine Person wäre, die [sich] von diesem […] diskriminierenden […] Bild […] betroffen fühlt?" (I09). Weiterhin wird erwähnt, dass antisemitische Äußerungen kontextualisiert werden sollten: „dass das eine antisemitische [Äußerung] ist und wie das entstanden ist und warum Leute sagen, dass das eine antisemitische Tendenz hat" (I09) und dass Dozierende auch Nachfragen stellen, warum Studierende zu bestimmten Überzeugungen gekommen sind.

Zusätzlich wird eine kritische Haltung der Dozierenden gegenüber eigenen Überzeugungen und Werten genannt. In Lehrveranstaltungen kann es vorkommen, dass von den Dozierenden eigene latente diskriminierende Gedanken aufgedeckt und bearbeitet werden. Somit kann Lehre zu diesem Thema auch immer als ein Teil eigener beruflicher Entwicklung verstanden werden.

Was sollen Studierende in den Lehrveranstaltungen lernen?

Während die Dozierenden die Vermittlung von Fachwissen und fachdidaktischem Wissen nur wenig ansprechen, wird die Arbeit mit Überzeugungen und Werthaltungen als bedeutsam erachtet: „Sachkompetenz […] ist insofern nachrangig, weil das alles verhältnismäßig wenig bringt, wenn die Meinung bestehen bleibt" (I02). Ziel ist es, eine „Offenheit in der Begegnung [zu schaffen], dieses Umgehen auf Augenhöhe, mit Blick auf die Menschenrechte, Respekt und Würde" (I10). Ein weiterer Aspekt, welcher sowohl das Fachwissen als auch fachdidaktisches und pädagogisch-psychologisches Wissen subsumiert, sind die Vermittlung eines *Argumentariums* und von *Handlungsstrategien*, um auf antisemitische und rassistische Äußerungen oder Vorfälle reagieren zu können: „Wir überlegen dann, wie kann man Menschen erklären, warum es nicht richtig ist, diese [NS] Symbolik zu verwenden" (I04).

Welche didaktischen Mittel setzen die Dozierenden in den Lehrveranstaltungen ein?

Bereits oben wurde der *Perspektivenwechsel* bezogen auf den Umgang mit antisemitischen und rassistischen Äußerungen von Studierenden angesprochen. Diesen setzen Dozierende auch gezielt als didaktisches Mittel ein: „Versuchen [Sie] sich in jemanden [hinein]zuversetzen. [...] Ich bin kein Jude, aber versuchen Sie es mal mit jüdischen Augen zu sehen, wie da geredet wird" (I01).

Auch *persönliche Beispiele* der Dozierenden werden vorgetragen, um etwa Berührungsängste mit dem Thema abzubauen und eine offene Lernatmosphäre zu schaffen. Ebenso sprechen sich einige Dozierende dafür aus, Emotionen der Studierenden direkt zu artikulieren und mit ihnen zu arbeiten. Jedoch wird ein solcher Zugang von einer Person nicht geteilt, welche sich explizit gegen eine persönliche Annäherung zu dem Thema und eine Emotionalisierung ausspricht, und für eine *intellektuelle Auseinandersetzung* plädiert. Diese kann etwa durch provokante Statements aus der Politik oder durch die Diskussion von Thesen oder von Texten erfolgen.

Ein weiterer didaktischer Zugang sind *Materialien, Gegenstände oder Orte* „sprechen [zu] lassen" (I07), wie etwa Museen, Erinnerungsorte, Gedenkstätten, religiöse Einrichtungen, markante Gegenstände (z. B. rassistisches Kinderbuch). Auch *gedruckte und animierte Medien* werden als didaktische Mittel eingesetzt. Ebenso werden Möglichkeiten geschaffen, sich *mit Menschen auszutauschen* (Zeitzeugen, Person einer religiösen Gemeinschaft, Betroffene antisemitischer und rassistischer Vorfälle etc.).

Des Weiteren wird mit den *(Unterrichts)Erfahrungen der Studierenden* gearbeitet, welche sie vor allem in bisherigen Tätigkeiten als Lehrpersonen gesammelt haben. „Sie probieren […] Methoden aus […] und melden dann zurück: ,Es hat so und so funktioniert.' […] Das besprechen wir" (I04).

Zentral bei all diesen didaktischen Zugängen ist der Diskurs in der Gruppe. Dieser soll in einem *vertrauensvollen Klima* stattfinden: „Ich versuche vorher immer den Raum so zu sichern, also im Sinne von, es ist ein sicherer Raum" (I03). Es geht darum, dass Studierende ihre Gedanken frei äußern können, allerdings im Rahmen der Menschrechte: „Ich [zeige] […] Grenzen, […] wenn Dinge gesagt werden, die den Menschenrechten widersprechen" (I03).

Herausforderungen: Zum einen werden die knappen Zeitressourcen erwähnt. Insbesondere bei den Lehrveranstaltungen, bei denen Antisemitismen und Rassismen neben weiteren Diskriminierungsformen behandelt werden, bleibt für eine vertiefte Auseinandersetzung keine Zeit. Zum anderen wird bei Diskussionen mit Studierenden geäußert, dass es für Dozierende schwierig sei, einen produktiven Umgang mit gefestigten Erfahrungstatsachen zu finden und mit tief verankerten diskriminierenden Überzeugungen und Werthaltungen zu arbeiten. Dies erschwert einen reflexiven Zugang zu diesem Thema.

5 Zusammenfassung und Diskussion

Die Pädagog:innen-Bildung ist gesellschaftlich und gesetzlich gefordert, den Umgang mit Antisemitismen und weiteren Formen von Diskriminierung in der Lehre fest zu verankern. Die Curriculumanalyse (Galle et al., 2023) hat gezeigt, dass der Begriff Antisemitismus nicht in den Dokumenten genannt wird. Dagegen zeigen die Ergebnisse dieser Studie, dass es Dozierende gibt, die diese Themen aus eigener Motivation heraus und mit hoher Expertise bearbeiten. Curriculare Vorgaben scheinen selten leitend zu sein, dafür Aussagen der Studierenden, tagespolitische Themen oder Hinweise von Arbeitskolleg:innen. Diese Ergebnisse zeigen, dass es den Dozierenden möglich ist, agil und schnell auf gesellschaftliche Veränderungen und Vorfälle zu reagieren.

Die Dozierenden schätzen ihre Studierenden als engagiert und motiviert ein, wobei es herausfordernd ist, wenn sie stark gefestigte Überzeugungen und Werthaltungen vertreten und nicht gewillt sind, diese zu reflektieren. Diese Gespräche über sensible Themen sind hochdynamisch und somit ein spannendes Forschungsfeld. Empirische Arbeiten zu Gesprächen mit meist jungen Erwachsenen in der Ausbildungs- respektive Bewertungssituation fehlen noch; Anregungen diesbezüglich lassen sich aus dem Schulunterricht beziehen (z. B. Bernstein, 2020).

In der didaktischen Gestaltung und der Bearbeitung der Lerninhalte zeigen sich verschiedene Zugänge. Allerdings grenzen die knappen zeitlichen Ressourcen den Handlungsspielraum ein. Bei den Lerninhalten fällt mit Bezug auf das Kompetenzmodell von Baumert und Kunter (2006) auf, dass Interviewaussagen zum außerunterrichtlichen Bereich, welche im Modell unter Organisationswissen und Beratungswissen zu verorten sind, selten bis gar nicht angesprochen wurden.

Das für dieses Projekt entwickelte Angebots-Nutzungs-Modell (Abb. 1) hat sich als Rahmenmodell für die Studie bewährt. Es leistet unter anderem einen Beitrag für die Klärung von Einflussfaktoren auf die Gestaltung von Lernangeboten. Ebenso erwies sich der methodische Zugang als ertragreich, ausgehend von einer Curriculumanalyse für das Thema bedeutsame Dozierende zu identifizieren und diese mit Fragebogen und Interviews zu befragen. Der abschließend geplante Workshop dient einerseits zur kommunikativen Validierung der Erkenntnisse und andererseits zur forschungsorientierten Entwicklung von Handlungsempfehlungen zur Curriculumsrevision.

Die Datenerhebungen fanden vor dem Terrorangriff der Hamas am 7. Oktober 2023 statt. Nach diesen Ereignissen wurde ein Anstieg antisemitischer Vorfälle gemeldet (Israelitische Kultusgemeinde Wien, 2023). Es ist zu vermuten, dass die Ereignisse auch einen Effekt auf die Bedeutsamkeitszuschreibung dieses Themas und der Teilnahmeaktivitäten gehabt hätten. Möglicherweise hätten die Dozierenden auch vermehrt von antisemitischen und/oder rassistischen Äußerungen der Studierenden erfahren, weil diese Ereignisse öffentlich intensiv diskutiert wurden und auch die Sensibilität für das Thema gestiegen zu sein scheint. Ob dies der Fall ist, wird der geplante Workshop zeigen. Dabei werden unter anderem folgende Thesen und Fragen diskutiert:

- Für den Umgang mit Antisemitismen an Hochschulen scheint entscheidend, eine wertschätzende und vertrauensvolle Lernatmosphäre zu schaffen, in der Studierende sensible Themen diskutieren können. Wie kann dies gelingen?

- Dozierende müssen bei Diskussionen mit Studierenden zu diesen sensiblen Themen einen eindeutigen Rahmen setzen, der die Meinungsfreiheit innerhalb der gesetzlichen Vorgaben und der Verfassung respektiert. Was liegt innerhalb und was außerhalb dieses Rahmens?

- Dozierende müssen bei antisemitischen und rassistischen Äußerungen immer reagieren. Aber wie genau? Und wann muss der safe space der Lehrveranstaltung geöffnet und zum Beispiel die Leitungsebene informiert werden?

Zum Umgang mit Antisemitismen an Hochschulen gibt es mittlerweile eine Reihe von Handlungsempfehlungen (z. B. Kumar et al., 2022). Diese adressieren jedoch eher die institutionelle und strukturelle Ebene. Die großen Herausforderungen scheinen auf Ebene der Lehrveranstaltungen zu sein. Curriculare Festlegungen können helfen, diese Herausforderungen in den Blick zu nehmen, aber bewältigen können sie nur die direkt Beteiligten – also Dozierende und Studierende.

Literaturverzeichnis

Antisemitismus-Meldestelle. (2022). *Antisemitische Vorfälle 2021 in Österreich*. Israelitische Kultusgemeinde Wien.

Baumert, J., & Kunter, M. (2006). Stichwort: Professionelle Kompetenz von Lehrkräften. *Zeitschrift für Erziehungswissenschaft, 9*(4), 469–520.

Benz, W. (2005). *Was ist Antisemitismus?* 2. Aufl. Beck.

Bernstein, J. (2020). *Antisemitismus an Schulen in Deutschland: Befunde – Analysen – Handlungsoptionen*. Beltz Juventa.

Bundeskanzleramt. (2021). *Nationale Strategie gegen Antisemitismus. Strategie der Republik Österreich zur Verhütung und Bekämpfung aller Formen von Antisemitismus*.

Creswell, J. W., & Plano Clark, V. L. (2018). *Designing and conducting mixed methods research*. 3. Aufl. SAGE.

Dröge, K. (2023). *noScribe. Cutting edge AI technology for automated audio transcription*. https://github.com/kaixxx/noScribe

Fend, H. (2008). *Schule gestalten. Systemsteuerung, Schulentwicklung und Unterrichtsqualität*. Verlag für Sozialwissenschaften.

Field, A. (2018). *Discovering statistics using IBM SPSS statistics*. 5. Aufl. SAGE.

Galle, M., Gautschi, P., & Steger, J. (2023). Prävention von Antisemitismen durch Pädagoginnen- und -Pädagogen-Bildung. In A. Schnider, M.-L. Braunsteiner, I. Brunner, C. Hansen, B. Schober & C. Spiel (Hrsg.), *PädagogInnenbildung* (S. 586–660). Be+Be-Verlag.

Gläser, G., Hentges, G., & Meier, M. (2021). Implementing antisemitism studies in German teacher education. *Journal of Social Science Education, 20*(3), 75–101.

Israelitische Kultusgemeinde Wien. (2023). Antisemitismus-Meldestelle: Signifikante Zunahme antisemitischer Vorfälle in Österreich seit Hamas-Massaker. *OTS.at*.

Hascher, T., & Kittinger, C. (2014). Learning processes in student teaching: Analyses from a study using learning diaries. In K.-H. Arnold, A. Gröschner & T. Hascher (Hrsg.), *Schulpraktika in der Lehrerbildung* (S. 221–235). Waxmann.

Helfferich, C. (2014). Leitfaden- und Experteninterviews. In N. Baur & J. Blasius (Hrsg.), *Handbuch Methoden der empirischen Sozialforschung* (S. 559–575). Springer.

Helmke, A., & Schrader, F.-W. (2010). Hochschuldidaktik. In D. H. Rost (Hrsg.), *Handwörterbuch Pädagogische Psychologie* (S. 273–279). 4. Aufl. Beltz.

Hochschulgesetz 2005, 72/02 Studienrecht allgemein (2005). https://www.ris.bka.gv.at/NormDokument.wxe?Abfrage=Bundesnormen&Gesetzesnummer=20004626&FassungVom=2023-04-12&Artikel=&Paragraf=40&Anlage=&Uebergangsrecht=&ShowPrintPreview=True

Kuckartz, U., & Rädiker, S. (2022). *Qualitative Inhaltsanalyse*. 5. Aufl. Beltz Juventa.

Kumar, V., Dreier, W., Gautschi, P., Riedweg, N., Sauer, L., & Sigel, R. (2022). Antisemitismen. Sondierungen im Bildungsbereich. Ausgangslage und Vorgehen. In V. Kumar, W. Dreier, P. Gautschi, N. Riedweg, L. Sauer & R. Sigel (Hrsg.), *Antisemitismen – Sondierungen im Bildungsbereich* (S. 8–31). Wochenschau Verlag.

Künzli, R., Messner, H., & Tremp, P. (2012). Die curriculare Transformation der Lehrerinnen- und Lehrerbildung in der Schweiz. *Beiträge zur Lehrerbildung, 30*(1), 62–80.

Muller, M. (2024). Anne and Emmett: University education students' reactions to a course in countering racism and antisemitism in the classroom. *Journal of Curriculum and Pedagogy*, *21*(1), 109–130.

Reusser, K., & Fraefel, U. (2017). Die Berufspraktischen Studien neu denken. In U. Fraefel & A. Seel (Hrsg.), *Konzeptionelle Perspektiven Schulpraktischer Studien* (S. 11–40). Waxmann.

Reusser, K., & Pauli, C. (2010). Unterrichtsgestaltung und Unterrichtsqualität. In K. Reusser, C. Pauli & M. Waldis (Hrsg.), *Unterrichtsgestaltung und Unterrichtsqualität* (S. 9–32). Waxmann.

Rosenfeld, J., Schmid-Heher, S., & Wiegemann, R. (2022). *Prävention von Antisemitismus durch Bildung. Empfehlungen zur Umsetzung der Nationalen Strategie gegen Antisemitismus für die österreichische Bildungsverwaltung und Einrichtungen der Lehrpersonenbildung*. OeAD.

Schwarz-Friesel, M., & Friesel, E. (2021). "To make the world a better place": Giving moral advice to the Jewish State as a manifestation of self-legitimized antisemitism among leftist intellectuals. In A. Lange, K. Mayerhofer, D. Porat & L. H. Schiffman (Hrsg.), *Confronting antisemitism from perspectives of philosophy and social sciences* (S. 105–124). De Gruyter.

Sigel, R. (2020). Zur Auseinandersetzung mit Antisemitismus in der schulischen Bildung. *Bayerische Zeitschrift für Politik und Geschichte, 1,* 33–41.

Vernikoff, L., Morvay, J. K., & Kolman, J. (2022). Where Is antisemitism in teacher preparation? An exploration of the perspectives and practices of equity-oriented teacher educators. *Equity & Excellence in Education,* 1–14.

Zembylas, M. (2012). Pedagogies of strategic empathy: Navigating through the emotional complexities of anti-racism in higher education. *Teaching in Higher Education, 17*(2), 113–125.

Christoph Helm[1] & Gerda Hagenauer[2]

Belastungserleben von Lehramtsstudierenden im Schuldienst. Befunde vor dem Hintergrund des *Job Demands-Resources Model*

Zusammenfassung

Der vorliegende Beitrag stellt eine Studie vor, die explorativ untersucht, wie Studierende mit einer Anstellung an der Schule ihre Doppelrolle als Lehrkraft und Student:in erleben. Es werden deskriptive Befunde vor dem Hintergrund des *Job Demands-Resources Model* vorgestellt. Die Ergebnisse zeigen, dass die Doppelrolle als sehr belastend wahrgenommen wird. Gleichzeitig werden die Anforderungen im Studium als deutlich belastender bewertet als jene des Schuldienstes. Als bedeutsame soziale Ressourcen für den konstruktiven Umgang mit Belastungen werden das Lehrer:innenkollegium, die Familie sowie die Wahrnehmung der schulischen Arbeit als sinnstiftend und wertgeschätzt berichtet. Die Studienergebnisse legen nahe, gezielte Unterstützungsmaßnahmen zu implementieren, um die Ressourcen der Studierenden zu stärken und ihre Belastungen zu reduzieren.

Schlagwörter

Anforderungen, Belastungen, Ressourcen, Motivation, Lehrer:innenausbildung, Lehrer:innenmangel, fachfremder Unterricht

---

1 Corresponding author; Johannes Kepler Universität Linz; christoph.helm@jku.at; https://www.jku.at/linz-school-of-education/linz-school-of-education/abteilung-fuer-bildungsforschung/team/helm-christoph/; ORCID 0000-0001-5854-4500
2 Paris Lodron University Salzburg; gerda.hagenauer@plus.ac.at; ORCID 0000-0002-0508-2848

---

https://doi.org/10.21240/zfhe/19-4/09

Christoph Helm & Gerda Hagenauer

Perceived Stress of Student Teachers in Early School Employment

Abstract

This paper presents a study that examines how pre-service teachers with school employment experience their dual role as teacher and student. Findings are presented against the framework of the Job Demands-Resources Model. The results show that the dual role is perceived as highly demanding. At the same time the demands of studying at university are perceived significantly more stressful than those of teaching in school. Social resources such as the teaching staff, the family, and the perception of schoolwork as meaningful and valued can help to cope with the high demands and to deal constructively with challenges. The study results therefore suggest that targeted support measures should be implemented to strengthen these resources for students and to reduce their stress.

Keywords

teacher job demands, teacher stress, resources, motivation for teaching, initial teacher education, teacher shortage, out of field teaching

1. Einleitung

Das aktuelle Phänomen des sich zuspitzenden Lehrer:innenmangels führt dazu, dass in Österreich bereits eine Vielzahl von Bachelorstudierenden an Schulen unterrichtet, ohne einen formalen Ausbildungsabschluss für das Lehramt zu besitzen. Zudem nimmt auch die Anzahl der Masterstudierenden kontinuierlich zu, die neben dem Studium bereits im Schuldienst arbeiten. Das Lehrer:innendienstrecht (Dienstrechtsnovelle, 2022) sieht vor, dass Studierende des Lehramts Sekundarstufe Allgemeinbildung aufgrund des Lehrer:innenmangels bereits als Bachelorstudierende reguläre Dienstverträge nach Entlohnungsgruppe pd erhalten (für den breiteren Diskurs – siehe Appendix A[3]). Sie sind damit dienstrechtlich regulären Lehrkräften gleichgestellt.

Auch für Österreich gelten dieselben Gründe für den Lehrer:innenmangel, die international beispielsweise von Huber et al. (2023) genannten werden: Steigerungen in den Bereichen Pensionierungen, Schüler:innenzahlen, Teilzeitbeschäftigung, Lehrer:innen-Dropouts, mentale Erschöpfung sowie Geringschätzung des Berufs und Lohnniveau in anderen Branchen. Als mögliche kurzfristige Lösungen wurden die Reaktivierung von pensionierten Lehrer:innen, die Aufstockung von Teilzeit-Lehrer:innen, die Erhöhung von Klassengrößen oder der Einsatz von Quer- und Seiteneinsteiger:innen angeführt. Zudem greifen das österreichische Bildungsministerium und die österreichischen Bildungsdirektionen primär auf Bachelorstudierende des Lehramtsstudiums zurück, um den Lehrer:innenmangel auszugleichen. Der österreichische Staat ist gesetzlich (Schulorganisationsgesetz SchOG und Schulunterrichtsgesetz SchUG) zur Durchführung und Aufrechterhaltung von Unterricht verpflichtet; daher ist diese Maßnahme nachvollziehbar. Damit geht allerdings die Gefahr

---

3   https://zenodo.org/records/14354331?token=eyJhbGciOiJIUzUxMiJ9.eyJpZCI6Im-
MwY2RiYjlkLTczYWItNDI0Ny04NDc3LTU1OWQ5YTdmYTVlNyIsIm-
RhdGEiOnt9LCJyYW5kb20iOiIzYjA2OGRkY2MwZGFiO-
DVmYTM3ZWE3ZjUxYjJhNzNjOCJ9.NFNmmXH_AlcZfbYhJTHB6yWBHdgLHs-
SqACL-q4JNjzHY-CDrC0BPsrtcI2qCKj9t9VmFIJkT6tpXE_7V2pmiFQ

einher, die Herausforderung des Lehrer:innenmangels auf Kosten der Studierenden und letztlich auch der Schüler:innen auszutragen.

In diesem Zusammenhang listen Scheidig und Holmeier (2022) eine Reihe von Problemen und Herausforderungen, die mit dem vorzeitigen Berufseinstieg von angehenden Lehrer:innen einhergehen, auf. Der Berufseinstieg stellt eine bedeutsame und vulnerable Phase dar und sollte daher nicht nebenher erfolgen. Vielmehr müsste gewährleistet sein, dass Berufseinsteiger:innen in der ersten Phase des Lehrer:innenberufs ein Schutzraum geboten wird. Wichtig ist eine systematische Begleitung (Keller-Schneider, 2020a) sowie Unterstützung durch das Kollegium. Dies kann aufgrund des Lehrer:innenmangels und des verfrühten Diensteintritts nicht immer gewährleistet werden. Darüber hinaus erfolgt aufgrund des Personalmangels selten Co-Teaching, das ebenso als unterstützend für den Berufseinstieg eingestuft werden kann (Scheidig & Holmeier, 2022). Ohne systematische Begleitformate bestehe die Gefahr, dass Berufseinsteiger:innen auf vermeintlich bewährte Handlungsmuster zurückgreifen (Bäuerlein et al., 2018). Dies kann zu einer trügerischen Kompetenzeinschätzung führen und zu einer Geringschätzung von Theorie und Wissenschaft sowie zum Einsatz suboptimaler Lösungsstrategien. Unterrichtserfahrung mündet nicht per se in unterrichtsbezogene Expertise (Hascher, 2005). Hinzu kommt, dass studienunabhängige Unterrichtstätigkeit häufig auch fachfremd erfolgt (Bäuerlein et al., 2018). Dies ist nicht nur der Unterrichtsqualität abträglich, sondern auch der Professionalitätsentwicklung von Lehrer:innen.

Für eine umfassende Betrachtung der beruflichen Anforderungen an Einsteiger:innen in den Lehrer:innenberuf legt Keller-Schneider (2020b) ein Modell vor, das die Anforderungen in vier Hauptbereiche unterteilt: identitätsstiftende Rollenfindung (z. B. sich abgrenzen und schützen), adressatenbezogene Vermittlung (z. B. Lernen beurteilen und fördern), anerkennende Klassenführung (z. B. Klassenkultur aufbauen) und mitgestaltende Kooperation in und mit der Institution Schule (z. B. sich im Kollegium positionieren). Diese Bereiche reflektieren die vielfältigen und interaktiven Aspekte des Lehrer:innenberufs und werden im Job Demands-Resources Model zusammengefasst.

2. Das *Job Demands-Resources Model* als theoretische Rahmung

Die erfolgreiche berufliche Eingliederung von Lehramtsstudierenden in den Lehrer:innenberuf stellt eine zentrale Herausforderung in der Lehrer:innenbildung dar. Um Studierenden, die neben dem Studium bereits an einer Schule zu unterrichten beginnen, einen erfolgreichen Berufseinstieg ermöglichen zu können, spielen das Verständnis und die Analyse von berufsspezifischen Anforderungen und verfügbaren Ressourcen eine wesentliche Rolle. Denn bereits berufstätige Studierende unterscheiden sich – wie auch die in dieser Studie untersuchte Teilgruppe von Bachelor- und Masterstudierenden – hinsichtlich ihrer Berufstätigkeit nicht von regulären Lehrkräften; d. h. auch sie unterrichten bzw. üben ihre berufliche Tätigkeit vollumfänglich eigenverantwortlich – i. S. v. Keller-Schneider (2020a) – aus.

Das JD-R-Modell (Bakker et al., 2023, siehe Abbildung 1) wurde bisher auf verschiedene Arbeitskontexte angewendet, darunter auch der Lehrkontext (z. B. Castro Silva et al., 2023; Collie, 2023; Dicke et al., 2018; Skaalvik & Skaalvik, 2018). Darüber hinaus hat die bisherige Forschung gezeigt, dass das JD-R-Modell auch ein geeigneter theoretischer Rahmen ist, um die Anforderungen und Ressourcen im Kontext von Hochschulstudiengängen zu beschreiben (z. B. Hartl et al., 2022). Aufgrund dieser dualen Verwendungsmöglichkeit (sowohl im Lehrkontext als auch im Hochschulkontext) eignet sich dieses Modell besonders für Studierende, die bereits im Schuldienst tätig sind.

Die erste Annahme des JD-R-Modells besagt, dass Arbeitsaufgaben entweder als Anforderungen oder als Ressourcen kategorisiert werden können. Arbeitsanforderungen (z. B. Arbeitsbelastung) beziehen sich auf Arbeitsmerkmale, die einen erhöhten Aufwand erfordern und daher mit physiologischen oder psychologischen Kosten verbunden sind. Umgekehrt stellen Arbeitsressourcen (z. B. Autonomie, soziale Unterstützung) Merkmale der Arbeit dar, die Mitarbeiter:innen motivieren und das Erreichen von Zielen, Wachstum und Entwicklung erleichtern. Die zweite Annahme des JD-R-Modells umreißt zwei parallele Prozesse. Es wird postuliert, dass sich Anforderungen negativ auf die Gesundheit auswirken, da sie den psychischen Stress erhöhen und durch Erschöpfung zu gesundheitlichen Beeinträchtigungen führen. Gleichzeitig wird angenommen, dass Ressourcen einen Motivationsprozess auslösen und somit einen positiven Einfluss auf die Gesundheit haben. Die dritte Annahme besagt, dass Anforderungen und Ressourcen nicht nur unabhängig voneinander das Wohlbefinden des Einzelnen beeinflussen, sondern auch in Wechselwirkung zueinander stehen. Diese Pufferhypothese besagt, dass Ressourcen – z. B. wahrgenommene soziale Unterstützung – die negativen Auswirkungen bestimmter Anforderungen (z. B. Zeitdruck) auf das Wohlbefinden von Lehrkräften „puffern" können (siehe Bakker et al., 2023).

Anforderungen und Ressourcen beim Unterrichten

Zahlreiche frühere Forschungsarbeiten haben das JD-R-Modell bei Lehrer:innen untersucht. Es wurden verschiedene Anforderungen (z. B. Fehlverhalten von Schüler:innen, Rollenkonflikte, hohe Arbeitsbelastung) (Castro Silva et al., 2023; Skaalvik & Skaalvik, 2018) sowie verschiedene kontextuelle (z. B. soziale Unterstützung) (Skaalvik & Skaalvik, 2018) und individuelle Ressourcen (z. B. Selbstwirksamkeit der Lehrkraft) identifiziert (Granziera et al., 2020). Über die Anforderungen und Ressourcen des Studienkontextes ist vergleichsweise wenig bekannt, da das JD-R-Modell hier eher sparsam angewendet wurde. Eine Studie von Hartl et al. (2022) zeigte jedoch, dass die emotionale Erschöpfung bei Lehramtsstudierenden während des Studiums zunahm.

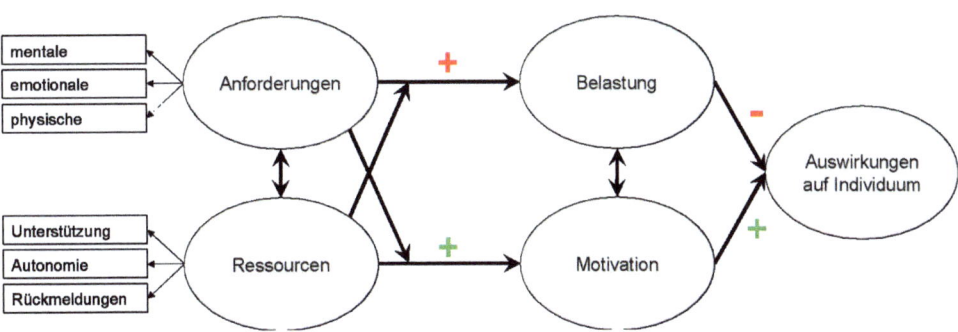

Abb. 1: Job Demands-Resources Model (Bakker & Demerouti, 2007)

Das JD-R-Modell hat sich insgesamt in seinen zentralen Prämissen als empirisch valide erwiesen. Allerdings sollten künftige Studien vertieft der Frage nachgehen, welche spezifischen Anforderungen und Ressourcen Studierende, die bereits im Schuldienst sind, erleben (für erste empirische Befunde siehe Appendix B). Da die „Doppelrolle", die bereits an Schulen tätige Studierende einnehmen, eine Anforderung darstellt, die sich spezifisch (nur) für diesen Kontext zeigt, liegt bisher kaum Forschung dazu vor.

3. Design der Studie

3.1 Ziel der Studie

Der vorliegende Bericht enthält ausschließlich deskriptive Befunde, um so weiterführende, hypothesenprüfende Analysen vorzubereiten (z. B. Helm et al., im Review). Entsprechend erfolgen an dieser Stelle keine Hypothesenprüfungen. Vielmehr sind die nachfolgend berichteten Analysen explorativer Natur. Sie sollen vor dem Hintergrund des *Job Demands-Resources Model* einen vertiefenden Einblick in die Situation von Studierenden mit einer Anstellung in der Schule untersuchen.

3.2 Durchführung der Studie

Im Studienverbund Mitte (Oberösterreich und Salzburg) wurden alle aktiven Bachelor- und Masterstudierenden des Lehramts „Sekundarstufe (Allgemeinbildung)" (Stand Sommer 2023: 4.282) über das jeweilige Studierendenservice eingeladen, an der Onlinebefragung teilzunehmen. Die Teilnahme war freiwillig.

3.3 Beschreibung der Stichprobe

Insgesamt nahmen 484 Studierende teil. Die folgenden Analysen beziehen sich auf jene 296 Studierenden, die angaben, aktuell als Lehrkraft in einer Schule tätig zu sein. Mangels konkreter Zahlen über den Anteil an Studierenden mit Anstellung an einer Schule in der Grundgesamtheit kann über die Rücklaufquote nur spekuliert werden. Für den Standort Linz zeigten erste Untersuchungen (Helm, 2022), dass etwa jede:r zweite Student:in bereits an einer Schule unterrichtet, sodass die Grundgesamtheit der studienunabhängig unterrichtenden Studierenden im Verbund Mitte rund 2.100 Student:innen umfassen dürfte. Entsprechend läge die Rücklaufquote bei etwa 14%. Da die Stichprobe keine echte Zufallsstichprobe darstellt, ist sie nicht repräsentativ. Umso wichtiger sind die folgenden Informationen über die Zusammensetzung der Stichprobe:

- 22% der Studierenden gaben an, männlich zu sein. Das Alter wurde nicht erfasst, da vielmehr der Studienfortschritt von Interesse war.

- 43% der Teilnehmenden waren Bachelorstudierende. 57% der Studierenden befanden sich bereits im Master.

- Die Studierenden berichteten von einer durchschnittlichen Lehrverpflichtung an der Schule von 15,42 Stunden. Dies entspricht etwa einer 75%igen Anstellung.

- 54% der Befragten gaben an, dass sie auch fachfremd unterrichten. Von diesen gaben 42% an, dass fachfremder Unterricht 50% oder mehr ihrer Lehrverpflichtung ausmache.

3.4 Operationalisierung der Konstrukte

Anforderungen. Die erlebten Anforderungen im Studium wurden mit sechs Items gemessen, die von Gusy et al. (2016) und dem Berliner Anforderungs-Ressourcen-Inventar für Studierende (BARI-S) adaptiert wurden und die Dimensionen wahrgenommene Überlastung (z. B. „Ich muss Aufgaben bearbeiten, auf die ich nicht ausreichend vorbereitet bin") und Zeitdruck (z. B. „Ich habe nicht genug Zeit, um mich auf die von mir besuchten Lehrveranstaltungen vorzubereiten und sie nachzubereiten") umfassten. Auch die beruflichen Anforderungen wurden mit sechs Items erfasst, die dem Fragebogen zur Bewertung von Anforderungen und Ressourcen in Organisationen (ReA) (Schulte et al., 2021) entnommen wurden und ebenfalls die Dimensionen wahrgenommene Überlastung (z. B. „Als Lehrer muss ich Aufgaben bearbeiten, auf die ich viel zu wenig vorbereitet bin") und Zeitdruck (z. B. „Ich habe nicht genug Zeit für die Vor- und Nachbereitung der von mir besuchten Kurse") umfassten.

Ressourcen. Die wahrgenommen Ressourcen in Beruf und Studium wurden jeweils anhand von neun Items erfasst, die die Dimensionen Aufgabenklarheit (z. B. „Ich weiß genau, wie ich vorgehen muss, um meine Arbeit gut zu erledigen"), Aufgabenrelevanz (z. B. „Ich halte mein Studium/meine Lehrer:innentätigkeit für sehr sinnvoll und wichtig") und soziale Unterstützung (z. B. „An meiner Hochschule/Schule herrscht ein gutes kollegiales Verhältnis") umfassten und aus dem BARI-S übernommen wurden (siehe auch Gusy & Lohmann, 2011).

Emotionale Erschöpfung. Die emotionale Erschöpfung zum einen während der Berufstätigkeit und zum anderen während des Studiums wurde jeweils mit vier Items erfasst, die aus dem Stress and Coping Inventory (SCI) (Satow, 2012) sowie dem Maslach Burnout Inventory-General Survey (MBI-GS) (Schaufeli et al., 1996) übernommen wurden. Ein Beispiel-Item ist „Ich bin nach einem Tag an der Hochschule/in der Schule völlig erschöpft."

Motivation. Die Motivation in Beruf und Studium wurde anhand von vier Items erhoben, die an die Utrecht Work Engagement Scale (UWE-S) angepasst wurden (Schaufeli et al., 2006). Ein Beispiel-Item ist „Ich bin begeistert von meinem Studium/meiner Arbeit an der Schule".

Die Antwortoptionen reichten von 1 (trifft überhaupt nicht zu) bis 5 (trifft völlig zu).

In den nachfolgenden Ergebnisdarstellungen werden – wo passend – die Skalenmittelwerte berichtet. Um ein differenziertes deskriptives Bild zu erhalten, werden zudem jene Items mit den höchsten Zustimmungsraten dargestellt (für vertiefende Analysen – siehe Appendix C).

4. Ergebnisse

4.1 Anforderungen

Welche Anforderungen berichten Studierende? Anforderungen im Studium und im Schuldienst wurden in den Bereichen Überforderung und Zeitdruck erfasst. Im Bereich „Überforderung" wurde erfragt, ob sich die Studierenden für die Anforderungen des Studiums und der Schule ausreichend vorbereitet fühlten. Im Bereich „Zeitdruck" bezogen sich die Items auf die Frage, ob die Studierenden genügend Zeit für die Vor- und Nachbereitung von Lehrveranstaltungen bzw. des Unterrichts an der Schule hatten. Wie Abbildung 2 zeigt, wurden beide Bereiche von den Studierenden als mittelstark herausfordernd eingeschätzt. Der deutlich höhere Zeitdruck der Studierenden im Schuldienst sticht hervor. Das bedeutet, Studierende berichteten vermehrt darüber, dass sie nicht ausreichend Zeit für die Vorbereitung und Nachbereitung des Unterrichts hatten.

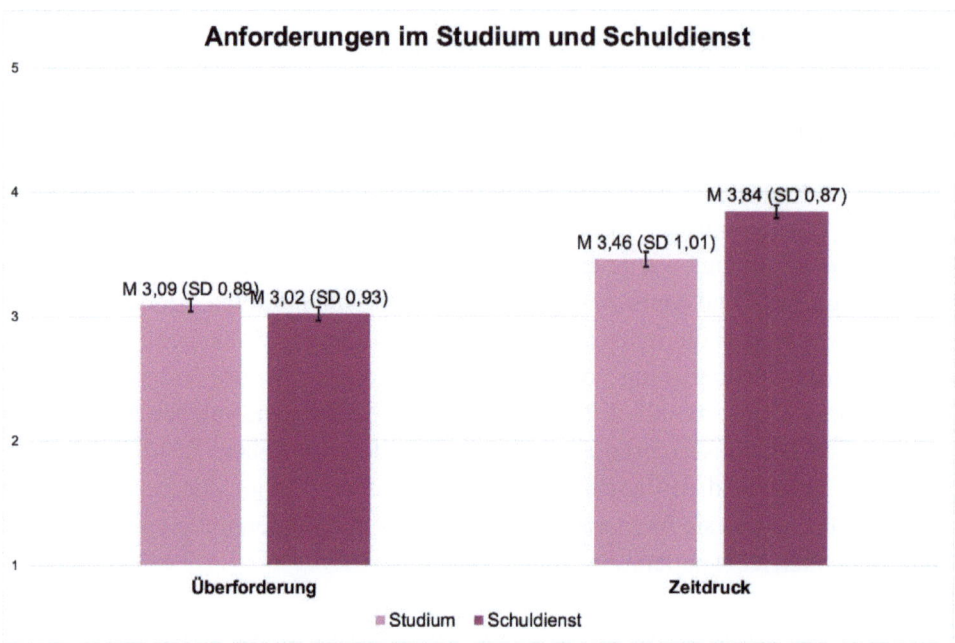

Abb. 2: Anforderungen im Studium und Schuldienst
Anmerkung: M = Mittelwert, SD = Standardabweichung. Die Fehlerantennen reprä-sentieren den Standardfehler (95%-Konfidenzintervall).

Welche Herausforderungen nehmen die Studierenden wahr? Darüber hinaus war von Interesse, welche zentralen Herausforderungen von Studierenden, die bereits im Schuldienst tätig sind, wahrgenommen wurden. Abbildung 3 zeigt, dass das undis-ziplinierte Verhalten der Schüler:innen am häufigsten als belastend eingeschätzt wurde. Knapp dahinter liegt die damit einhergehende fehlende Lernmotivation der Schüler:innen. Interessant ist auch, dass immerhin 15% der befragten Studierenden den Konflikt mit Eltern von Schulkindern als herausfordernd erlebten.

Eine weitere Herausforderung, die von Studierenden wahrgenommen wurde, war der fachfremde Unterricht. Bei 64% der Studierenden, die fachfremd unterrichteten, führte dies dazu, dass mehr Zeit in die Unterrichtsvorbereitung investiert werden musste. 48% der Studierenden gaben an, dass sie ihren eigenen Ansprüchen an eine gute Unterrichtsqualität im jeweiligen Fach nicht gerecht werden könnten. Darüber hinaus kam es bei 41% der Studierenden aufgrund des fachfremden Unterrichts zu einem erhöhten Stresserleben.

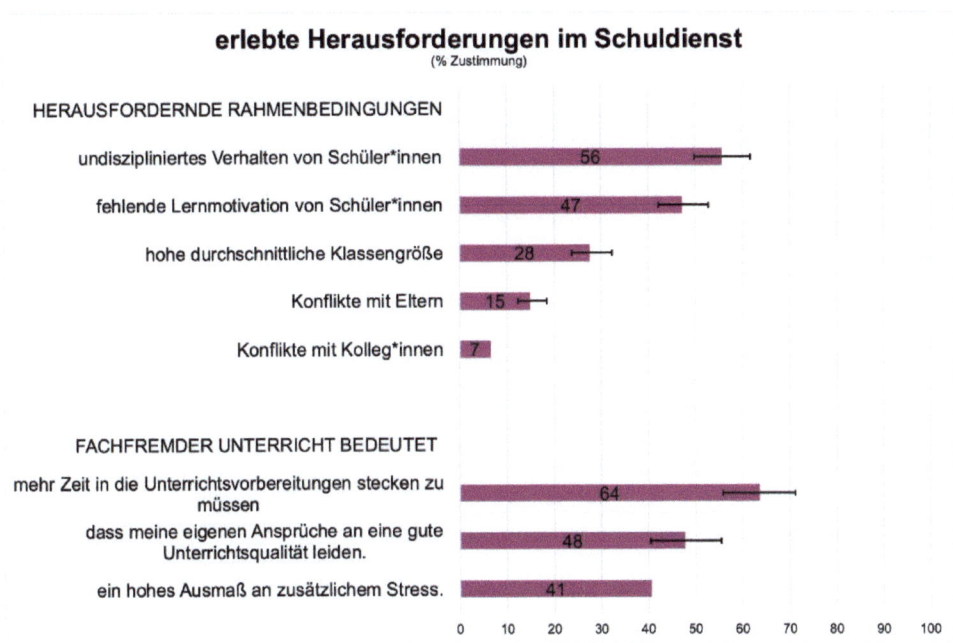

Abb. 3: Erlebte Herausforderungen im Schuldienst

4.2 Emotionale Erschöpfung

Wie ist das Ausmaß an emotionaler Erschöpfung ausgeprägt? Abbildung 4 zeigt, dass insbesondere Aussagen zur emotionalen Erschöpfung, die sich auf das Studium beziehen, zugestimmt wurde. 60% der Studierenden berichteten, dass sie sich durch das Studium ausgebrannt fühlen. Fast ebenso viele (55% der Studierenden) gaben an, dass sie nach einem Tag an der Universität bzw. Hochschule „völlig fertig" sind. Dagegen wurde denselben Aussagen im Rahmen der Tätigkeit an der Schule deutlich weniger häufig zugestimmt. Nur 17% bzw. 37% gaben an, dass sie sich durch die Schule ausgebrannt bzw. insgesamt überlastet fühlen. Aus Sicht der Studierenden ist daher das Studium eher das belastende Moment.

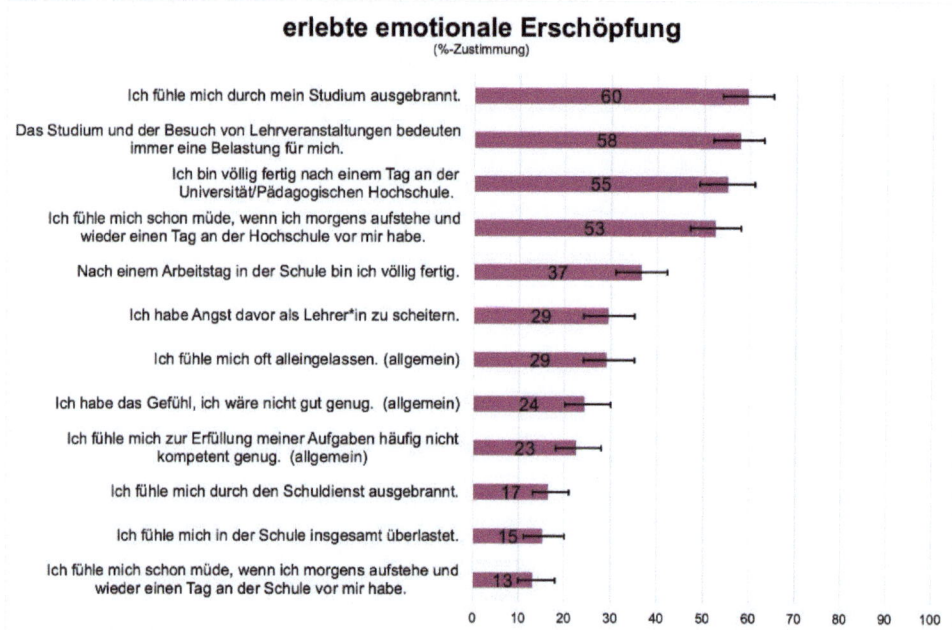

Abb. 4: Erlebte emotionale Erschöpfung
Anmerkung: Die Fehlerantennen repräsentieren den Standardfehler (95%-Konfidenzintervall).

4.3 Ressourcen

Welche Ressourcen erleben Studierende als hilfreich? Erlebte Belastungen können durch verschiedene Ressourcen reduziert werden. Abbildung 5 zeigt Ressourcen, die von den Studierenden als unterstützend wahrgenommen wurden. Es zeigte sich, dass die intrinsische Motivation und die Wahrnehmung der Lehrer:innentätigkeit als relevant, bedeutsam und wertgeschätzt wichtige Ressourcen darstellen. Darüber hinaus helfen soziale Ressourcen wie ein gutes kollegiales Verhältnis aus Sicht der Studierenden besonders, den Belastungen entgegenzuwirken. All diese Ressourcen können den Studierenden dabei helfen, Herausforderungen im Schuldienst zu bewältigen. Im Vergleich dazu hatten die Klarheit der Aufgabenstellungen in der Schule – also was von den Studierenden als Lehrperson verlangt wurde – und die Unterstützung durch die Lehrveranstaltungsleitung an der Hochschule eine geringere Bedeutung als entlastende Ressource.

Ressourcen, die Studierende ebenfalls weniger häufig wahrnahmen, waren insbesondere das Unterstützungspersonal in der Schule (42%) und die Unterstützung durch Hochschullehrende (25%) sowie die Hochschule allgemein (16%).

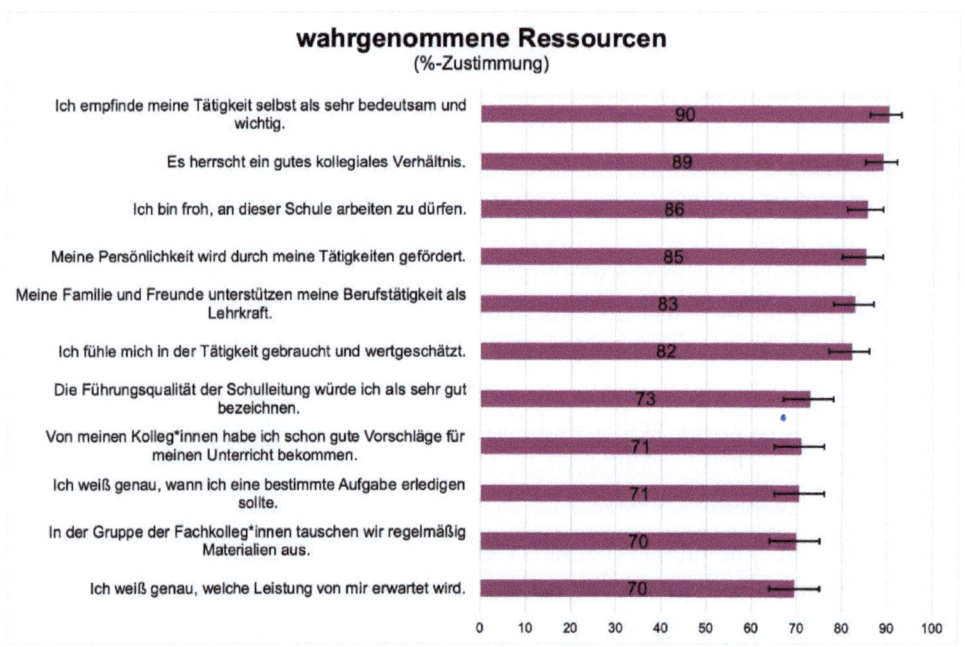

Abb. 5: wahrgenommene Ressourcen im Schuldienst

Anmerkung: Die Fehlerantennen repräsentieren den Standardfehler (95%-Konfiden-zintervall).

4.4 Motivation

Wie motiviert sind Studierende im Schuldienst? Was die Motivation der Studierenden betrifft, zeigte sich, dass der Lehrenthusiasmus bei den Studierenden sehr hoch ausgeprägt war. Die meisten Studierenden (86%–92%) berichteten von hoher Freude und Begeisterung für ihren Lehrer:innenberuf sowie, dass sie im Schuldienst „aufgingen".

5. Diskussion

In der vorliegenden Studie wurde der Forschungsfrage nachgegangen, wie österreichische Studierende für das Lehramt „Sekundarstufe Allgemeinbildung", die bereits neben dem Studium einer Tätigkeit im Schuldienst nachgehen, ihre Doppelrolle als Lehrkraft und Student:in erleben. Als theoretischer Bezugsrahmen wurde das Job Demands-Resources Model genutzt.

Zusammenfassend kann festgehalten werden, dass die Studierenden insgesamt von eher hoher emotionaler Erschöpfung und vielfältigen Anforderungen berichteten, wobei die Anforderungen im Studium als deutlich belastender wahrgenommen wurden als jene des Schuldienstes. Die Ergebnisse legen nahe, dass Studierende zwar hoch motiviert und mit ausgeprägtem Enthusiasmus ihrer Tätigkeit als Lehrperson nachgehen, sie sich aber gleichzeitig auch stark belastet und durch die zu erfüllende Doppelrolle überfordert fühlen. Aus diesen Ergebnissen lassen sich mindestens zwei Problemfelder herausarbeiten: (1) das Verhältnis Hochschule/Universität zur schulischen Praxis, und (2) der Erhalt der Gesundheit im Lehrberuf. Diese beiden Problemfelder haben wiederum Implikationen für die Professionalisierung von Lehrpersonen.

Ad (1): Wie bereits von Scheidig und Holmeier (2022) als Herausforderung identifiziert, lassen auch die Daten aus der vorliegenden Studie den vorsichtigen Schluss zu, dass Studierende, die bereits im Schuldienst tätig sind, das hochschulische Setting eher negativ bewerten, während die Schule und die in ihr ermöglichten Erfahrungen überwiegend positiv bewertet wird. Wenn mehr als die Hälfte der Studierenden „völlig fertig nach einem Tag an der Hochschule" ist (als ein Indikator der emotionalen Erschöpfung), stellt sich die Frage, worauf sich diese Einschätzung zurückführen lässt. Auch Studien aus anderen Ländern zeigen regelmäßig auf, dass angehende Lehrer:innen mit dem hochschulischen/akademischen Teil des Lehramtsstudiums unzufrieden sind. Zuletzt konnten Núñez-Regueiro et al. (2023) für französische Lehramtsstudierende belegen, dass sie das Studium bereits im ersten Jahr als sehr (negativ) stressvoll empfinden. Neben einem hohen Workload werden dabei die Kurse häufig als zu theoretisch und abstrakt und als wenig relevant eingeschätzt. Dieser Faktor könnte sich in der Doppelrolle, in der sich Studierende im Schuldienst befinden, noch weiter verstärken (Scheidig & Holmeier, 2022).

Ad (2): Es ist ebenfalls das hohe Ausmaß an emotionaler Erschöpfung durch die Doppelrolle hervorzuheben. Es bleibt offen, wie sich diese langfristig weiterentwickelt. Gelingt es nicht, wie im JD-R-Model postuliert, eine Positiv-Bilanz zwischen Anforderungen und Ressourcen zu erreichen, so sind gesundheitsgefährdende Prozesse sehr wahrscheinlich.

Interessanterweise fühlt sich relativ gesehen nur ein geringer Anteil der Berufsanfänger:innen als „nicht kompetent" im Schuldienst (23%). Bedenkt man, dass die Selbstwirksamkeitserwartung eine der zentralen individuellen Ressourcen für Gesundheit im Lehrerberuf darstellt (Klusmann & Waschke, 2018), so verfügen etwa 75% der Studierenden in dieser Stichprobe nach eigenen Angaben über diese Ressource. Zum anderen erstaunt diese Einschätzung etwas; insbesondere, wenn man bedenkt, dass viele Studierende auch fachfremd unterrichten. Der fachfremde Unterricht ist zwar auch eine zusätzliche Stressquelle aus der Sicht der Studierenden (z. B. mehr Zeit für die Vorbereitung), aber dennoch bleibt die Selbstwirksamkeit insgesamt gesehen hoch (wenn auch die Selbstwirksamkeit beim fachfremden Unterricht relativ gesehen zu den studierten Fächern niedriger ist). Dieser Befund reiht sich zwar in bisherige Studien zur Lehrer:innenselbstwirksamkeit ein, die belegen, dass sich Lehramtsstudierende bereits sehr früh in den ersten Praktikumserfahrungen als sehr wirksam erleben (z. B. Bach & Hagenauer, 2022); dennoch könnte diese sehr hohe Wirksamkeitsüberzeugung auch die Bereitschaft, sich weiterhin reflexiv mit den theoretischen Grundlagen des Lehrerberufs auseinanderzusetzen und die Professionalisierung auf dieser Ebene voranzutreiben, (weiter) reduzieren.

Bei der Interpretation der Ergebnisse und Einordnung der Zahlen muss jedenfalls bedacht werden, dass die vorliegende Stichprobe eine Gelegenheitsstichprobe darstellt und Selektionseffekte nicht auszuschließen sind. Des Weiteren sind die Analysen in diesem Beitrag auf deskriptivem Niveau und stellen eine Momentaufnahme dar. Für Veränderungsaussagen sollten künftig längsschnittliche Studien durchgeführt werden, die bestenfalls auch qualitative Teilstudien miteinschließen, um den Kontext, in dem sich die Studierenden im Schuldienst befinden und der mit zahlreichen Spannungsfeldern und davon abgeleitet auch potenziellen Rollenkonflikten einhergeht, besser nachzeichnen zu können. Das JD-R-Modell hat sich insgesamt in seinen zentralen Prämissen als geeignet zur Erforschung der Anforderungen, Ressourcen, emotionaler Erschöpfung und Motivation von Studierenden, die bereits im Schuldienst tätig sind, erwiesen. Allerdings sollte in zukünftigen Studien vertieft der Frage nachgegangen werden, welche spezifischen Anforderungen und Ressourcen Studierende, die bereits im Schuldienst sind, erleben. Die „Doppelrolle", die bereits an Schulen tätige Studierende einnehmen, ist z. B. eine Anforderung, die sich spezifisch (nur) für diesen Kontext zeigt.

6. Implikationen

Betrachtet man den Berufseinstieg als zentrale Phase in der Professionalisierung von Lehrpersonen, in der zahlreiche zentrale Entwicklungsaufgaben durchlaufen werden (Keller-Schneider, 2020a), so legen die vorliegenden Ergebnisse nahe, dass dieser sensiblen Phase generell und insbesondere auch zur Zeit des akuten Lehrer:innenmangels eine besondere Bedeutung zugemessen werden muss. Die Ergebnisse dieser Studie belegen, dass Lehramtsstudierende, die begleitend (und häufig auch verfrüht) im Schuldienst sind, von zahlreichen Belastungen berichten; auch wenn gleichzeitig die Motivation und der Enthusiasmus für das Unterrichten hoch sind.

Sollen die lehrer:innenbildenden Institutionen in Österreich auf diese Situation eingehen/reagieren – und wenn ja, wie? Pädagogische Hochschulen und Universitäten befinden sich gewissermaßen in einem Dilemma. Einerseits sollen sie ihren gesellschaftlichen Beitrag zur Bewältigung des Lehrer:innenmangels leisten. Andererseits sind sie einer qualitativ hochwertigen Lehrer:innenbildung verpflichtet, weshalb es widersprüchlich erscheint, eine Entwicklung zu unterstützen, die – insbesondere von den lehrer:innenbildenden Institutionen – als strukturell ungeeignet für die Entwicklung von Professionalisierung im Lehrer:innenberuf angesehen wird. Vor diesem Hintergrund sind nachfolgende Implikationen kritisch zu reflektieren.

Zum einen ist es notwendig, gezielte *Unterstützungsmaßnahmen* zu implementieren, um die Ressourcen zu stärken und die Belastungen von Studierenden zu reduzieren. Zugleich gilt es, die Studierenden *über Herausforderungen,* wie den zeitlichen Aufwand, der mit dem Berufseinstieg einhergeht, entsprechend *aufzuklären.* Eine solche Beratung darf natürlich nicht in die Entscheidungsfreiheit der Studierenden eingreifen und muss daher rein informativ gestaltet sein. Bestenfalls werden ebenso auf Systemebene *Regularien* eingeführt, die ein gut bewältigbares Höchstausmaß an Unterrichtstätigkeit neben dem Studium definieren. Zum anderen ist auch die *Hochschule* gefordert, sich – soweit es der eigene Anspruch an Qualität der Lehre und die eigenen Ressourcen erlauben – an die *„neuen" Rahmenbedingungen anzupassen.* Dies gilt auch für strukturelle Merkmale wie z. B. den Zeitpunkt des Lehrveranstaltungsangebots, die Ausweitung digitaler Formate, das Anbieten von Praxistagen oder Blockpraktika etc. Anpassungen auf diesen Ebenen könnten dazu führen, dass der Besuch von Lehrveranstaltungen von den Studierenden als weniger belastend erlebt wird, da eine Koordination mit dem Schuldienst erleichtert wird. Überlegungen, wie es gelingen kann, die theoretisch an der Hochschule zu erwerbenden *Wissensinhalte noch stärker an die schulische Praxis anzubinden,* wären lohnend, um auch die Zufriedenheit der Studierenden mit dem akademischen Anteil des Lehramtsstudiums zu erhöhen. Abschließend ist auf die hohe Bedeutung der *sozialen Unterstützung* für die Gesundheit im Lehrberuf hinzuweisen; sei es durch Unterstützung an der Hochschule, kollegiale Unterstützung an der Schule oder die *umfassende Begleitung* durch einen Mentor bzw. eine Mentorin beim Berufseinstieg (siehe Prenzel et al., 2021).

Literatur

Bach, A., & Hagenauer, G. (2022). Joy, anger, and anxiety during the teaching practicum: How are these emotions related to dimensions of pre-service teachers' self-efficacy? *Zeitschrift für Bildungsforschung, 12,* 295–311. https://doi.org/10.1007/s35834-022-00343-9

Bakker, A. B., & Demerouti, E. (2007). The Job Demands-Resources model: state of the art. *Journal of Managerial Psychology*, *22*(3), 309–328. https://doi.org/10.1108/02683940710733115

Bakker, A. B., Demerouti, E., & Sanz-Vergel, A. (2023). Job Demands–Resources Theory: Ten Years Later. *Annu. Rev. Organ. Psychol. Organ. Behav., 10*(1). 25–53. https://doi.org/10.1146/annurev-orgpsych-120920-053933

Bäuerlein, K., Reintjes, C., Fraefel, U., & Jünger, S. (2018). Selbstprofessionalisierung in der Schule? – Eine Bestandsaufnahme hinsichtlich der studienunabhängigen Lehrtätigkeit von Lehramtsstudierenden im Schulfeld. *Forschungsperspektiven, 10,* 27–46.

Castro Silva, J., Peixoto, F., Galhoz, A., & Gaitas, S. (2023). Job demands and resources as predictors of well-being in Portuguese teachers. *European Journal of Teacher Education,* 1–24. https://doi.org/10.1080/02619768.2023.2288552

Collie, R. J. (2023). Teacher Well-Being and Turnover Intentions: Investigating the Roles of Job Resources and Job Demands. *The British Journal of Educational Psychology, 93*(3), 712–26. https://doi.org/10.1111/bjep.12587

Dicke, T., Stebner, F., Linninger, C., Kunter, M., & Leutner, D. (2018). A Longitudinal Study of Teachers' Occupational Well-Being: App}lying the Job Demands-Resources Model. *Journal of Occupational Health Psychology, 23*(2), 262–277. https://doi.org/10.1037/ocp0000070

Dienstrechts-Novelle 2024 (2024). https://www.parlament.gv.at/gegenstand/XXVII/I/2711

Granziera, H., Collie, R., & Martin, A. (2020). Understanding Teacher Wellbeing Through Job Demands-Resources Theory. In C. F. Mansfield (Hrsg.), *Cultivating Teacher Resilience* (S. 229–244). Springer Singapore.

Gusy, B., & Lohmann, K. (2011). *Gesundheit im Studium: Dokumentation der Instrumente.* Prävention und psychosoziale Gesundheitsforschung 01/P11. Berlin: Freie Universität Berlin.

Gusy, B., Wörfel, F., & Lohmann, K. (2016). Erschöpfung und Engagement im Studium. *Zeitschrift für Gesundheitspsychologie, 24*(1), 41–53. https://doi.org/10.1026/0943-8149/a000153

Hartl, A., Holzberger, D., Hugo, J., Wolf, K., & Kunter, M. (2022). Promoting Student Teachers' Well-Being. *Zeitschrift für Psychologie, 230*(3), 241–52. https://doi.org/10.1027/2151-2604/a000495

Hascher, T. (2005). Die Erfahrungsfalle. *Journal für Lehrerinnen- und Lehrerbildung, 5*(1), 40–46. https://doi.org/10.7892/BORIS.52475

Helm, C. (2022). *Studienunabhängig unterrichtende Studierende.* Vortrag an der Jubiläumsfeier der Fakultät für Lehrer*innenbildung der Universität Innsbruck. Innsbruck am 21. November 2022.

Helm, C., Hagenauer, G., Altrichter, H., & Soukup-Altrichter, K. (im Review). *Addressing Teacher Shortages in Austria: Policy Measures and Early Student Teachers' Experiences.*

Huber, S. G., Helm, C., & Lusnig, L. (2023). Schulischer Personalmangel: Kurz-, mittel- und langfristige Lösungsansätze für Politik, Schulaufsicht, Hochschulen und in den Schulen selbst. *schule verantworten | führungskultur_innovation_autonomie, 3*(1), 37–45. https://doi.org/10.53349/sv.2023.i1.a308

Keller-Schneider, M. (2020a). *Entwicklungsaufgaben im Berufseinstieg von Lehrpersonen.* Waxmann.

Keller-Schneider, M. (2020b). Berufseinstieg von Lehrpersonen. Herausforderungen, Ressourcen und Angebote der Berufseinführung. *Journal für LehrerInnenbildung, 20*(3), 64–73.

Klusmann, U., & Waschke, N. (2018). *Gesundheit und Wohlbefinden im Lehrerberuf.* Hogrefe.

Núñez-Regueiro, F., Escriva_Boulley, G., Azouaghe, S., Leroy, N., & Núñez-Regueiro, S. (2023). "Motivated to teach, but stressed out by teacher education": A content analysis of self-reported sources of stress and motivation among preservice teachers. *Journal of Teacher Education, 75*(1), 76–91. https://doi.org/10.1177/0022487123118

Prenzel, M., Huber, M., Muller, C., Höger, B., Reitinger, J., Becker, M., Hoyer, S., Hofer, M., & Lüftenegger, M. (2021). *Der Berufseinstieg in das Lehramt. Eine formative Evaluation der neuen Induktionsphase in Österreich.* Waxmann.

Satow, L. (2012). *Stress- und Coping-Inventar (SCI): Test- und Skalendokumentation.* Zugriff am 15.2.2023. www.drsatow.de

Schaufeli, W. B., Leiter, M., Maslach, C., & Jackson, S. E. (1996). Maslach Burnout Inventory-General Survey. In C. Maslach, S. E. Jackson & M. P. Leiter (Hrsg.), *The Maslach Burnout Inventory: Test Manual.* Palo Alto, CA: Consulting Psychologists Press.

Schaufeli, W. B., Bakker, A. B., & Salanova, M. (2006). The Measurement of Work Engagement With a Short Questionnaire. *Educational and Psychological Measurement, 66*(4), 701–716. https://doi.org/10.1177/0013164405282471

Scheidig, F., & Holmeier, M. (2022). Unterrichten neben dem Studium – Implikationen für das Studium und Einfluss auf das Verlangen nach hochschulischen Praxisbezügen. *Zeitschrift für Bildungsforschung, 12*(3), 479–496. https://doi.org/10.1007/s35834-022-00349-3

Schulte, E.-M., Wittner, B., & Kauffeld, S. (2021). Ressourcen und Anforderungen (ReA) in der Arbeitswelt: Entwicklung und erste Validierung eines Fragebogens. *Gr Interakt Org, 52*(2), 405–415. https://doi.org/10.1007/s11612-021-00565-x

Skaalvik, E. M., & Skaalvik, S. (2018). Job demands and job resources as predictors of teacher motivation and well-being. *Social Psychology of Education, 21*(5), 1251–1275. https://doi.org/10.1007/s11218-018-9464-8

Anne Meissner[1], Thomas Klatt[2], Nora Schlieper[3],
Stephanie Dotz[4] & Ralf Knackstedt[5]

Vernetzungs- und Selbstorganisationskompetenzen durch Working Out Loud™ fördern

Zusammenfassung

Für die Wirtschaft wurden mit Working Out Loud™ (WOL™) und ähnlichen Methodenverbünden Angebote gestaltet, mit denen Fachkräfte ihre Vernetzungs- und Selbstorganisationskompetenzen weiterentwickeln. Aufgrund der Bedeutung dieser Kompetenzbereiche wird WOL™ daraufhin untersucht, wie es sich im Hochschulkontext anwenden bzw. adaptieren lässt. Die Studie basiert auf der wissenschaftlichen Begleitung einer neu eingeführten Lehrveranstaltung an einer deutschen Universität. Leitfragenbasierte Fokusinterviews mit studentischen Teilnehmenden bilden die wesentliche methodische Basis. Im Ergebnis zeigen sich beachtliche Potenziale und auch wichtige Entwicklungsbedarfe des innovativen Lehrformats.

---

1 Corresponding author; Universität Hildesheim; anne.meissner@uni-hildesheim.de; ORCID 0000-0001-6723-4045
2 Universität Hildesheim; thomas.klatt@uni-hildesheim.de; ORCID 0009-0008-3628-9965
3 Universität Hildesheim; nora.schlieper@uni-hildesheim.de; ORCID 0009-0008-2547-7063
4 Universität Hildesheim; stephanie.dotz@uni-hildesheim.de
5 Universität Hildesheim; ralf.knackstedt@uni-hildesheim.de

https://doi.org/10.21240/zfhe/19-4/10

Anne Meissner, Thomas Klatt, Nora Schlieper, Stephanie Dotz & Ralf Knackstedt

Schlüsselwörter

Working Out Loud™, Selbstlernkompetenz, Future skills, Vernetzungskompetenz

Improving collaboration and self-learning skills through Working Out Loud™

Abstract

For the business sector, Working Out Loud™ (WOL™) and similar methodologies have been developed to help professionals enhance their networking and self-organisation skills. Given the significance of these competencies, this study examines how WOL™ can be applied or adapted in the higher education context. The study is based on the scientific monitoring of a newly introduced course at a German university. The primary methodological basis consists of guided focus interviews with student participants. The results reveal both significant potentials and important areas for development of the innovative teaching format.

Keywords

Working Out Loud™, self-learning skills, future skills, networking skills

1 Einleitung

Der rasant verlaufende disruptive Umbruch unserer Arbeitswelt stellt neue Anforderungen an die künftig benötigten Kompetenzen (z. B. Brandhofer et al., 2018; Suessenbach et al., 2021; Wissenschaftsrat, 2022). So ist die Fähigkeit zur Selbstinitiative und einer damit verbundenen Selbstkompetenz zusammen mit der Kompetenz in Netzwerken kollaborativ arbeiten zu können (Arnold, 2017) bereits heute fast wichtiger als die eigentliche Fachkompetenz (Ehlers, 2020). Dennoch fokussieren Studiengänge noch viel zu häufig auf die Ausbildung homogener Studienkohorten, welche weder den Potentialen einzelner Studierender gerecht werden noch Antworten auf die disruptiven Bedürfnisse der Gesellschaft geben (Brandhofer et al., 2018). Selbstorganisiertes Lernen als Zukunftskompetenz erfordert dagegen neue und besondere Modelle der Ausbildung, Unterstützung und Entwicklung (Ehlers, 2020).

Die Methode Working Out Loud™ (WOL™) wurde speziell für Unternehmen entwickelt mit der Intention, Freiräume zu schaffen und gezielt zukunftsträchtige Fähigkeiten zu erwerben (Aten et al., 2016; Stepper, 2020). Mit dem Ziel, die Methode WOL™ für den Hochschulkontext zu explorieren und Reflexion, intellektuelle Eigenständigkeit und Handlungsfähigkeit (Wissenschaftsrat, 2022) zu initiieren, wurde eine fächerübergreifende Seminarform als WOL™-Prozess pilotiert.

2 Hintergrund zu WOL™

WOL™ ist eine Methode, die intendiert, innerhalb von zwölf Wochen ein selbstgewähltes Ziel zu erreichen, die eigene Arbeit zu reflektieren und gleichzeitig andere auf ihrer Lernreise zu unterstützen. Die Arbeit findet wöchentlich und selbstorganisiert in einer Gruppe von drei bis fünf Personen (sog. WOL™-Circle) statt. Die Lernreise wird angeleitet durch ein begleitendes Dokument, den sog. WOL™-Guide, der wöchentliche Aufgaben als Mischung aus Einzel- und Gruppenentwicklungselementen enthält. Die Aufgabenelemente leiten die Teilnehmenden beim Aufbau zielbezogener Beziehungen und in der Entwicklung sozialer Fähigkeiten (Kommunikations-fähigkeit, Selbstreflexion, Selbstmanagement). Das individuelle Ziel dient als Gegenstand, um die Fähigkeiten systematisch zu entwickeln.

Ursprünglich kommt der Begriff „Working Out Loud" von Bryce Williams, einem IT-Spezialisten, der den Begriff erstmals 2010 in seinem Blog verwendete (Williams, 2010). Stepper hat die Idee aufgegriffen, den Begriff übernommen und die Methode WOL™ systematisch zu einem Produkt entwickelt. Als langjähriger Mitarbeiter einer New Yorker Unternehmensberatung stellte er fest, dass Kolleginnen und Kollegen Schwierigkeiten hatten, über Abteilungsgrenzen hinweg miteinander zu kollaborieren und ihr Wissen zu teilen (Stepper, 2020). Die Methoden sind nicht neu. Das systematische Gesamtkonzept, das zeitliche und methodische Orientierung bietet, macht das innovative Moment aus. Seither hat sich WOL™ zu einer weltweiten Bewegung entwickelt, die von Unternehmen, Organisationen und Einzelpersonen übernommen wird.

Neben WOL™ (https://www.workingoutloud.com/) verfolgen Konzepte wie bspw. LernOS (https://cogneon.github.io/lernos/de/) ähnliche Ansätze. Im Bildungsbereich liegen bislang nur begrenzte Erkenntnisse zur Effektivität dieser Ansätze vor, abgesehen von einigen Ausnahmen (Ondrusch et al., 2021).

3 Lehrveranstaltung

Die Methode wurde im Wintersemester 2022 fächerübergreifend in einem für Studierende angepassten Rahmen angewendet. Die Lehrveranstaltung fand digital statt. Die Studierenden wählten ihr persönliches Ziel selbstbestimmt. Um Seminarabbrüche möglichst zu vermeiden, begann das Seminar mit einem Start-Event, das Seminarorganisation und -ablauf erläuterte, die Gruppenbildung initiierte, ein Commitment einforderte und den Erwerb von Leistungspunkten erläuterte. Sodann folgte der erste Pitstop. An jeden Pitstop schloss eine zweiwöchige Selbstlernphase an. Das Abschluss-Event fand in der Semesterwoche 14 statt und beendete das Seminar. Die Pitstops hatten zum Ziel, den Austausch der Teilnehmenden und Circle untereinander sowie Fragen zu ermöglichen und nächste Schritte zu erläutern. Zu ausgewählten Pitstops wurden WOL™-erfahrene Gäste für einen 30-minütigen Teilabschnitt eingeladen, mit dem Ziel, die Studierenden zu inspirieren und zu motivieren. Das Abschluss-Event fokussierte auf Feedback und darauf, die erbrachte Leistung und den Abschluss der gemeinsamen Lernreise zu feiern. Begleitend zu den synchronen Online-Veranstaltungen wurde auf der Moodle-Lernplattform ein Kurs aufgesetzt, der eine Struktur für den Ablauf der wöchentlichen Circle und Zugang zum Material bot.

In der Veranstaltung wurde eine für die Projektlaufzeit lizenzierte WOL™-Guide-Version von John Stepper eingesetzt (Stepper, 2022). Die im Pilotprojekt entwickelten ergänzenden Materialien werden als OER-Materialien auf twillo zur Verfügung gestellt. Damit soll ein Beitrag zur Übernahme und Weiterentwicklung der Pilotveranstaltung durch andere geleistet werden.

Tab. 1: Lehr- und Lernsetting

	Erziehungs- und Sozialwissenschaften	Mathematik, Naturwissenschaften, Wirtschaft & Informatik
Studiengang	Sozial- und Organisationspädagogik/SOP (M.A.), Soziale Dienste/SozD (M.A.), Erziehungswissenschaft/ERZWI (M.A.)	Wirtschaftsinformatik/WI (M.Sc.), Informationsmanagement und Informationstechnologie/IMIT (M.Sc.)
DQR-Niveau	DQR 6, Masterniveau	DQR 6, Masterniveau
Semester	Vorwiegend erstes und drittes Semester	Erstes bis viertes Semester je nach Studienbeginn im WiSe/SoSe
Lehrkontext	Organisationale Handlungskompetenzen	Soziale und methodische Kompetenzen
Setting	Sechs gemeinsame Online Events à 90 Minuten, begleitet von Gastvorträgen (Start-Event, vier Pitstops, Abschluss-Event), wöchentliche einstündige selbstorganisierte Circle-Meetings, strukturgebender Moodle-Kursraum, Tutorien für alle Circle, um Tipps zu geben, Fragen zu beantworten	
ECTS, Prüfungsleistung	3 ECTS, wöchentliches Portfolio und Hausarbeit, unbenotet, da Teil einer Modulprüfung	3 ECTS, Portfolio als notwendige Vorleistung, Hausarbeit als Basis für die Note
WOL™-Circle	Fächerübergreifende Circle (n = 4), fünf bis sechs Teilnehmende pro Circle	
Anzahl Teilnehmende	SOP: 11 SozD: 1 ERZWI: 1	WI: 3 IMIT: 5

4 Forschungsdesign

4.1 Datenerhebung und Sample

Um die Methode WOL™ im Hochschulkontext zu explorieren, wurden leitfadengestützte qualitative Fokusgruppeninterviews mit Studierenden geführt (Flick et al., 2022). Die Befragung zielte auf die Erfahrungen der Seminar-Teilnehmenden, um daraus auf Potenziale und Grenzen schließen zu können, und fanden über das Videokonferenzsystem Big Blue Button im Rahmen des Seminars statt. Sie wurden digital aufgezeichnet. Die Datenerhebung fand zu zwei Zeitpunkten statt:

- Für die erste Datenerhebung wurde ein Leitfaden entwickelt (Helfferich, 2009). Neben einer allgemeinen Frage zu den Erfahrungen im eigenen Circle wurden Unterschiede zu den von den anderen berichteten Erfahrungen sowie Best Practice-Tipps erfragt. Im Folgenden gab es sechs Leitfragen, die sich auf den Guide, die Zielfindung, das Arbeitspensum, die Ansprache, die Gruppe als Circle und den Transfer in den Alltag richteten. Dabei wurde vertiefend nach Erfahrungen gefragt.

- Für die zweite Datenerhebung und unter Zugrundelegung der Erkenntnisse aus den ersten Fokusgruppeninterviews wurde der Leitfaden angepasst. Neben Fragen, die den Prozess und die Methode WOL™ adressieren (wahrgenommene Veränderungen, Status der Zielerreichung, Wahrnehmung der Übungen aus dem WOL™-Guide und Transfer) wurden Leitfragen zum Leben und Arbeiten in Netzwerken gestellt. Die Leitfragen fokussierten im Wesentlichen auf Erfahrungen beim proaktiven Teilen von Informationen/Wissen und mündeten in Konkretisierungsfragen zu den Netzwerken, in denen gearbeitet wurde. Dabei wurde primär nach Erfahrungen, förderlichen sowie hinderlichen Faktoren und damit verbundenen Bewertungen gefragt.

Es wurden jeweils vier Fokusgruppen (FG) gebildet. In das Sample eingeschlossen wurden Studierende, die an der Lehrveranstaltung teilgenommen haben. Die vier FG wurden jeweils parallel im Anschluss an einen Pitstop geführt.

Tab. 1: Fokusgruppen

	(t$_1$) WOL™-Woche 4 November 2022	(t$_2$) WOL™-Woche 10 Januar 2023
FG 1	n = 4 (51 Min.)	n = 4 (50 Min.)
FG 2	n = 4 (43 Min.)	n = 2 (53 Min.)
FG 3	n = 4 (54 Min.)	n = 4 (51 Min.)
FG 4	n = 4 (41 Min.)	n = 3 (55 Min.)
Gesamt nach FG	n = 16 (189 Min, Ø 47Min.)	n = 13 (209 Min, Ø 52 Min.)
Gesamt	n = 29 (398 Min., Ø 50 Min. pro Interview)	

Die Teilnahme war freiwillig. Von allen Fokusgruppenteilnehmenden lag eine schriftliche Einwilligungserklärung vor. Das ethische Clearing zur Studie wurde von der Ethikkommission des Fachbereichs 1 der Universität Hildesheim am 2. November 2022 erteilt.

4.2 Datenauswertung

Die Audio-Aufnahmen wurden transkribiert (Dresing & Pehl, 2018) und anonymisiert weiterverarbeitet (Hennink & Leavy, 2014). Die qualitative Inhaltsanalyse erfolgte computergestützt mittels MAXQDA (Kuckartz & Rädiker, 2022; Mayring, 2022). Die Art und Weise der inhaltlichen Zusammenfassung wurde am Material ausgerichtet (Schreier, 2014). Mit induktiver Orientierung wurden die Kategorien am Text gebildet und sinnzusammenhängende Abschnitte oder einzelne Sätze codiert. Orientiert an der Forschungsfrage wurden unter Hinzuziehung weiterer forschungsleitender Sub-Fragen deduktive Kategorien entwickelt, die im Verlauf der Analyse durch induktive, am Datenmaterial gebildete (Sub-)Kategorien angereichert und konkretisiert wurden (Mayring, 2022). Dabei wurde jedes Transkript zunächst von zwei Forschenden in Einzelarbeit kodiert, im Folgenden wurden die Ergebnisse verglichen und konsentiert. Unter Nutzung von MAXQDA wurden pro Code die zugeordneten Sequenzen im Material gesichtet und inhaltlich zusammengefasst. Die inhaltliche Zusammenfassung wurde im gesamten Team der Forschenden intensiv diskutiert und konsentiert mit dem Ziel, eine hohe Validität der Ergebnisse zu erreichen (Kuckartz & Rädiker, 2020; Mayring & Fenzl, 2019).

5 Ergebnisse

Sich vernetzen können

Netzwerken als Kollaboration und Kommunikation wird in den Interviews von den TN unabhängig von räumlicher Distanz als ein Phänomen wahrgenommen, das in die Zukunft weist und Neues birgt. Die Fähigkeit, Netzwerke aufzubauen und aufrechtzuerhalten, wird als positives Lernziel angesehen. Gleichzeitig haben Studierende multiple Probleme mit angeregten Auftritten auf der digitalen Bühne. Unwohlsein und Unsicherheit beim Schritt in die digitale Öffentlichkeit hemmen initial das Posten von Beiträgen in digitalen Netzwerkgruppen. *„Ja. Ich glaube, das war auch das, was jetzt so am schwierigsten war, ist wirklich zu teilen."* (I.2F2, Pos.23) Der proaktive Schritt in ein digitales Netzwerk wird als das Verlassen der Komfortzone beschrieben und Studierende neigen vorerst zur Offline-Vernetzung. Bevor der Schritt in die digitale Öffentlichkeit gelingen kann, ist ein persönlicher Entwicklungsprozess erforderlich, der durch die Übungen im Guide systematisch unterstützt werden kann. Werden die eigenen Fähigkeiten und Fertigkeiten reflektiert und die Kompetenzerwartung erweitert, gelingt der Schritt in digitale Netzwerke. So berichten Studierende über positive Veränderungen, die sich mit dem Einüben digitaler

189

Kollaboration bei ihnen eingestellt hat. Diese Veränderungen wirken mitunter auch ins Private.

Ziele erreichen können

Während einige TN mit einem vorbestehenden Ziel in das Seminar kommen, wird es bei anderen erst durch die Anforderungen der Methode ins Leben gerufen oder unter unterschiedlich ausgeprägter Mithilfe des Circle gefunden. Insgesamt findet die Zielfindung höchst individuell statt. Ziele unterscheiden sich in Art und Umfang. Abhängig von der Passung des Ziels zum Thema Netzwerken und der Bedeutung für die TN, wird das Ziel im Laufe des Seminars geändert, der Umfang angepasst oder werden Teilziele formuliert. Mitunter kommt es zu chronologischen Dissonanzen zwischen den Schritten im WOL™-Prozess und der inhaltlichen Bearbeitung des Zieles. Es findet sich die bemerkenswerte Einschätzung, dass die Befolgung der Methode vom eigentlichen Ziel ablenken würde. Das ist dann der Fall, wenn ein Netzwerk als weniger hilfreich für die Erreichung des Ziels angesehen wird. *„[…] oder fallen mir überhaupt Beziehungen ein, die mit meinem Ziel verbunden werden können."* (I1F3, Pos.24) Studierende mit einem auf ihre Masterarbeit bezogenen Ziel nehmen das Seminar als zusätzliche Unterstützung wahr, erhoffen sich methodische und pragmatische Erkenntnisse. In der Synopse erscheinen die Auseinandersetzungen als bedeutsam für die TN auf dem Weg zu einer realistischeren Position zu eigenen Arbeits- und Lernprozessen.

In Gruppen arbeiten können

Die Circle wurden fächerübergreifend zusammengestellt und heterogene Gruppen gebildet. Die Gruppendynamik im Circle wird als resonanter Prozess beschrieben. Beim gemeinsamen Lernen können sich Routinen und mehr Offenheit in den Teams entwickeln; Motivation kann sich übertragen. Verbindlichkeit in der Gruppe ist eine Voraussetzung für eine gelingende Gruppenarbeit und einen effektiven Lernprozess. Eine ausgeprägte Diversität der Ziele wird genauso als bereichernd erlebt wie ähnliche Ziele. Sympathie wird als förderlich erlebt. Die Integration von Studierenden, die Deutsch nicht als Muttersprache sprechen, wurde als Hürde erlebt. Lösungsorientiert finden die Gruppen meist zu einem Workflow, der den Austausch intensiviert und zu effektiven Gesprächen führt. Als individuelle Effekte werden gesteigerte Reflexivität und eine positive Haltung zur Arbeit genannt. Insgesamt empfinden die Teilnehmenden die Interaktion innerhalb des Circles als unterstützend. *„Ich finde, die Gruppenmitglieder total bereichernd und habe auch festgestellt, dass man untereinander total netzwerkt, also dass man die eine Person kennt da jemanden [...] oder so und kann einem helfen eine Interviewpartnerin oder Partner zu finden oder auf beruflicher Ebene, dass man sich da austauscht und gegenseitig unterstützt und so oder Tipps gibt. Und das finde ich so an Personen, die ich jetzt über dieses WOL kennengelernt habe, am bereicherndsten, muss ich sagen."* (I2F2, Pos.70) Als herausragendes Problem zeigt sich die Organisation gemeinsamer Circle-Termine. Da die Pitstops mit den vorgesehenen Circle-Terminen kollidierten, mussten Studierende in den Pitstop-Wochen alternative Termine finden und vereinbaren.

WOL™ als Ganzes rekonstruieren und reflektieren können

Der Guide wurde einerseits als abwechslungsreich, gut strukturiert und selbsterklärend bewertet; andererseits als zu textüberladen und unkonkret. Diese Studierenden wünschten eine kompaktere Anleitung, die besser in den studentischen Arbeitskontext passen und die Erreichung konkreter Ziele erleichtern könnte. Auch die Freiheit in der Methode, den Guide auf eigene Bedürfnisse anzupassen, wurde einerseits geschätzt und führte andererseits zu Verunsicherung.

Bei der synoptischen Bewertung ihrer persönlichen Erfahrungen auf ihrer Lernreise berichten die Studierenden von anfänglicher Angst und Hemmungen beim Eintritt in den Circle *„[...] dem nicht so gerecht [zu] werden".* (I.2F2, Pos.54) Die Anpassung an die Methode und das Ausprobieren neuer Praktiken gelingen unterschiedlich gut. Die Studierenden erkennen gleichwohl den Wert von Gruppenaktivitäten und fortlaufender Reflexion für die kollaborative Bearbeitung ihrer Ziele. Erleben sie persönliche Veränderungen, gibt ihnen das Sicherheit und Leichtigkeit bei der Bewältigung ihrer Aufgaben. *„Für mich hat sich, denke ich, verändert, dass ich wirklich mehr in den Austausch mit mir selbst gekommen bin, also nicht nur dadurch, dass ich meine Aufgaben bearbeite, sondern diese auch mit den Menschen verpflichtend bespreche."* (I2F4, Pos.10) Dabei lernen sie einen

Ansatz kennen, der Realitäten kritisch erfasst und Ziele daran misst. Einige TN entwickeln ein nachhaltiges Interesse und den Impuls, sich tiefgreifender damit zu beschäftigen. Neben den optimistischen Berichten gibt es Stimmen der Enttäuschung von TN, die nur wenige neue Erkenntnisse gewonnen haben.

WOL™ anwenden und gestalten können

Die Studierenden berichten über gelingenden Transfer von Erlerntem in verschiedene Lebensbereiche. Obwohl die geübten Praxen nicht immer neu sind, verschiebt sich der Fokus oder neue Motivation kann sich entwickeln. Es gelingt, über den eigenen gewohnten Kontext hinaus neue Personen und Verflechtungen zu erschließen. Es wird eine neue Hinwendung zum Lernen und eine erhöhte Sensibilität für Kommunikation verzeichnet. Bestehende Hemmungen, Kontakt aktiv zu suchen, können abgebaut werden. Die persönlichen Veränderungen strahlen auf andere Personen und den Arbeitsalltag einiger TN abseits des universitären Kontextes aus. *„Ja, meiner Meinung nach selbstverständlich kann man in anderen Bereichen des Lebens diese Prinzipien benutzen. Wie wir die Ziele stellen können, wie wir das erreichen können, wie wir unsere Kreise erweitern können, wie wir zum Beispiel die Zeit planen können besser für unsere Aktivitäten, ja. Das ist immer wichtig, nicht nur für dieses Seminar, sondern für erfolgreiches Leben, kann man so sagen."* (I2F4, Pos.79)

Die Diskussion zu Optimierungsvorschlägen identifizierte eine Dissonanz zwischen der Abfolge der Aufgaben im Guide und ihrem persönlichen Prozess. *„Da ich selbst zum Beispiel Abschlussarbeit als Thema habe, würde ich behaupten, dass ich da mehr Zeit brauche. Bevor ich überhaupt in den Austausch mit anderen Personen gehe, muss ich selbst überhaupt klarer auf mein Thema hinarbeiten. Da müssten die Schritte im Handbuch dann noch angepasst werden."* (I1F1, Pos.53) Sie wünschen sich kräftigere Impulse auf das Ziel hin und eine gemeinsame Visualisierung der Fortschritte. Es wird mangelndes Commitment in einigen Circles beklagt. Als Lösung für dieses Problem denken einige der Studierenden an mehr Leistungsdruck in der Veranstaltung. Mehrere TN äußern, dass das Maß an Information überdacht und wohl geordnet werden könnte. Einige Studierende heben das Andere der Veranstaltung als Alternative zu gewohnten Lehrformaten hervor. *„ Und würde mich* *auch freuen, wenn es weiter so innovativere Formate gibt, die ein bisschen abweichen von dem, was man sonst an Seminaren kennt, die ja doch häufig auch dann ein ähnliches Format wieder haben."* (I2F1, Pos.86) TN wünschen sich Möglichkeiten, um den Lernprozess der anderen Personen in der Gruppe besser beobachten zu können. Davon erwarten sie, dass es die gegenseitige Unterstützung in der Peergroup erleichtert und Inspiration für den eigenen Prozess bietet.

6 Diskussion

Sich vernetzen können

Die Daten zeigen, dass die teilnehmenden Studierenden die fachliche Vernetzung als anspruchsvoll empfinden. Sie charakterisieren sich teilweise als nicht gut in der Vernetzung und machen deutlich, dass sie Hemmungen empfinden, erste Schritte der Vernetzung online zu realisieren (Ondrusch et al., 2021). Angesichts der Einordnung der aktuellen Studierendengeneration als Digital Natives erscheint dieser Befund als überraschend und legt folgende Schlussfolgerungen nahe:

- Für eine nicht unerhebliche Menge an Studierenden adressiert WOL™ ein Kompetenzfeld, das als entwicklungsbedürftig anzusehen ist. Für den Einsatz von WOL™ in der Lehre wird es zukünftig von Bedeutung sein, die Studierenden besser identifizieren zu können, für die die Entwicklung ihrer Vernetzungskompetenzen als vordringlich erscheint. Gegebenenfalls sollten WOL™-Varianten entwickelt werden, welche an die verschiedenen Kompetenzniveaus der Studierenden in diesem Bereich angepasst sind.

- Für die weitere Forschung dürfte es zudem von Interesse sein, zu untersuchen, warum pauschal als Digital Natives klassifizierte Menschen nur geringe Vernetzungskompetenzen entwickeln. Was hält die Studierenden davon ab, Vernetzungskompetenzen zu entwickeln bzw. was hat heute Studierende davon abgehalten, die technologischen Potenziale für ihre Vernetzung zu nutzen?

Ziele erreichen können

Die Daten zeigen, dass für die erfolgreiche Durchführung eines WOL™-Kurses die Wahl eines geeigneten Ziels von hoher Bedeutung ist. Dieser Befund ist zunächst nicht überraschend, wird doch in den verschiedenen WOL™-Guides betont, dass die Wahl eines geeigneten Ziels die Motivation, den Guide zu Ende zu bearbeiten, maßgeblich beeinflusst. Bemerkenswert für die Hochschuldidaktik sind die folgenden Ableitungen:

- Viele Studierende empfinden es als Herausforderung, sich persönliche Ziele zu setzen. Mehrfach wurde wertgeschätzt, dass Werkzeuge für die Entwicklung persönlicher Ziele an die Hand gegeben werden und dass Raum und Zeit in einer Lehrveranstaltung für die Reflexion persönlicher Ziele eingeräumt werden. Es sollte zukünftig noch mehr in den Blick genommen werden, wie Studierende angeleitet werden können, regelmäßig über ihre persönlichen Ziele zu reflektieren. WOL™ bietet hierfür neben anderen Werkzeugen einen möglichen Rahmen.

- Unsere Einsatzerfahrungen des WOL™-Guides haben andererseits gezeigt, dass die Betonung der eigenen Ziele durchaus ambivalent ist. Die Rückmeldungen der Studierenden haben deutlich gemacht, dass WOL™ teilweise als eigenständiges Instrumentarium zur Zielerreichung missverstanden wird. Die Kommunikation des WOL™-Kurses hat teilweise das Missverständnis provoziert, dass der Hauptzweck des Kurses darin bestünde, ein selbstgewähltes Lernziel erreichen zu können. Dies trifft insoweit nicht zu, als die Ziele Mittel zum Zweck sind, um Vernetzungskompetenzen aufzubauen. Durch die missverständliche Priorisierung der Zielformulierung und -erreichung ist der Aufbau von Vernetzungskompetenzen bei einigen Teilnehmer:innen in den Hintergrund geraten. Bei der Gestaltung zukünftiger WOL™-Kurse in der Hochschullehre sollte besonders darauf geachtet werden, die Zielerreichung in einem funktionalen Zusammenhang mit dem Aufbau der Vernetzungskompetenz darzustellen.

In Gruppen arbeiten können

Gruppenarbeit ist ein in der Hochschuldidaktik ausführlich diskutiertes Format mit ambivalenter Beurteilung (Reis, 2023). Eine der häufig formulierten Schlussfolgerungen lautet, dass Gruppenarbeit nur dann ihre positiven Potenziale mit hoher Wahrscheinlichkeit entfaltet, wenn diese ausführlich vorbereitet und intensiv begleitet wird (Reis et al., 2018). Häufig werden die Ressourcen für die Lehre in die fachlich einschlägigen Veranstaltungsanteile investiert, während davon ausgegangen oder gehofft wird, dass die Gruppenarbeit von den Studierenden selbst erfolgreich gestaltet wird. Vor diesem Hintergrund sind die folgenden Perspektiven durch WOL™ hervorzuheben:

- Im Falle von WOL™ ist zu betonen, dass die bereitgestellten WOL™-Guides der Gruppenarbeit verhältnismäßig viel Raum einräumen. Die Organisation in den als WOL™-Circle bezeichneten Studierenden-Gruppen wird ausführlich erläutert und durch Kursmaterial gezielt unterstützt. Vor dem Hintergrund der einschlägigen hochschuldidaktischen Diskussion der Gruppenarbeit kann diese Ausrichtung der WOL™-Guides als Stärke angesehen werden.

- Es stellt sich die Frage, ob die auf die WOL™-Circle bezogenen Materialien auch für andere Formen der Zusammenarbeit von Studierenden in der Hochschullehre adaptiert werden sollten.

WOL™ als Ganzes rekonstruieren und reflektieren können

Die Studierenden waren anhand von allgemeinen Reflexionsfragen sehr gut in der Lage, ihre Erfahrungen mit der WOL™-Methode in FG zu diskutieren. Diejenigen, die sich freiwillig beteiligt haben, zeigten sowohl analytische Tiefe als auch Ausdrucksstärke bei der Formulierung ihrer allgemeinen Beobachtungen. Die Befunde lassen folgende Schlussfolgerungen zu:

195

- Studierenden sollte auch im Rahmen von WOL™-Kursen der Raum zur Reflexion ihrer Lernerfahrung eingeräumt werden. Die Leitfragen unserer Fokusinterviews haben wir daher so aufbereitet, dass diese als OER-Material auch außerhalb der wissenschaftlichen Begleitung für die Unterstützung allgemeiner Reflexionen zur Verfügung stehen.

- Studierende sollten Techniken an die Hand gegeben werden, mit denen sie den Aufbau eines solchen Kurses visualisieren können, sodass sie besser in die Lage versetzt werden, individuelle Lernreisen zu dokumentieren und zu analysieren.

WOL™ anwenden und gestalten können

Insgesamt hat unser wissenschaftlich begleiteter WOL™-Kurs gezeigt, dass es durchaus notwendig ist, die Standardmaterialien um zusätzliche Informationen zu ergänzen und den Ablauf von WOL™ für Belange der Hochschullehre anzupassen:

- Zu den wichtigsten organisatorischen Entscheidungen zählt, wie die 12-Wochen-Guides auf den Wochenplan eines Semesters projiziert werden bzw. wie sich verkürzte Kurse gestalten lassen, die sich in umfassendere Veranstaltungen z. B. zur Erstsemestereinführung oder zum wissenschaftlichen Arbeiten integrieren lassen. Dass dieses Gestaltungswissen nicht trivial ist, veranschaulicht die Herausforderung der Terminfindung, die sich insbesondere daraus ergibt, dass der 12-Wochen-Kurs nur auf den ersten Blick gut auf ein Semester passt.

- Visuelle Hilfsmittel zur Veranschaulichung der WOL™-Kurse sind nicht nur für die individuelle Reflexion empfehlenswert, sondern erscheinen auch für die Anpassung und Nutzung der WOL™-Guides in der Hochschullehre als unerlässlich.

7 Limitationen

Einige Studierende nahmen trotz Zusage nicht an den FG teil. Die FG hatten deshalb eine Gruppengröße zwischen zwei und vier Personen. Da die TN aus unterschiedlichen Circle kamen, war dennoch ein offenes und zielorientiertes Gespräch möglich.

Zudem waren die parallel interviewenden Projektmitarbeitenden unterschiedlich ausgebildet in qualitativer Interviewführung. Eine von zwei interviewenden wissenschaftlichen Hilfskräften befand sich in einer Doppelrolle, da sie gleichzeitig Seminarteilnehmerin war. Die Doppelrolle wurde im Projektteam diskutiert und handlungsleitend so umgesetzt, dass sie keine Mitglieder ihres eigenen Circle befragt hat.

8 Fazit

Zusammenfassend lässt sich feststellen, dass die Adaption von WOL™ in der Hochschullehre signifikante Potenziale zur Kompetenzentwicklung bietet. Gleichzeitig macht die vorliegende Studie deutlich, dass die Grenzen und spezifischen Anforderungen dieses Transfers sorgfältig reflektiert und adressiert werden müssen. Die Identifikation von fünf zentralen Kompetenzfeldern im Zusammenhang mit WOL™ legt die Grundlage für gezielte Weiterentwicklungen der Lehrformate.

Danksagung

Das Projekt „Innovative Zusammenarbeit und Selbstlernkompetenzen durch Working Out Loud fördern (innoWOL)" wurde von der Stiftung Innovation in der Hochschullehre vom 01.09.2022 bis 31.08.2023 gefördert.

Literaturverzeichnis

Arnold, R. (2017). *Entlehrt euch! Ausbruch aus dem Vollständigkeitswahn*. hep, der Bildungsverlag. https://books.google.de/books?id=-v3lswEACAAJ

Aten, K., Nardon, L., & Stanko, T. (2016). *Working Out Loud: Culture, Technology, and Communication Practices of a Global Team in a Virtual World*. NPS Archive: Calhoun. http://hdl.handle.net/10945/48663

Brandhofer, G., Baumgartner, P., Ebner, M., Köberer, N., Trültzsch-Wijnen, C., & Wiesner, C. (2018). Bildung im digitalen Zeitalter. In *Nationaler Bildungsbericht 2018* (Band 2, S. 307–362). Leykam Buchverlagsgesellschaft. https://doi.org/10.17888/nbb2018-2-8

Dresing, T., & Pehl, T. (2018). *Praxisbuch Interview, Transkription & Analyse: Anleitungen und Regelsysteme für qualitativ Forschende*. 8. Aufl. Eigenverlag.

Ehlers, U.-D. (2020). *Future skills: The future of learning and higher education*. https://doi.org/10.1007/978-3-658-29297-3

Flick, U., Kardorff, E. von, & Steinke, I. (Hrsg.). (2022). *Qualitative Forschung: Ein Handbuch*. 14. Aufl., Originalausgabe). rowohlts enzyklopädie im Rowohlt Taschenbuch Verlag.

Helfferich, C. (2009). *Die Qualität qualitativer Daten*. VS Verlag für Sozialwissenschaften. https://doi.org/10.1007/978-3-531-91858-7

Hennink, M. M., & Leavy, P. (2014). *Understanding Focus Group Discussions*. Oxford University Press. https://doi.org/10.1093/acprof:osobl/9780199856169.001.0001

Kuckartz, U., & Rädiker, S. (2020). *Fokussierte Interviewanalyse mit MAXQDA: Schritt für Schritt*. Springer Fachmedien Wiesbaden. https://doi.org/10.1007/978-3-658-31468-2

Kuckartz, U., & Rädiker, S. (2022). *Qualitative Inhaltsanalyse: Methoden, Praxis, Computerunterstützung: Grundlagentexte Methoden*. 5. Aufl. Beltz Juventa.

Mayring, P. (2022). *Qualitative Inhaltsanalyse: Grundlagen und Techniken*. 13., überarb. Aufl. Beltz.

Mayring, P., & Fenzl, T. (2019). Qualitative Inhaltsanalyse. In N. Baur & J. Blasius (Hrsg.), *Handbuch Methoden der empirischen Sozialforschung* (S. 633–648). Springer Fachmedien Wiesbaden. https://doi.org/10.1007/978-3-658-21308-4_42

Ondrusch, N., Premnavas, S., & Schoenbrunn, J. (2021). Networking and student collaboration in times of virtualized contacts: Working out loud as a method to promote group cohesion. *European Journal of University Lifelong Learning*, 59–69. https://doi.org/10.53807/0501g4u0

Reis, O. (2023). *Wie Gruppenarbeit im Studium besser gelingt*. Forschung & Lehre. Alles was die Wissenschaft bewegt. https://www.forschung-und-lehre.de/lehre/wie-gruppenarbeit-im-studium-besser-gelingt-5418

Reis, O., Corves, A., Hoyer, I., & Nyquist, E. (2018). Reziprozität zwischen Lehrenden und Studierenden als Kern der Kompetenzorientierung – Eine Grundsatzklärung. In B. Berendt (Hrsg.), *Neues Handbuch Hochschullehre*. [Teil] A. Lehren und Lernen. 1. Hochschuldidaktik. (Fachportal Pädagogik; S. A 1.14, S. 1–18). DUZ Verlags- und Medienhaus.

Schreier, M. (2014). Varianten qualitativer Inhaltsanalyse: Ein Wegweiser im Dickicht der Begrifflichkeiten [59 Absätze]. *Forum Qualitative Sozialforschung / Forum: Qualitative Social Research, 15*(1), Art. 18. http://nbn-resolving.de/urn:nbn:de:0114-fqs1401185

Stepper, J. (2020). *Working out loud: Wie Sie Ihre Selbstwirksamkeit stärken und Ihre Karriere und Ihr Leben nach eigenen Vorstellungen gestalten* (M. Grow, Übers.). Verlag Franz Vahlen.

Stepper, J. (2022). *WORKING OUT LOUD: Das Circle-Arbeitsbuch*. Ikigai, LLC. workingoutloud.com

Suessenbach, F., Winde, M., Klier, J., & Kirchherr, J. (2021). *FUTURE SKILLS 2021*. 21 Kompetenzen für eine Welt im Wandel. STIFTERVERBAND. Bildung. Innovation. Wissenschaft.

Williams, B. (2010). *When will we Work Out Loud? Soon!* Blogbeitrag: https://thebryceswrite.com/2010/11/29/when-will-we-work-out-loud-soon/

Wissenschaftsrat (Hrsg.). (2022). *Empfehlungen für eine zukunftsfähige Ausgestaltung von Studium und Lehre*. Wissenschaftsrat. https://doi.org/10.57674/q1f4-g978

Peter Schmitz[1] & Petra Weiss[2]

Resonanz und Hochschuldidaktik – Schnittpunkte und Synergien

Zusammenfassung

Ausgehend von der Resonanztheorie stellt der Beitrag Möglichkeiten vor, wie Resonanz als grundlegender Faktor der Hochschullehre wirken kann. Hierfür bietet sich der Ansatz des nachhaltigen Lernens, insbesondere die Lernzieltaxonomie, als konzeptioneller Hintergrund an, um Resonanzerfahrungen auf verschiedenen Ebenen des Lernens in der Hochschule zu ermöglichen. Erste Ideen zur konkreten Umsetzung wurden im Rahmen eines Kurzworkshops mit Hochschullehrenden gesammelt.

Schlüsselwörter

Resonanz, nachhaltiges Lernen, Lernziele, Taxonomie nachhaltigen Lernens, Hochschuldidaktik

---

1 Corresponding Author; Musikpädagoge, freiberuflich (Soest/Winterthur); pe-schm164@posteo.de; ORCID 0009-0000-8643-7892
2 Pädagogische Hochschule Zürich; petra.weiss@phzh.ch; ORCID 0009-0006-4348-3155

https://doi.org/10.21240/zfhe/19-4/11

Resonance and academic development – Intersections and synergies

Abstract

Based on resonance theory, this paper presents possible ways in which resonance can function as a fundamental factor in university teaching. The approach of significant learning, and in particular the taxonomy of learning goals, provides a suitable conceptual background for enabling resonance experiences at different levels of learning in higher education. Initial ideas for concrete implementation were gathered in a short workshop with university teachers.

Keywords

resonance, significant learning, learning goals, taxonomy of significant learning, academic development

1 Die resonanztheoretische Neufokussierung der Hochschuldidaktik

Warum fällt es Lehrenden in einem Kurs schwer, Inhalte zu vermitteln, während in einem anderen ein intensiver Austausch entsteht? Solche Fragen behandeln H. Rosa (2016) und L. Dee Fink (2013) aus verschiedenen theoretischen Blickwinkeln – sie kommen interessanterweise auf ähnliche Ergebnisse und Schlussfolgerungen.

Ziel dieses Beitrags ist, die Ansätze mit Fokus auf Hochschullehre aufeinander zu beziehen. Neben Ideen zur praktischen Umsetzung greifen wir auch philosophisch-(hochschul-)politische Implikationen auf. Dazu wird der in der deutschsprachigen Hochschuldidaktik wenig verbreitete Ansatz von Fink (2013; vgl. Bach et al., 2016) vorgestellt, der das *Constructive Alignment* (Biggs et al., 2022) zum *Integrated Course Design* weiterentwickelt und differenziertere Möglichkeiten der Lernzielfindung bietet.

1.1 Mediopassives[3] Antwortverhalten statt aggressivem Weltverhältnis

Sowohl die Resonanztheorie (Rosa, 2016) als auch die Resonanzpädagogik (Rosa & Endres, 2016) streben eine Neuausrichtung der individuellen und gesellschaftlichen Weltbeziehung an, die wegführt vom spätkapitalistischen Konzept der dynamischen Stabilisierung. Dies ist verknüpft mit stetiger Leistungssteigerung und Ressourcenverbrauch (Rosa, 2016, S. 673f.), auch im Sozialsystem (Reckwitz & Rosa, 2021, S. 202), und zwingt uns „in ein Aggressionsverhältnis zur Welt und […] zu uns selbst" (Rosa, 2019, S. 41). Resonanz fokussiert dagegen auf die Qualität unserer Weltbeziehungen (Rosa, 2019, S. 39) und fordert ein offenes, hierachiefreies, medio-

---

3 Die Begriffe mediopassiv und medioaktiv beschreiben einen Handlungsmodus, „der exakt zwischen aktiv und passiv zu verorten ist und doch zugleich ein Drittes bezeichnet" (Rosa, 2019, S. 46).

passives Interagieren mit anderen und der Umwelt, sodass wir uns als Wesen begegnen, die einander etwas zu sagen haben, sich vom „Anderen" berühren lassen und selbstwirksam antworten können, wodurch sich alle Beteiligte verwandeln (Rosa, 2019, S. 50). Mediopassive Interaktion ist somit ein resonantes Antwortverhältnis.

Die Resonanzpädagogik (Rosa & Endres, 2016) bezieht sich auf die Schule; viele Ideen lassen sich auf die Hochschule übertragen, wo sich die Ansätze von Rosa und Fink treffen. Zunächst wird die Resonanztheorie unter pädagogischen Gesichtspunkten dargestellt, bevor wir den Ansatz von Fink (2013) damit verknüpfen.

1.2 Resonanzparameter

Die drei unmittelbar beeinflussbaren Gelingens-Parameter (s. Abb. 1) **Berührung**, **Selbstwirksamkeit** und **Anverwandlung** bauen die Resonanzbeziehung auf.

- **Berührung:** Nur wenn sich Lehrende und Lernende gegenseitig respektieren, von der Unterrichtssituation angenommen und vom Thema angesprochen fühlen, öffnen sich Kommunikationskanäle und es kann ein von wechselseitigem Interesse geprägter Interaktionsraum entstehen.

- **Selbstwirksamkeit:** Alle Teilnehmenden sollten den Lernprozess mitgestalten und Einfluss auf die Inhalte nehmen. Erst wenn Lernende ihre Fähigkeiten und Ideen einbringen können, agieren sie selbstwirksam.

- **Anverwandlung:** Studierende sollten den Stoff aktiv in ihren Lebenszusammenhang integrieren, sodass sie in ihren Weltbezügen neuen „Sinn" erkennen. Durch diese Wechselseitigkeit verändert sich nicht nur ihr Wissen, wie bei der Transformation, sondern auch der Stoff selbst (Rosa, 2019, S. 45).

Die nicht unmittelbar beeinflussbaren Parameter **Unverfügbarkeit** und **Kontextbedingungen** wirken übergreifend in jeder Phase der Resonanzbildung (s. Abb. 1).

- **Unverfügbarkeit:** Resonanz ist nicht erzwingbar, da Individuum und Umwelt als geschlossene Systeme mit eigener Stimme sprechen (Rosa, 2016, S. 298), sodass „die Antwort auch ausbleiben" kann (Rosa, 2016, S. 295). Dies erschwert die Planung resonanter Lernerfahrungen. Aber gerade unverfügbare Momente und kleine unerwartete Begegnungen geben dem pädagogischen Handeln einen eigenen Reiz (Rosa, 2022, S. 64) und fordern Improvisation (vgl. Thomann & Honegger, 2021). Rosa (2022, S. 64) bezeichnet dies als „Halbverfügbarkeit", da zwischen geplanter Lehrhandlung und spontaner Reaktion ein Zwischenraum entsteht.

Abb. 1: Gelingens-Parameter für Resonanz (eigene Darstellung)

- **Kontextbedingungen:** Trotz bester Randbedingungen lässt sich Resonanz in der Lehre nicht erzwingen. Durch Gestaltung von Lernsituationen, die eine resonante Stimmung (z. B. Entspannung) fördern, versucht man dennoch, günstige Bedingungen zu schaffen (vgl. Wils, 2019). Diese Resonanzen zweiter Ordnung (vgl.

Schmitz, 2023) sind jedoch nicht tiefgreifend und beeinflussen unsere Weltbeziehungen nur kurzfristig. Dagegen stehen die seltenen Momente umfassenden „Aufgehobenseins" (Rosa, 2016, S. 198), die uns als Resonanzen erster Ordnung plötzlich und unerwartet begegnen. Der Unterrichtsraum kann ein Resonanzraum zweiter Ordnung sein, in dem man sich geborgen fühlt oder den man mit Abwehr betritt (Rosa & Endres, 2016, S. 36). In beiden Fällen entsteht eine Antwortbeziehung zum Raum: „Resonanz ist kein Gefühlszustand, sondern ein Beziehungsmodus" (Rosa, 2016, S. 288). Resonanz tritt sowohl in positiven als auch in krisenhaften Situationen auf und beschreibt, „inwieweit die Welt [...] wirklich antwortet" (Rosa, 2016, S. 289).

1.3 Resonanzachsen

Entlang verschiedener Ausschnitte der Lebenswelt können sich Resonanzachsen in drei Richtungen entwickeln (Rosa, 2016, S. 331ff.; s. Abb. 2).

- Die **horizontale Achse** beschreibt soziale Beziehungen. Inwieweit berühren das Individuum andere Menschen; wo entsteht zwischen ihnen ein Antwortverhältnis?

- Die **diagonale Achse** bildet die Beziehungen zur materiellen Umwelt ab, etwa zu Konsumgütern oder Institutionen wie Schule und ihren Lerninhalten.

- Die Beziehung zu Kunst, Religion, Natur und dem Leben als Ganzem wird mit der **vertikalen Resonanzachse** abgebildet.

- Die vierte Dimension, die Rosa nicht als eigene Resonanzachse anspricht, ist die **Selbstresonanz** (vgl. Forrer Kasteel et al., 2023), symbolisiert als Kreis um die Person (s. Abb. 2). Sie wirkt auf alle drei Resonanzachsen, die die Lebenswelt der Person bilden. Die positive, antwortende Grundeinstellung zur Umwelt nennt Rosa (2016, S. 325) „dispositionale Resonanz".

Resonanzräume entstehen bei der Verbindung mehrerer Resonanzachsen (s. Abb. 2). Hochschulen regen als reale Räume, Treffpunkte und Orte der Bildung alle drei Resonanzachsen an.

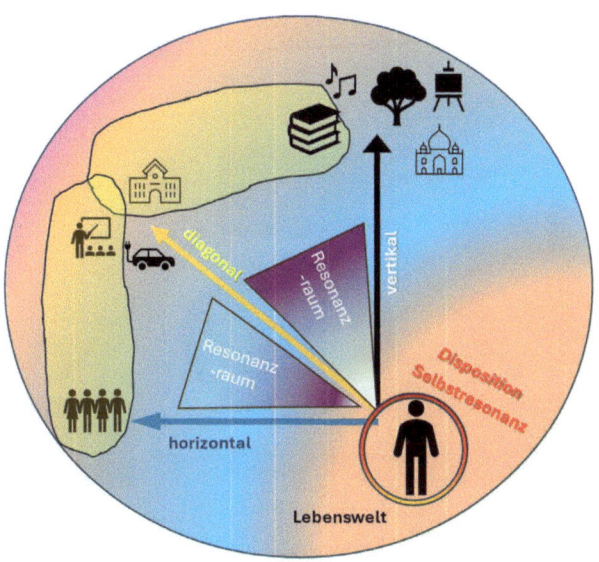

Abb. 2: Gelingens-Parameter für Resonanz (eigene Darstellung)

1.4 Das didaktische Dreieck zur Resonanz in der Hochschullehre

Beim Lernen werden mehrere Resonanzachsen angesprochen. Schwingen sie, entsteht ein gelingender Lernprozess. Das didaktische Dreieck zur Resonanz in der Hochschullehre (s. Abb. 3) ist eine Modifikation der Darstellungen von Rosa (2016, S. 409 und S. 411), wobei der Stoff oberhalb der pädagogischen Akteur:innen steht. Es ähnelt dem klassischen didaktischen Dreieck (vgl. Böss-Ostendorf & Senft, 2018) und bezieht sich auf die Resonanzachsen. Lernende und Lehrende bilden die horizontale Achse. Der Stoff ist der Eckpunkt der beiden Diagonalachsen, die die Beziehungen zum Lerninhalt darstellen. Werte und Bildungshintergründe, verbunden mit dem Stoff und der Interaktion, müssten auf einer vertikalen Achse dargestellt werden, die hier fehlt.

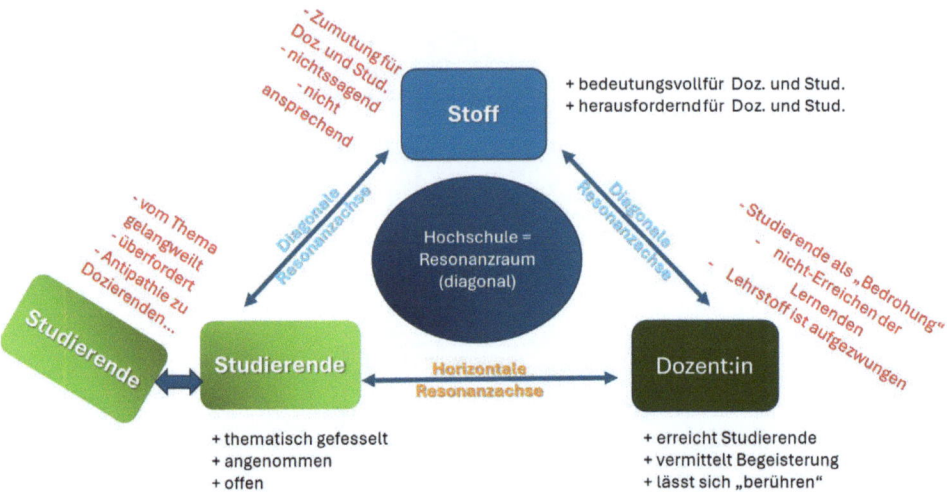

Abb. 3: Didaktisches Dreieck zur Resonanz (schwarz) und Entfremdung (rot) in der Hochschullehre (in Anlehnung an Rosa & Endres, 2016, S. 45f.)

Die horizontale Resonanzachse (Rosa, 2016, S. 341ff.) kann als Zentrum von Kommunikationsprozessen zwischen Lernenden und Dozierenden betrachtet werden. In der Hochschullehre sind Interesse (Selbstresonanz) und Vorwissen (Diagonale) der Studierenden relevant, da hier, anders als in der Schule, Selbstständigkeit und intrinsische Motivation vorausgesetzt werden können.

2 Aktivierung von Resonanzachsen in der Hochschullehre

Mit seinem Konzept des bedeutsamen bzw. nachhaltigen[4] Lernens bietet Fink (2013) Hochschullehrenden Werkzeuge für eine resonanzaffine Gestaltung von Lehrveranstaltungen. Durch die Verbindung seiner um affektive Aspekte erweiterten Lernzieldimensionen mit Resonanzachsen werden diverse Facetten der Lebenswelten von Lernenden angesprochen.

2.1 Positive Einstellung zum lebenslangen Lernen als Grundlage reichhaltigen Lebens

Fink (2013) entwickelt seinen Ansatz aufgrund langjähriger Erfahrung als Hochschuldozent und -didaktiker. Im Zentrum steht, wie Wissen nachhaltig erworben wird und über die nächste Prüfung hinaus Bestand hat. Damit verbunden sind Werte, Selbstbilder und Kompetenzen der Studierenden, die gefestigt werden sollen und auf ein von Bildung geprägtes weltoffenes Menschenbild zielen. Sein Konzept ermöglicht es Dozierenden, ihre Vorbereitung, ihr Lehrhandeln sowie Lern- und Prüfungssettings auf ein kompetenzorientiertes didaktisches Gesamtkonzept umzustellen.

2.2 Mehrdimensionale Lehr-Lernzielfindung

Lernzieltaxonomien sind Instrumente zur Lehrplanung und Evaluation. Kognitive Taxonomien wie die von Bloom et al. (1956) sind beliebt, da sie durch ihre hierarchische Gliederung in den sechs Ebenen Wissen, Verständnis, Anwendung, Analyse, Synthese und Bewertung Übersichtlichkeit vermitteln. Auch Lernergebnisse werden vergleichbar. Sie zielen auf die Gestaltung von Prüfungen, für die Lernende durch Training vorbereitet werden.

---

4 Fink (2013) bezieht sich mit „significant learning" auf langanhaltendes Lernen. Wir verwenden gemäß der deutschen Adaptation (Fink, 2003) nachhaltiges Lernen.

Resonanzpädagogisch ist diese Outputorientierung kritikwürdig. Die einseitige Betonung kognitiver Lernziele verengt das methodische Handeln, da „zeitraubende" Suchverfahren der Lernenden als unzureichend gelten. Vor dem Hintergrund kompetenzorientierter *Future Skills*[5] kritisiert Erpenbeck (2020) eine Lehrhaltung, die sich nur auf kognitive Wissensziele konzentriert. Kompetenzen wie kreativer und selbstorganisierter Umgang mit praxisnahen Problemen werden vernachlässigt. Fehler werden in einer traditionellen, rein kognitiv ausgerichteten Lernkultur negativ bewertet bzw. als Scheitern angesehen und möglichst vermieden. Die Resonanzpädagogik lässt dagegen Fehler zu (Rosa & Endres, 2016, S. 79f.) und favorisiert ein prozesshaftes „In-Beziehung-Treten mit einer Sache", wodurch Lehr-Lernsituationen „einen Moment der Offenheit und der Unverfügbarkeit" (Rosa & Endres, 2016, S. 78) erhalten. Kompetenzerwerb dient hier der Qualitätssteigerung resonanter Momente. Lehrende und Lernende verlassen den „distanzierten Modus der Stoffbeherrschung" (Rosa & Endres, 2016, S. 79) und sind bereit, Wege auszuprobieren, deren Ausgang ungewiss ist (Rosa & Endres, 2016, S. 81). Ein solcher Unterricht weckt neue, kreative Potenziale.

Taxonomien, die affektive, soziale und psychomotorische Lernziele adressieren (z. B. Krathwohl et al., 1964), werden selten in der Hochschullehre eingesetzt und gelten für ihre Entwickler nur als erster Schritt in ein „noch weitgehend unerforschtes Gebiet" (Lemke, 1981, S. 139). Fink (2013, S. 31ff.) berücksichtigt in seiner *Taxonomy of Significant Learning* auch affektive und soziale Lernziele und bildet ein umfassendes Spektrum ab. Er betont die Notwendigkeit von Zielen wie Lernen zu lernen, Führungs- und interpersonelle Fähigkeiten, Ethik, Kommunikationsfähigkeiten, Charakter, Toleranz und Anpassungsfähigkeit.

---

[5] Ehlers (2020) beschreibt *Future Skills* als Neuorientierung der Lehre auf praktische Anforderungen des (akademischen) Berufslebens. In Zeiten der Digitalisierung und Globalisierung ist Wissen überall und jederzeit erlern- und abrufbar; die sozialen und technischen Bezugswelten der (arbeitenden) Menschen werden komplexer. Daher verstehen *Future Skills* Fachwissen nur als Basis für den Erwerb von Kompetenzen wie Kreativität und reflektiertes Handeln in unvorhersehbaren, komplexen Situationen.

2.3   Bildung und nachhaltiges Lernen

Resonanzpädagogik und nachhaltiges Lernen verfolgen einen Bildungsbegriff, der Lernende auf ihre Stellung in und zur Welt sowie ihren Platz im Leben vorbereitet. Sie sollen ein tiefes Verständnis und Interesse für ihre Umwelt, die behandelten Themen sowie für ihre Mitmenschen gewinnen. Das geht über die Aneignung von Wissen und spezialisierten Kompetenzen hinaus; es geht darum, „die Beziehung zur Welt zu verändern" (Rosa & Endres, 2016, S. 44). Nachhaltiges und bedeutsames Lernen endet nicht mit der Abschlussklausur, sondern zielt auf eine umfassende Menschenbildung, die zu neuen Einsichten und Einstellungen beiträgt. Fachwissen wird in gesellschaftliche Zusammenhänge gesetzt, und es werden ein selbstverantwortlicher Umgang mit der eigenen Arbeit und lebenslanges Lernen eingeübt: „[…] significant learning is learning that makes a difference in how people live – and the kind of life they are capable of living" (Fink, 2013, S. 7).

Im traditionellen Unterricht vermeiden Dozierende Lernumwege und offene Lösungsmöglichkeiten. Das Wettbewerbsprinzip, dem sich nicht nur Lernende, sondern auch Lehrende unterordnen, dominiert. Kognitive Lernzieltaxonomien untermauern dies, indem sie Evaluationsmethoden bereitstellen, die diesen Wettbewerbsdruck quantifizieren (Rosa & Endres, 2016, S. 83). Selbst wenn Lernende in einem optimalen Resonanzraum auf Prüfungen vorbereitet werden, das Resonanzdreieck des gelingenden Unterrichts schwingt und es im Seminarraum „knistert" (Rosa & Endres, 2016, S.16), verstummen in der Abschlussprüfung oft die Resonanzachsen. Dies kann zu Versagensängsten führen. Die Resonanztheorie kritisiert dieses spätkapitalistische System der ständigen Optimierung in der Bildung und schlägt einen kulturellen Paradigmenwechsel vor, bei dem die Qualität die Reichweite der Weltbeziehung als Beurteilungskriterium ablöst (Rosa, 2016, S. 725).

2.4 Lehrveranstaltungsplanung als Aktivierung von Resonanzachsen

Resonanzerfahrungen basieren auf Antwortverhalten, das sich durch Berührung und Selbstwirksamkeit entfaltet und in nachhaltiger Anverwandlung niederschlägt. Auch Finks Dimensionen (2013) zielen auf grundlegende und anhaltende Veränderungen der Lernenden, die neben Fachwissen Einstellungen und Werte einbeziehen. Diese emotionale Verknüpfung mit dem Lerninhalt ist eine resonante Affektion, wie sie auch die Bildungskonzeption der *Future Skills* anstrebt: „[…] ohne emotionale Labilisierung – Berührung, Dissonanz, Irritation – gibt es kein nachhaltiges Lernen." (Erpenbeck, 2020, S. 68).

Finks (2013) sechs Lernzieldimensionen sprechen Veränderungen im kognitiven und affektiven Bereich an und erfassen auch personale Kompetenzen. Im Gegensatz zur Bloom'schen Taxonomie sind sie nicht hierarchisch und „verstärken sich gegenseitig" (Frank et al., 2019, S. 84).

Die Gestaltung von Lernsettings unter Berücksichtigung des nachhaltigen Lernens und der Resonanzpädagogik bietet Studierenden ein vielfältiges Handwerkszeug und Hintergrundwissen für den Berufsalltag. Den methodischen Kern bildet praxisnahes Projektlernen. Abbildung 4 unterteilt auf der linken Seite die Dimensionen in affektive und kognitive Lernbereiche. Die rechte Seite veranschaulicht, wo sie sich im Modell der Resonanzachsen wiederfinden.

Die **horizontale Resonanzachse** beschreibt zwischenmenschliche Beziehungen. Entsprechend drückt die *Menschliche Dimension* die Resonanzmöglichkeit auf sozialer Ebene aus und bezieht auch die Selbstresonanz ein (vgl. Forrer Kasteel et al., 2023).

Ein interessiertes und offenes Auftreten der Dozierenden ist der erste Schritt, Resonanzfäden zu den Studierenden auszuwerfen. Austausch und Interaktion zwischen den Lernbeteiligten sollten durch interaktive Methoden (Gruppenarbeit, Think-Pair-Share usw.) ermöglicht werden. Soziale Kompetenzen erhalten Lernende auch in der

Zusammenarbeit mit Studierenden aus verschiedenen Kulturbereichen (Fink, 2013, S. 52).

Die **diagonale Resonanzachse** beschreibt das Verhältnis des Menschen zu Gegenständen, zu Institutionen wie Hochschule oder Inhalten. So formen *Fachwissen* und *Anwendung* unser resonantes Verhältnis zur dinglichen Welt. Selbstwirksames Auseinandersetzen mit berührenden Inhalten führt zu Anverwandlung, und das Wissen wird nachhaltig im Langzeitgedächtnis verfügbar. „Das ermöglicht es uns, reale und ausgedachte Alternativen zu unseren Handlungen zu finden." (Buzsáki, 2023, S. 41).

Dozierende sollten verschiedene Methoden, Medien und didaktische Aufbereitungen zur Beschäftigung mit Inhalten bereithalten, um Kommunikationsbrücken (vgl. Schmitz, 2020) zu den Studierenden zu bauen, denn jede:r lernt anders, hat andere Interessen und Vorerfahrungen, die Sinnfelder[6] bilden, die in der didaktischen Erschließung des Themengebiets mitbedacht werden sollten (vgl. Schmitz, 2014). Studierende sollten daraus für sie passende Varianten wählen können, um sich in Themen zu vertiefen. Durch diese selbstwirksame Auseinandersetzung berührt sie der Lerngegenstand und wird anverwandelbar. Dies unterstützt das Verständnis für die dem Wissen zugrundliegende konzeptuelle Struktur (Fink, 2013, S. 43).

---

[6] Sinnfelder bilden in der Philosophie der Neuen Sachlichkeit Rahmungen, durch die wir die Weltausschnitte wahrnehmen (Gabriel, 2013, S. 237).

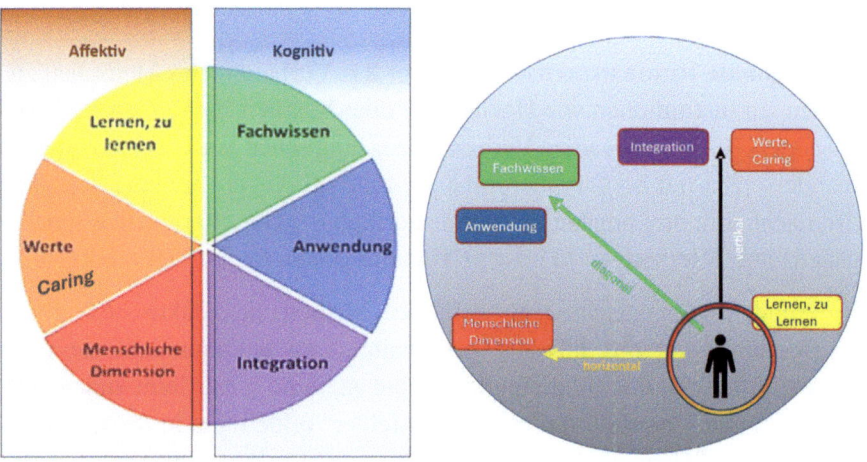

Abb. 4: Zuordnung der Lernzieldimensionen (Fink, 2013, S. 35) (links) zu Resonanz-achsen (rechts) (eigene Darstellung)

Auf der **vertikalen Resonanzachse** schwingen unsere Beziehungen zur Religion, Natur, Kunst oder Geschichte. Die Dimension *Integration* drückt dieses Verhältnis des Stoffs zur Welt aus. Auch technische und theoretische Inhalte haben Bezüge zur Ideenwelt und bestimmen Lebenswelten. „[…] I would like to note three major kinds of connections that many educators have emphasized: interdisciplinary learning, learning communities, and connecting academic work with other areas of life." (Fink, 2013, S. 48f.).

Übergeordnete Bedeutungen der Inhalte sollten in der Lehrvorbereitung mitgedacht werden, etwa: Wie verändert die Relativität von Zeit und Raum unser Verhältnis zur Vergänglichkeit? Wie beeinflussen Algorithmen in der Welt des Big Data die Idee des freien Individuums?

Auch *Lernen zu lernen* und *Caring*[7] beziehen sich auf unser Verhältnis zur Welt und zielen darauf, eine professionelle und menschliche Rolle im Leben und in der Arbeit einzunehmen, indem man die Anforderungen des zukünftigen Berufsfelds versteht und wertschätzt. Dies fördert eine Einstellung zum Lernen als lebenslange Tätigkeit und aktiviert die Selbstresonanz, da sich Studierende zu „gebildeten" Menschen entwickeln, die ihre Fähigkeiten für gesellschaftliche Belange einsetzen. „When students care about something, they then have the energy they need for learning more about it and making it a part of their lives." (Fink, 2013, S. 36).

Dozierende sollten die vertikale Resonanzachse im Blick haben, da Inhalte übergeordnete Dimensionen besitzen und Werte vermitteln, die in einer Lehrveranstaltung angesprochen werden können. Diese abstrakten Sinnfelder sollten mit speziellen Materialien oder Verweisen vorbereitet werden. Auch Studierenden und Wissenschaftler:innen stellt sich die Frage, welche politische und gesellschaftliche Relevanz ihre Forschungen haben und inwieweit sie öffentlich Stellung nehmen sollten.

2.5 Nachhaltiges Lernen als Anverwandlung und Affektion

„Resonanz enthält ein Moment der Offenheit und der Unverfügbarkeit, das sie von Kompetenz unterscheidet. Kompetenz ist Aneignung, Resonanz meint Anverwandlung von Welt: ich verwandle mich dabei auch selbst" (Rosa & Endres, 2016, S. 78). Anverwandlung umfasst eine veränderte Selbst- und Fremdwahrnehmung, also ein Bewusstwerden der eigenen Transformation im und durch das Lernen und ähnelt der *Menschlichen Dimension*: „When we learn about our self, we might learn something that helps us understand who we are at the present time; this kind of learning changes or informs our self-image" (Fink, 2013, S. 51). Lernen trägt zur Selbsterfahrung bei und man gewinnt Zutrauen hinsichtlich des Lösens neuer, komplexer Aufgaben.

---

[7] In der deutschen Adaption (Fink, 2003) wird *Caring* mit „Werte" übersetzt; dies gibt für uns jedoch die Bedeutung dieser Dimension nicht genau wieder. Daher verwenden wir den originalen Begriff *Caring*.

Sowohl Rosa als auch Fink begreifen Lernen als ganzheitlichen Prozess, bei dem man von den Inhalten auf der diagonalen Resonanzachse berührt wird, was Fink (2013, S. 55) als *Caring* anspricht: „[...] students have developed certain feelings associated with a particular subject or learning experiences [...], and when students care, they have a different affective response." Hierfür sollten Studierende möglichst früh in den Prozess der Gestaltung von Lehre einbezogen werden, etwa bei der Festlegung von Zielen, der Gestaltung von Lernaktivitäten und Feedback sowie der Reflexion der Lehr-Lernstrategien: „[...] it is necessary to treat students as subjects who are essential partners in the process." (Fink, 2013, S. 162). Dozierende müssen etwas von ihrer Kontrollfunktion abgeben. Ziel der Resonanzpädagogik ist, dass beide Seiten als Partner:innen in ein mediopassives Setting (vgl. Rosa, 2019) eintreten, damit alle Resonanzachsen zum Schwingen gebracht werden.

3 Ideen für resonant-nachhaltiges Lernen

Im Rahmen eines Kurzworkshops zum Thema *Resonanz in der Hochschuldidaktik*[8] formulierten die Teilnehmenden Ideen, wie die Resonanzpädagogik ihre Lehre beeinflussen kann. Methodisch erfolgte dies in einem Zweischritt. Zunächst berieten sich die Teilnehmenden in Kleingruppen und ordneten ihre Ergebnisse als Thesen den didaktischen Oberbegriffen *Lernziele*, *Methoden*, *Feedback* und *Rolle* zu (s. Tab. 1). Anschließend diskutierten sie die Ergebnisse im Plenum.

---

[8] Der Workshop fand im März 2024 an der Pädagogischen Hochschule Zürich im Rahmen des CAS Hochschuldidaktik (https://phzh.ch/cas-hsd) statt.

Tab. 1: Ergebnisse der Teilnehmenden

Lernziele	Feedback	Methoden	Rolle
Partizipation: • partizipative Entwicklung • Lernziele von Studierenden einbringen • selbstbestimmte Lernziele. *Motivation:* • die Studierenden berühren, • Sinnhaftigkeit und Kontext beachten, • weder unter- noch überfordern • bedeutungsvoll • mit Lebenswelt der Studierenden verknüpfen	*Haltungen:* • wertschätzend • Bereitschaft, Feedback zu geben und anzunehmen • Akzeptanz *Setting:* • freiwillig • auf Inputs der Studierenden eingehen • Möglichkeit, Fragen zu stellen	*Einsatzmöglichkeiten:* • interaktiv • Reflexion • Austausch • kooperative Lernformen *Ziele:* • Autonomie • Kompetenzerleben *Setting:* • Wahlmöglichkeiten • mitbestimmbar • selbstgesteuerte Auseinandersetzung • in Flow kommen	*Dozierende als:* • lernunterstützende Person • Host zur Begleitung und Mentoring von Lernprozessen • Motivator:in • begeisterte:r Expert:in • Coach

Resonante **Lernziele** berühren Studierende und Dozierende, da sie intrinsisch motivieren. Die Beteiligung der Studierenden führt dazu, dass sie an ihre Vorerfahrungen und Interessen anknüpfen und eine resonante Disposition fördern. Lernziele zu erreichen, bedeutet eine resonante Anverwandlung der Beteiligten. „Im Gegensatz dazu bedeutet reines Aneignen nur, sich etwas einzuverleiben, es unter Kontrolle zu bringen oder verfügbar zu machen" (Rosa & Endres, 2016, S. 124). Auch Fink (2013, S. 34) beschreibt solche grundlegenden Veränderungen der Lernenden, die sich nicht nur im gefestigten Fachwissen, sondern auch in ihren Einstellungen gegenüber den Mitstudierenden, dem Fachethos und dem eigenen Lernen manifestieren: „I defined learning in terms of change. For learning to occur, there has to be some kind of change in the learner."

Feedback bezieht sich z. B. auf ein Fachthema oder eine Methode und stärkt damit die diagonalen Resonanzachsen. Eine funktionierende horizontale Resonanzachse, auf der sich Lehrende und Lernende mit Respekt und Offenheit begegnen, ist Grundlage eines resonanten Feedbacks (Rosa & Endres, 2016, S. 67). Ein lernförderliches Feedback (*FIDeLity*-Feedback: „frequent, immediate, discriminating and done lovingly", Fink, 2013, S. 110) gibt den Lernenden sofortige Rückschlüsse auf ihre Arbeit, um in einen *Flow*-basierten Lernprozess einzutreten (Fink, 2013, S. 172). Klare, gemeinsam entwickelte Kriterien helfen Studierenden, ihre Arbeit selbst einzuschätzen. Feedback und Benotung sollten entkoppelt sein, um eine offene Feedbackkultur zu ermöglichen. Hier treffen sich Finks Vorstellungen von interessengeleitetem Lernen mit der Resonanztheorie, die benotetes Feedback als Ausdruck der Optimierungskultur kritisiert, welche die Resonanzachsen zum Schweigen bringt: „Nicht die Reichweite, sondern die Qualität der Weltbeziehung soll zum Maßstab politischen wie individuellen Handelns werden" (Rosa, 2016, S. 725).

Methoden zum Austausch und zur Teamarbeit stärken die horizontale Resonanzachse zwischen den Studierenden. Dadurch können sich auch auf der vertikalen und diagonalen Resonanzachse gefestigte Beziehungen zum Stoff und zur Lebenswelt ausbilden, denn „die Schwingung der horizontalen Resonanzachse ist [...] eine mächtige Antriebsquelle für das Vibrieren der materialen Achse" (Rosa, 2016, S. 415). Indem sie eigenständig ihre Lernaktivitäten planen, erfahren sich Lernende als selbstwirksam. In ihrer aktiven Mitarbeit erleben sie sich als kompetent und können in den Flow-Zustand gelangen (Fink, 2013, S. 170ff.).

Rollen korrespondieren mit der Selbstresonanz, also mit der resonanten Disposition. Nur wer sich für die Lernsituation öffnet, kann von den Resonanzfäden der anderen und des Stoffs erreicht werden und selbstwirksam antworten. Dozierende sollten sich zeitweise aus dem Zentrum der Lernprozessgestaltung zurückziehen und die Rolle von Lernbegleitenden einnehmen. Rosas Bild der Lehrperson als „erste Stimmgabel" (Rosa & Endres, 2016, S. 51) und „Brückenbauer" (Rosa & Endres, 2016, S. 94) verdeutlicht diesen Rollenwechsel. Fink (2013, S. 162) vergleicht eine Lehrperson mit einem Coach, der Trainingspläne erstellt, die von den Aktiven verstanden und umgesetzt werden müssen.

4   Fazit und Ausblick

Die Planung von Lehrveranstaltungen unter Berücksichtigung der Resonanzpädagogik und des Ansatzes des nachhaltigen Lernens bietet Lehrenden mehr Freiräume für die Gestaltung ihrer Lehre. Der Einbezug der Studierenden verteilt die Verantwortung auf alle Beteiligten. Dies stärkt das Selbstbild und die intrinsische Motivation der Studierenden, da sie dem Thema und der Lehrveranstaltung affiziert und selbstwirksam gegenübertreten. Da der Resonanzraum „Lehrveranstaltung" von allen Beteiligten mediopassiv entwickelt wird, ist eine starre Planung ausgeschlossen. In jeder Veranstaltung wird anders gelernt und gearbeitet, das Gelingen einer Lehrveranstaltung basiert auf einem resonanten Zusammenspiel von Dozierenden und Studierenden. Dabei gelangen die Studierenden auf ihnen passenden Lernwegen und mit auf sie abgestimmten Lernzielen zu Anverwandlungen, die sich in Finks Dimensionen wiederfinden. Die so erworbenen Kenntnisse, Kompetenzen und Einstellungen sind nachhaltig bei den Lernenden verankert und lange abrufbar. Sie nähern sich auf diese Art in vielfältiger Weise einem professionellen Fach- bzw. Berufsverständnis.

Die Verknüpfung von Resonanztheorie mit nachhaltigem Lernen kann auch auf andere Bereiche, etwa der Gestaltung der didaktischen Großform (z. B. Flipped Classroom, Projektmethode) bis hin zu ganzen Studienprogrammen (z. B. „Freiform" an der FH Nordwestschweiz; Kunz & Hatsikas-Schröder, 2023) oder dem barrierefreien, vorwärts gerichteten Assessment und Prüfen im Hochschulkontext (vgl. Zimmermann, 2024) übertragen werden. Die dargestellten Überlegungen werden in weiteren Workshops mit Lehrenden diskutiert, um sie auf eine breitere empirische Basis zu stellen, wobei auch gesellschaftskritische Impulse des Resonanzansatzes und ihre pädagogischen Implikationen thematisiert werden.

Literaturverzeichnis

Bach, D. J., Weiss, P., Inkelas, K. K., & Riewerts, K. (2016). Introducing and assessing learning-focused course design at the University of Virginia, USA and at Bielefeld University, Germany. *die hochschullehre*, *2*. https://dx.doi.org/10.3278/HSL1620W

Biggs, B., Tang, C., & Kennedy, G. (2022). *Teaching for quality learning at university*. 5. Aufl. Mc Graw Hill.

Bloom, B. S., Engelhart, M. D., Furst, E. J., Hill, W. H., & Krathwohl, D. R. (1956). *Taxonomy of educational objectives. The classification of educational Goals. Handbook I: Cognitive domain*. Jossey-Bass.

Böss-Ostendorf, A., & Senft, H. (2018). *Einführung in die Hochschul-Lehre. Der Didaktik-Coach*. 3. Aufl. Budrich.

Buzsáki, G. (2023). Wie das Gehirn die Welt konstruiert. *Spektrum der Wissenschaft*, *7*, 34–41.

Ehlers, U. (2020). Einleitung. In U.-D. Ehlers & S. A. Meertens (Hrsg.), *Studium der Zukunft – Absolvent(inn)en der Zukunft. Future Skills zwischen Theorie und Praxis* (Zukunft der Hochschulbildung – Future Higher Education) (S. 1–15). Springer. https://doi.org/10.1007/978-3-658-29427-4_1

Erpenbeck, J. F. (2020). Hochschulen der Zukunft. In U.-D. Ehlers & S. A. Meertens (Hrsg.), *Studium der Zukunft – Absolvent(inn)en der Zukunft. Future Skills zwischen Theorie und Praxis* (Zukunft der Hochschulbildung – Future Higher Education) (S. 65–82). Springer. https://doi.org/10.1007/978-3-658-29427-4_4

Fink, L. D. (2003). *Leitfaden zur Konzeption und Planung von Lehrveranstaltungen, die nachhaltiges Lernen fördern.* Übersetzung: Dorothe J. Bach, University of Virginia & Stefanie Haacke, Universität Bielefeld. https://www.uni-bielefeld.de/einrichtungen/zll/hdle/literatur-links/Dee_Fink_Leitfaden.pdf

Fink, L. D. (2013). *Creating significant learning experiences, revised and updated. An integrated approach to designing college courses.* Jossey-Bass.

Forrer Kasteel, E., Girschik, K., & Hess, J. (2023). Die Hochschulbildung der Zukunft sinnstiftend gestalten. *Zeitschrift für Hochschulentwicklung ZFHE, 18*(3), 43–61. https://doi.org/10.21240/zfhe/18-03/03

Frank, A., Weiss, P., & Bitterer. F. (2019). Lernzielorientierte Evaluation von Lehrveranstaltungen – das Bielefelder Modell (BiLOE). In M. Fuhrmann et al. (Hrsg.), *Handbuch Qualität in Studium, Lehre und Forschung* (Nr. 70; S. 79–98). DUZ Verlags- und Medienhaus GmbH.

Gabriel, M. (2013). *Warum es die Welt nicht gibt.* Ullstein.

Krathwohl, D. R., Bloom, B. S., & Masia, B. B. (1964). *Taxonomy of educational objectives. Handbook II: Affective domain.* McKay.

Kunz, R., & Hatsikas-Schröder, N. (2023). Der Prototyp „Freiform" als curriculare Antwort auf die Herausforderungen der „future skills". *Zeitschrift für Hochschulentwicklung ZFHE, 18*(3), 137–156. https://doi.org/10.21240/zfhe/18-03/07

Lemke, D. (1981). *Lernzielorientierter Unterricht – revidiert.* Lang.

Reckwitz, A., & Rosa, H. (2021). *Spätmoderne in der Krise. Was leistet die Gesellschaftstheorie?* 2. Aufl. Suhrkamp.

Rosa, H. (2016). *Resonanz. Eine Soziologie der Weltbeziehung.* Suhrkamp.

Rosa, H. (2019). „Spirituelle Abhängigkeitserklärung" – Die Idee des Mediopassiv als Ausgangspunkt einer radikalen Transformation. In K. Dörre et al. (Hrsg.), *Große Transformation? Zur Zukunft moderner Gesellschaften* (S. 35–55). Springer. https://doi.org/10.1007/978-3-658-25947-1_2

Rosa, H. (2022). *Unverfügbarkeit.* 6. Aufl. Suhrkamp.

Rosa, H., & Endres, W. (2016). *Resonanzpädagogik. Wenn es im Klassenzimmer knistert.* 2. Aufl. Beltz.

Schmitz, P. (2014). Philosophie und Musikpädagogik. Musikwerke und ihre Sinnfelder. *Diskussion Musikpädagogik, 62,* 31–37.

Schmitz, P. (2020). Kommunikationsbrücken bauen im Konzert. Kann das klassische Orchesterkonzert von Live-Performances des Rock, Pop und Jazz profitieren hinsichtlich der Gestaltung eines „Erlebnisraums ‚Konzert‘"? *Diskussion Musikpädagogik, 86,* 45–52.

Schmitz, P. (2023). Kommunikationsbrücken und Resonanz in pädagogischen Beziehungen. In Integras-Broschüre: *„Weil man zu viel mit nach Hause nimmt". Mitarbeiterversorgung – Über den Umgang mit Emotionen. Referate der Integras-Fortbildung 2022* (S. 25–35). https://www.integras.ch/de/publikationen

Thomann, G., & Honegger, M. (Hrsg.). *Mit allem rechnen. Improvisieren in der Bildungsarbeit* (Forum Hochschuldidaktik und Erwachsenenbildung, Bd. 10). hep.

Wils, J.-P. (2019). Heimatversprechen und Weltverstummen. In J.-P. Wils (Hrsg.), *Resonanz. Im interdisziplinären Gespräch mit Hartmut Rosa* (S. 111–125). Nomos.

Zimmermann, T. (2024). *Leistungsbeurteilungen an Hochschulen lernförderlich gestalten. Prüfen, Beurteilen und Rückmelden von Lernleistungen.* Budrich. https://doi.org/10.3224/84743045A